法律战"疫"

新冠肺炎疫情法律应对手册

刘炫麟　主编

中国政法大学出版社

2020·北京

图书在版编目（ＣＩＰ）数据

法律战"疫"：新冠肺炎疫情法律应对手册/刘炫麟主编
北京:中国政法大学出版社,2020.4
ISBN 978-7-5620-9542-2

Ⅰ.①法… Ⅱ.①刘… Ⅲ.①疫情管理－法律－中国－问题解答 Ⅳ.①D922.165

中国版本图书馆CIP数据核字(2020)第055657号

书　名	法律战"疫"
	新冠肺炎疫情法律应对手册
	FALÜZHANYI XINGUANFEIYAN YIQING FALÜ YINGDUI SHOUCE
出版者	中国政法大学出版社
地　址	北京市海淀区西土城路 25 号
邮　箱	fadapress@163.com
网　址	http://www.cuplpress.com（网络实名：中国政法大学出版社）
电　话	010-58908466(第七编辑部)　010-58908334(邮购部)
承　印	固安华明印业有限公司
开　本	720mm×960mm　1/16
印　张	19
字　数	315 千字
版　次	2020 年 4 月第 1 版
印　次	2020 年 4 月第 1 次印刷
定　价	48.00 元

编委会

专题作者一览表

<table>
<tr>
<td rowspan="3">专题一
合同法</td>
<td></td>
<td>卢意光，上海市联合律师事务所高级合伙人、高级律师。专注医药健康领域法律服务，主要为医疗机构、生物医药企业提供设立注册、运营合规、争议解决法律服务。多年来，被钱伯斯收录为医事法领域领先律师。现兼任上海市人民政府行政复议委员会委员、上海市法学会生命法学研究会副会长、上海市律师协会医药健康业务研究委员会主任。著有《医疗机构及医药企业法律风险管理实务》等。</td>
</tr>
<tr>
<td></td>
<td>王双兴，西北政法大学法律硕士，现任中国化学工程集团有限公司法律合规部部长，系陕西省建设工程法律专家、西安建筑科技大学客座教授、陕西众致律师事务所资深律师，以及沈阳仲裁委、西安仲裁委、宝鸡仲裁委、咸阳仲裁委仲裁员。先后从事铁路公安，中央企业法律合规管理、工程项目管理、安全质量管理、董事会监事会管理等工作，负责或组织办理建设工程方面诉讼或仲裁案件1000余件。</td>
</tr>
<tr>
<td></td>
<td>高文东，中国人民大学法学院法学硕士，现任中国化学工程重型机械化有限公司副总法律顾问兼法律合规部部长，系中国法学会北京预防跨国犯罪研究会会员。先后从事检察院刑事检察、中央企业法律顾问、法律合规管理等工作。共负责或参与办理刑事案件300余件，负责或组织办理建设工程方面诉讼或仲裁案件200余件。</td>
</tr>
</table>

专题二 劳动法

万欣，北京天霜律师事务所主任，全国优秀律师，中共北京市委法律专家库成员，中国卫生法学会常务理事，中国政法大学兼职教授、法律硕士兼职导师，北京市律师协会理事、医药委主任，北京市朝阳区律师协会副会长。主编《医事非诉讼法律实务》《医疗纠纷反败为胜的 N 个技巧》等，主持北京市卫健委《关于在卫生计生行业建立法律顾问制度的研究》课题，发表论文百余篇，代理医药诉讼案件近千件。

李润生，中国政法大学法学博士（民商法学方向），现为北京中医药大学人文学院法律系讲师，法律系党支部宣传委员，北京德恒律师事务所兼职律师。主要研究方向：医药卫生法、公司法、证券法、金融法。

专题三 慈善捐赠法

邓明攀，四川闰则律师事务所合伙人。现兼任中国卫生法学会会员、中国研究型医院学会医药法律专业委员会委员、中国医院协会医疗法制专业委员会医院法制研究专业组副组长、四川省律师协会医药卫生法专业委员会副主任委员（第九届）、成都市律师协会医事法律专业委员会主任委员（第七届）。

刘洋，北京市东卫律师事务所合伙人、北京市律师协会刑事诉讼专业委员会委员，曾供职于北京市检察机关多年。执业十余年来，专注刑事辩护与代理，刑民交叉争议解决，主办了一系列重大、疑难、复杂、有影响力的经济犯罪、职务犯罪案件及刑民交叉案件，并为多家企业提供刑事法律风险防范专项服务。

专题四 消费者 权益保护法		芦云，北京市律师协会消费者权益法律专业委员会主任、北京天霜律师事务所合伙人、北京市市场监管局网络消费维权专家委员会专家、北京市消费者协会理事、北京军区联勤部社区消费教育学校法律专家。曾被评为北京市私营个体经济协会十佳律师，获"最美消费维权人物"提名，获首都司法行政系统"法治好青年"称号，被评为第十届北京市律师协会优秀专业委员会主任，入选中华全国律协青年律师领军人才库。
		何海锋，法学博士，北京市天同律师事务所顾问律师。拥有证券业执业资格、基金从业资格、期货从业资格。中国法学会商法学研究会理事、中国法学会证券法学研究会理事、中国法学会银行法学研究会理事、中国社科院金融法律与监管研究基地特约研究员。中国政法大学民商经济法学院研究生导师、中央财经大学金融学院研究生导师。
专题五 诉讼与非 诉讼程序法		张广，北京市康达律师事务所律师、i医法律服务团队负责人、北京市百名法学英才计划成员、北京中医药大学兼职讲师、中国卫生法学会理事，曾任北京法院法官、"最高人民法院医疗司法解释系列丛书"编委会成员。获全国法院系统第二十七届、第二十九届学术论文一等奖，著有《医疗纠纷案件律师代理读本》《医疗机构法律风险防控读本》等书。

冯磊，法学博士，教授，硕士研究生导师，兼职律师，重庆医科大学马克思主义学院副院长，中国卫生法学会常务理事。主持省部级以上项目5项，出版著作6部，发表论文50余篇，获省级以上教学竞赛奖4项。曾获重庆市优秀教师，重庆市教育系统优秀共产党员，首届重庆医科大学钱惠教学名师奖等荣誉。

张爱艳，山东政法学院教授，法学博士，刑事司法学院副院长，山东省刑法学研究会秘书长，中国卫生法学会理事。医学和法学双学士、法学硕士与法学博士。研究方向为医事刑法，《精神障碍者刑事责任能力的判定》获首届"全国刑法学优秀博士学位论文"二等奖、山东省社会科学优秀成果一等奖。

专题六 刑 法

郝春莉，先后毕业于中国政法大学、中国人民大学，硕士研究生学历。现为北京市东卫律师事务所党总支书记、主任，北京市第十一届律师协会副会长、全国律协"扫黑除恶"专项工作律师辩护代理业务指导委员会委员、全国律协刑事专业委员会委员、中国法学会刑事辩护委员会委员、律师法学研究会特邀研究员、东城区政协委员等。

许兴文，北京大成（厦门）律师事务所合伙人、刑委会理事、大成毒品犯罪研究中心主任，系福建省首批刑事专业律师、福建省律协刑事诉讼专业委员会秘书长、厦门市法学会刑法学研究会理事兼副秘书长、中华全国律协青年律师领军人才训练营成员、西南政法大学刑事辩护研究中心研究员。曾在厦门大学、华侨大学、集美大学等多所高校兼职授课。

专题七
公共卫生法

胡晓翔，中国卫生法学会常务理事暨学术委员会副主任委员，江苏省卫生法学会常务副会长。目前为中南大学医疗卫生法研究中心研究员、南京医科大学医政学院兼职副教授、东南大学法律硕士研究生兼职导师、中国民主促进会南京市委员会参政议政专家委员会（智库）成员，并担任《临床误诊误治》《医师在线》《医学与法学》《月旦医事法报告》等杂志编委。

刘宇，北京大学国际医院医务部主任、研究员，执业医师和公职执业律师。中国医院协会医疗法制专业委员会常务委员、副秘书长，中国研究型医院学会医药法律专业委员会常务委员，中国人体健康科技促进会常务理事，中国医师协会维权委员会委员，中华全国人民调解协会医疗纠纷专业委员会委员，中国政法大学医药法律与伦理研究中心兼职研究员，北京医患和谐促进会副主任委员，北京卫生法学会理事，医事法律专业委员会主任委员，患者安全专业委员会副主任委员，《中国卫生法制杂志》编委。

樊荣，北京清华长庚医院医患关系协调办公室主任。兼任世界华人医师协会患者安全与医疗质量委员会委员、中国医院协会医疗法制专业委员会委员、中国医师协会患者安全与医患关系研究中心委员、中国研究型医院协会医疗法律专业委员会委员、国家卫生健康委员会党校客座教授，《世界华人医师杂志》《中国医学人文》《医师报》等编委。

乔宁，中国政法大学法学博士，首都医科大学医学人文学院卫生法学系讲师。主要研究领域为宪法与行政法学、卫生法学、健康权保障等，拥有丰富的海外访学和交流经历，围绕卫生法学的学科特点参与多部专著的撰写，发表相关论文数十篇，撰写大量的研究报告，主持和参与多项科研项目，针对健康法治主题进行了广泛的社会服务。

陈志华，医学硕士，曾任北京市律师协会医疗法律专业委员会主任、民法专业委员会主任，现任北京市丰台区律师协会副会长，北京陈志华律师事务所主任，中国卫生法学会常务理事，中国研究型医院协会医药法律专业委员会副主任委员，北京大学法学院法律硕士研究生兼职导师等。执业 27 年，具有丰富的实务办案经验。

专题八
医疗法

谢青松，广西医科大学卫生法学副教授，广西科豪律师事务所医药健康法律事务部部长，南宁市律师协会医疗卫生专业委员会主任，广西卫生法学会副秘书长、广西医药健康法律事务中心副主任、中国卫生法学会理事。从事医疗卫生法的教学科研和诉讼实务 20 余年。

马辉，首都医科大学卫生法学副教授，内(儿)科副主任医师。本科就读于内蒙古医学院临床医学专业，毕业后从事临床医生工作 11 年，后转入法学领域，先后于北京大学和中国人民大学获法律硕士、民商法学博士学位。自 2007 年始任教于首都医科大学，主要研究医疗损害责任制度、医疗机构管理制度，出版专著 2 部，发表论文数十篇。

李雅琴，法学博士，天津医科大学医学人文学院副教授，硕士生导师。研究方向为卫生法学、立法学。主要社会兼职：中国法学会卫生法学会理事、中国法学会立法学研究会理事。主持完成国家社科基金 1 项，参与完成国家级和省部级项目 20 余项，发表学术论文 40 余篇。

<table>
<tr><td rowspan="2">专题九
野生动物
保护与生
物安全法</td></tr>
</table>

专题九
野生动物
保护与生
物安全法

刘炫麟，法学博士，中国政法大学法律硕士学院副教授，硕士生导师，中国政法大学检察公益诉讼研究基地研究员。主要社会兼职：国家卫生健康委员会咨询专家、中国卫生法学会学术委员兼副秘书长、北京开发区法治建设研究会副会长、北京市债法学研究会医疗健康服务债专业委员会主任委员、北京中医药大学国家中医药发展与战略研究院特聘研究员、北京康达律师事务所顾问等。曾参与我国《药品管理法》《疫苗管理法》《医疗纠纷预防和处理条例》《基本医疗卫生与健康促进法》等法律法规的起草、修订和咨询论证工作。

厉行法治方能战胜疫情（代序）

习近平总书记在主持召开中央全面依法治国委员会第三次会议时强调："疫情防控越是到最吃劲的时候，越要坚持依法防控，在法治轨道上统筹推进各项防控工作，保障疫情防控工作顺利开展。"在统筹推进新冠肺炎疫情防控和经济社会发展工作部署会议上再次强调："要依法依规做好疫情防控，坚持运用法治思维和法治方式开展工作。"法治是治国理政的基本方式，打赢疫情防控的人民战争、总体战、阻击战，必须厉行法治，发挥法治的规范和保障作用。

一

法律是调整社会关系、规范公民行为、维护社会秩序的重要规则，是任何社会须臾不可缺失的规范。尤其是当灾难突然来临，社会面临严重风险的特殊时期，法治的作用更为关键。只有坚持依靠法治、完善法治，才能确保防控工作科学有序，才能切实保障人民群众生命安全和身体健康，最终取得疫情防控战的全面胜利。

疫情防控法律制度与其他法律制度有所不同，属于应急法律制度。公权力在应急状态下一般会呈现出扩张趋势。例如，政府可以采取封锁疫区、限制交通、征用物资设施、限制交易等措施；医疗机构可以对传染病人和疑似病人采取隔离治疗措施。相应地，私权利在应急状态下会适度收缩、克减。例如，服从地方政府发布的规定、通告、命令，接受医疗机构隔离治疗、检验检疫、采集样本等。应急法治原则属于应急状态下必须遵循的原则，构成平时法治原则（合法性原则、合理性原则）的补充和辅助，存在条件、时限、范围和责任的严格限定，一旦应急状态结束，就必须终止各项应急措施，恢复到平时状态。同时，在应急状态下，必须坚持保障公民基本权利，尤其是生命权、生存权、隐私权、知情权、人格尊严等。

二

只有立法、执法、司法、守法各环节协同发力，才能全面提高依法防控、依法治理能力，为疫情防控工作提供有力法治保障。

完善立法。我国已制定了传染病防治法、突发事件应对法、国境卫生检疫法、突发公共卫生事件应急条例、疫苗管理法、药品管理法、动物防疫法、野生动物保护法、中医药法、执业医师法等疫情防控相关立法，这些法律法规在疫情防控中发挥了重要作用。针对新冠肺炎疫情的特点和防控需要，2020 年 2 月 10 日，最高人民法院、最高人民检察院、公安部、司法部联合发布了《关于依法惩治妨害新型冠状病毒感染肺炎疫情防控违法犯罪的意见》，提出要依法严惩抗拒疫情防控措施、制假售假、哄抬物价等妨害疫情防控的违法犯罪行为。全国人大常委会通过了《关于全面禁止非法野生动物交易、革除滥食野生动物陋习、切实保障人民群众生命健康安全的决定》。同时，部分省、自治区、直辖市的人大常委会临时召开常委会会议，作出抗击新冠肺炎疫情的有关决定，授权政府可就采取临时性应急管理措施制定规章，发布决定、命令和通告。这些立法举措为各级政府及其有关部门、医疗卫生机构采取防控措施，其他单位、组织和群众参与防控提供了法律依据。下一步，还要加紧修订《传染病防治法》《野生动物保护法》等相关法律法规，制定生物安全法等法律，进一步完善我国突发公共卫生应急法律体系。

公正执法司法。应急指挥机构是行政机关中具体行使紧急权力的机构，其设置必须符合实权化、综合化、常态化的原则。《突发事件应对法》第 8条规定，"根据实际需要，设立国家突发事件应急指挥机构，负责突发事件应对工作；必要时，国务院可以派出工作组指导有关工作。县级以上地方各级人民政府设立由本级人民政府主要负责人、相关部门负责人、驻当地中国人民解放军和中国人民武装警察部队有关负责人组成的突发事件应急指挥机构……"目前，我国已形成了各级政府部门分工负责的疫情管理和防控体制机制，为疫情防控执法提供了组织保障。做好疫情防控，严格规范公正文明执法是关键。行政执法机关必须依法履职、严格执法，实施防控措施必须遵循比例原则，体现行政行为的必要性，防止过度执法、不作为、乱作为。同时，司法机关要发挥职能作用，依法妥善处理各类疫情防控民商事纠纷，依法严惩各类妨碍疫情防控的违法犯罪，维护防控秩序。因采取突发事件应对措施，诉讼、行政复议、仲裁活动不能正常进行的，适用有关时效中止和程序中止的规定，切实保障当事人合法权益。

全民遵法守法。《传染病防治法》第12条规定，在中华人民共和国领域内的一切单位和个人，必须接受疾病预防控制机构、医疗机构有关传染病的调查、检验、采集样本、隔离治疗等预防、控制措施，如实提供有关情况。在疫情防控中，全民都应当依照政府发布的指令行事，包括如实告知自身健康状况，进入公共场所佩戴口罩，服从各项防控制度的要求和安排，依法行动、依法行事，只有遵法守则才能有效切断传播途径，维护防控秩序，确保自身和他人生命安全和身体健康。同时，政府应加大对传染病防治法和防控知识的宣传教育，引导全社会依法防控，提高人民群众自我防护能力。

三

运用法治思维和法治方式开展疫情防控工作，涉及多方面法律问题。特别是疫情防控期间政府依法行政、公民个人守法诚信、违法者承担法律责任、对密切接触人员集中隔离进行医学观察等问题受到普遍关注。

政府采取防控措施必须坚持依法行政。各级政府及其有关部门应严格依据传染病防治法、突发事件应对法、突发公共卫生事件应急条例等法律法规的规定采取必要措施进行疫情防控。例如，对患者或疑似患者依法采取隔离措施；采取切断传染病传播途径的紧急措施（如限制或者停止人群聚集的活动；停工、停业、停课；封闭可能造成传染病扩散的场所）；依法临时征用房屋、交通工具以及相关设施、设备。政府采取防疫措施必须坚持法治原则：一方面，防控措施只能由政府及其有关部门依法实施，做到主体合法。其他任何单位和个人未经批准不得擅自采取具有强制力的防控措施，尤其不能实施设卡拦截、断路堵路、阻断交通等侵害公民合法权益的行为。另一方面，各级政府及其部门采取的疫情防控措施，必须坚持合理行政，做到措施妥当。应当保持防控措施与疫情危害行为的比例关系，有多种措施可供选择的，应当依法选择有利于最大程度地保护公民、法人和其他组织权益的措施。

个人必须做到守法诚信，如实报告个人信息，自觉承担法律责任。疫情期间，有关部门依法要求从外地返回人员如实向社区（村）登记备案，自觉居家隔离，并及时汇报身体状况。但有人故意隐瞒真实行程，编造虚假信息，以逃避隔离等防控措施；也有人隐瞒已有的发热咳嗽等症状，与周边人群密切接触；还有人在医院就诊时故意隐瞒病史、接触史、外出史，严重干扰破坏疫情防控工作。如实报告不隐瞒是公民在疫情防控中应承担的基本义务，故意隐瞒接触史、不如实报告相关情况的，可以依据地方性法规认定为失信行为、列入征信黑名单，并可以根据行为的危害性予以行政处罚或追究刑事责任。

违法者必须承担法律责任。《突发事件应对法》第57条规定，突发事件发生地的公民应当服从人民政府、居民委员会、村民委员会或者所属单位的指挥和安排，配合人民政府采取的应急处置措施。疫情防控期间，每个公民都承担出门戴口罩、配合测量体温、不组织和参加各类群体性聚集活动等义务，违反这些防控义务，就要承担相关法律责任。例如，拒不执行人民政府在紧急状态情况下依法发布的决定、命令，或阻碍国家机关工作人员依法执行职务的，可以按照《治安管理处罚法》的规定处以警告、罚款或拘留；行为人不配合防疫工作，在公共场所起哄闹事，造成公共场所秩序严重混乱的，可能构成寻衅滋事罪；明知自己已经感染或疑似感染仍出入公共场所，不接受观察，不隔离、不回避他人，危害公共安全，根据《刑法》的规定，一旦构成以危险方法危害公共安全罪，最高可判处无期徒刑甚至死刑。

对密切接触者应当集中隔离进行医学观察。当确诊和疑似病例做到应收尽收、应治尽治后，病毒扩散的风险主要来自密切接触者，而已经采取的居家隔离进行医学观察效果有限，无法切断可能的传染链。为此，必须对所有密切接触者一律集中隔离进行医学观察。《传染病防治法》第40条规定，疾病预防控制机构发现传染病疫情或者接到传染病疫情报告时，应当对密切接触者，在指定场所进行医学观察和采取其他必要的预防措施。《突发公共卫生事件应急条例》第39条和第44条也有类似规定，密切接触者在卫生行政主管部门或者有关机构采取医学措施时应当予以配合，拒绝配合的，由公安机关依法协助强制执行。考虑到新冠肺炎病毒的传播性较强，潜伏期长，又具有无症状传染等复杂性，密切接触者和可疑暴露者同样具有较高的致病和传播风险，对此类人员在统一的指定场所集中进行医学观察隔离十分必要。采取这一卫生控制措施，可以有效阻断密切接触者可能产生的传染途径，防止疫情蔓延扩散。同时，政府统一安排，集中隔离进行医学观察，还可以有效解决居家隔离过于分散、监督不力、提供生活必需品不及时等问题，防止出现居家隔离者不及时上报信息，甚至违反规定随意外出等问题。

新冠肺炎疫情来势凶猛，对国家治理体系和治理能力无疑是一次大考。我们能否最终战胜疫情，打赢这场人民战争、总体战、阻击战，取决于能否充分发挥我们的制度优势，能否展现我们的治理体系和治理能力。法治是国家治理体系的重要依托，唯有厉行法治，运用好法律这一锐利的武器，方能取得疫情防控战的最后胜利。

中国政法大学校长
中国法学会行政法学研究会会长
2020 年 3 月

编写说明

　　2019 年岁末，原本是全国人民准备欢度春节的喜庆与团聚时刻，却被一场突如其来、势头凶猛的新冠肺炎疫情所冲击。从素有"九省通衢"的武汉开始发现疫情，到不断蔓延至周边各省市，再到侵袭整个神州大地，时间之短，即便是现在看来，仍让人不寒而栗。截至 2020 年 1 月 29 日，除我国港、澳、台地区外，全国 31 个省、自治区、直辖市均已启动重大突发公共卫生事件一级响应。党中央、国务院高度重视，迅速部署，举国上下，戮力同心，积极投入到这场争分夺秒的战"疫"之中。

　　新冠肺炎疫情对人民群众的生命健康产生了严重威胁和损害，给国家和社会带来了无法估量的经济损失。可以说，这场疫情既考验着国家治理体系和治理能力的现代化水平，也衡量着我国法律尤其是公共卫生法律的完备程度，直接影响到公民社会生活的方方面面。鉴于此，中共中央总书记、国家主席、中央军委主席、中央全面依法治国委员会主任习近平于 2020 年 2 月 5 日主持召开了中央全面依法治国委员会第三次会议。他强调，要在党中央集中统一领导下，始终把人民群众生命安全和身体健康放在第一位，从立法、执法、司法、守法各环节发力，全面提高依法防控、依法治理能力，为疫情防控工作提供有力法治保障。

　　为了贯彻和落实习近平总书记的讲话精神，加强疫情防控法治宣传和法律服务，我们组织全国来自高等院校、政府、法院、检察院、律所、大型企业等 23 位功底深厚、经验丰富的一线法学理论和法律实务专家，以问题为中心，分别从合同法、劳动法、慈善捐赠法、消费者权益保护法、诉讼与非诉讼程序法、刑法、公共卫生法、医疗法、野生动物保护与生物安全法 9 个专题，就社会普遍关心的疫情热点法律问题进行全面剖析和多维解读，不仅为公众遇到的法律难题进行答疑解惑，亦为立法机关、行政机关、司法机关、医疗卫生机构和律师事务所等单位的实际工作提供参考。同时，对高等院校、科研机构等更深入地探究相关问题提供素材和案例，是一本理论和实务紧密结合、专业性和可读性并举的集成性法律应对手册。

本书由主编提出专题框架，由专家共同讨论并选定热点法律问题，然后按专题分工撰写，具体分工如下：合同法（卢意光、王双兴、高文东），劳动法（万欣、李润生），慈善捐赠法（邓明攀、刘洋），消费者权益保护法（芦云、何海锋），诉讼与非诉讼程序法（张广、冯磊），刑法（张爱艳、郝春莉、许兴文），公共卫生法（胡晓翔、刘宇、樊荣、乔宁、刘炫麟），医疗法（陈志华、谢青松、马辉、刘炫麟），野生动物保护与生物安全法（李雅琴、刘炫麟）。初稿完成后，中国政法大学校长马怀德教授欣然为本书作序，中国政法大学医药法律与伦理研究中心主任刘鑫教授审阅初稿并提出宝贵意见和建议，对此一并致谢！最后，由主编统稿、定稿。

鉴于本书所引用的绝大部分法律文件为国内法，为了更加方便读者阅读，我们在编写过程中对法律文件作了简称处理，例如《中华人民共和国传染病防治法》简称为《传染病防治法》。另外，2020 年 2 月 7 日，国家卫生健康委员会将"新型冠状病毒感染的肺炎"命名为"新型冠状病毒肺炎"，简称"新冠肺炎"，我们在书中统一使用"新冠肺炎"这一名称，在此加以说明。

尽管专家们竭尽全力，但由于编写时间仓促，再加上各领域体系庞杂，义理精深，书中不妥甚至谬误之处恐怕在所难免，祈请各位读者不吝指正，我们定会加以修正和完善。最后，让我们一起为武汉加油，为中国加油，为世界加油！

2020 年 2 月 26 日于蓟门桥

目　录

专题一　合同法

专题二 劳动法

专题三　慈善捐赠法

专题四　消费者权益保护法

专题五　诉讼与非诉讼程序法

专题六　刑　法

专题七　公共卫生法

专题八　医疗法

专题九　野生动物保护与生物安全法

附　录

专题一　合同法

新冠肺炎疫情暴发，让民众始料未及，正常的生活、生产节奏被完全打乱，从而出现大量合同无法正常履行的情况，给合同当事人带来了大量的损失和困惑，很多合同当事人希望依法变更或解除，或者在对方要求变更或解除时，尽量维护自身权益。为了帮助民众了解我国合同法相关热点法律问题，本专题进行了重点解答。比如，如何理解"不可抗力""情势变更"的原则和规定；了解何种情况下可以变更或解除合同；主张权利时需要注意收集哪些证据；一些常见合同，如旅游合同、保险合同、医疗合同等无法履行或存在违约时，合同相对方如何依法处理；合同违约之诉与侵权之诉存在何种差别。同时，本专题还引用了一些2003年"非典"疫情发生以后出现的合同法领域相关案例来与当前疫情出现的情况进行对比，从而让合同当事人更好地预判不同方式处理合同的法律后果，以最大限度地维护社会经济秩序稳定、交易安全、合同信用以及合同当事人的合法权益。

1 新冠肺炎疫情是否属于不可抗力？

【专家解读】

依据《民法通则》第107条、《民法总则》第180条以及《合同法》第117条、第118条的规定，不可抗力是指不能预见、不能避免且不能克服的客观情况。包括自然灾害，如台风、地震、洪水、冰雹；政府行为，如征收、征用；社会异常事件，如罢工、骚乱。迄今为止，最高人民法院尚未正式发布关于本次新冠肺炎疫情性质及相关合同纠纷处理的司法解释和文件，但是全国人大常委会法工委发言人、研究室主任臧铁伟于2020年2月10日公开表示："对于因此不能履行合同的当事人来说，属于不能预见、不能避免并不能克服的不可抗力。"与此同时，湖北、浙江、江苏、上海、内蒙古自治区等多个省、市人民法院均针对本次疫情发布有关意见或解答，其观点均表明"新冠肺炎疫情属于《民法总则》和《合同法》所规定的不能预见、不能避免并不能克服的不可抗力"。

除此之外，此次新冠肺炎疫情与"非典"疫情相类似，是一种世界范围内暴发的公共卫生事件，故也可以参考"非典"疫情期间《最高人民法院关于在防治传染性非典型肺炎期间依法做好人民法院相关审判、执行工作的通知》（法〔2003〕72号，已失效）第3条第3项的规定，即"因政府及有关部门为防治'非典'疫情而采取行政措施直接导致合同不能履行，或者由于'非典'疫情的影响致使合同当事人根本不能履行而引起的纠纷，按照《合同法》第117条和第118条的规定妥善处理"。

综上所述，从法律规定上看，在新冠肺炎疫情影响造成合同不能履行的情况下，确实应该属于不能预见、不能避免并不能克服的客观存在，满足法律定义中对于不可抗力的要求，全国人大常委会法工委及各地法院均认可该观点。从客观上看，新冠肺炎相较"非典"而言传播途径更广、形势更为严峻，医学界尚未发现确切有效的治疗措施，各地政府纷纷对此采取了具有行政强制力的防疫措施，客观上确实可能会影响部分合同的履行。所以，在符合法律法规规定的情况下，新冠肺炎疫情在性质上属于不可抗力。

对此，可以参考发生在"非典"期间的一个真实案例：A 学院与 B 保健院在疫情发生前签订了联合办学协议，但疫情暴发后，政府征用了 B 保健院的场地及建筑设施作为专门治疗"非典"的医院，联合办学被迫暂停，后 A 学院另行租用了其他场地进行教学。疫情结束后，双方因合同履行事宜发生争议，诉至人民法院。法院审理后认为，"非典"暴发及当地政府征用联合办学场地均属于双方不可预见、不可避免的不可抗力的情形，最终判决解除双方之间的联合办学协议。

2 新冠肺炎疫情能否适用情势变更?

【专家解读】

情势变更制度首次被规定在《最高人民法院关于适用〈中华人民共和国合同法〉若干问题的解释（二）》（以下简称《合同法解释（二）》）第 26 条，即合同成立以后客观情况发生了当事人在订立合同时无法预见的、非不可抗力造成的不属于商业风险的重大变化，继续履行合同对于一方当事人明显不公平或者不能实现合同目的，当事人请求人民法院变更或者解除合同的，人民法院应当根据公平原则，并结合案件的实际情况确定是否变更或者解除。由该规定可知，适用情势变更需要满足以下四个要求：（1）时间要求：情势变更的事实出现在合同订立后；（2）现实要求：合同赖以存在的客观情况出现了重大变化；（3）原因要求：情势变更的事实是不可抗力、商业风险以外的其他当事人不可预见的原因导致；（4）后果要求：继续履行合同对一方当事人有重大影响。具体到新冠肺炎疫情来说，符合上述要求的，可以认定为情势变更。

因为情形类似，同样可以参考此前"非典"疫情中《最高人民法院关于在防治传染性非典型肺炎期间依法做好人民法院相关审判、执行工作的通知》（法〔2003〕72号，已失效）中的规定，即"由于非典疫情原因，按原合同履行对一方当事人的权益有重大影响的合同纠纷案件，可以根据具体情况，适用公平原则处理"。由此可知，在"非典"疫情中，根据个案情况是可以按照情势变更的要求进行处理的。与此同时，在本次新冠肺炎疫情中，江苏省、内蒙古自治区等高级人民法院在近期发布的相关意见或解答中，也表明"继续履行将明显不公平或者不能实现合同目的的，可以适用《合同法》关于情势变更的规定"。

综上所述，新冠肺炎疫情可以适用情势变更的规定进行处理，但是个案中是否可以此要求变更或解除合同，还需要根据案件的具体情况进行综合分析。如在"非典"期间的另一个案例中，A某与B公司于2003年1月签订了为期3年的租赁协议，A某承租B公司的房屋，并对房屋进行了装修后从事餐饮经营。后因"非典"原因，2003年3月至5月A某的饭店基本处于歇业状态。数月后双方因拖欠房租问题发生纠纷，A某以发生疫情为由要求法院解除合同。法院审理后认为，双方协议期限为3年，A某为租房经营已付出一定的装修投资，且目前租用的时间较短，虽然"非典"疫情致使A某的饭店不能正常经营，致使A某履行合同的能力受到了较大影响，但是现在"非典"疫情已过，只要A某正常经营并及时付清房租，合同继续履行不仅不影响B公司合同目的的实现，也会使A某租房经营3年的目的得到实现，因此将这种情况认定为情势变更，驳回了A某以不可抗力为由要求解除合同的诉讼请求。

3　能否以发生新冠肺炎疫情为由主张解除合同？

【专家解读】

根据《合同法》第94条的规定，因不可抗力致使不能实现合同目的，当事人可以解除合同。那么，根据目前的情况，合同当事人是否可以发生新冠肺炎疫情为由主张解除合同？我们认为，应从以下几个方面综合考量：

（1）合同订立的时间。如果合同在新冠肺炎疫情发生后签订，那么合同双方应是在知晓疫情存在并能够对合同履行与否有所预判的情况下达成的合意，在此情况下合同当事人以疫情发生为由主张解除合同的，人民法院很可能不予支持；如果合同在新冠肺炎疫情发生前签订，也不能必然导致合同解除，需要根据疫情对合同履行的影响程度进行判断。

（2）疫情对合同履行是否有影响。如果疫情对合同履行并未产生实际影响，或疫情对合同履行产生了一定影响，但未到完全不能履行的程度，当事人仅以此为由主张解除合同的，很难得到法院的支持；如果疫情对合同履行产生了重大影响，造成合同履行困难或按原合同履行对一方当事人明显不公平，当事人以此为由主张解除合同的，法院很可能适用情势变更的相关规定，根据个案情况进行判断，但大多以变更合同内容的方式进行处理；如果疫情造成合同根本履行不能的，当事人主张解除合同的，在确实属于不可抗力的情况下，人民法院应当适用《合同法》中关于不可抗力的规定处理。

以租房合同为例，如果承租人租赁地下室做仓储之用，那么疫情的到来并未影响到合同的履行目的，显然不构成情势变更或不可抗力，仅以疫情为由主张解除合同没有法律依据；如果承租人租赁沿街商铺做经营之用，确因政府下达政令无法营业，如果仍然按照原合同缴纳房租显然对承租方不公平，也无法实现经营的目的，可能会被认定为情势变更，但在现实情况下很难以此为由解除合同。但在另外一个案例中，承租人租赁某场地做教学之用，之后该场地因防控疫情被政府征用，承租人确因教学时限性及连贯性的需要另租他地，疫情确实造成了合同履行不能，人民法院支持了承租人要求解除合同的诉讼请求。

因此，虽然新冠肺炎疫情可能属于不可抗力或情势变更，但并非所有发生在新冠肺炎疫情期间的合同都能以此为由主张解除，还应根据合同订立的时间、疫情对合同履行的影响程度等方面进行客观评判。

4 因疫情原因影响合同履行的，违约责任如何承担？

【专家解读】

在新冠肺炎疫情期间，对于合同履行确因疫情原因受到影响或阻碍的，其中的违约责任应如何承担？我们认为，应从以下几个方面分别讨论：

（1）如果合同订立在新冠肺炎疫情发生后，此时产生的损失应属于商业风险，除法律、法规以及疫情防控政策另有规定外，应当依照当事人的约定承担相应的违约责任。例如，A公司与B公司于2020年2月签订了运送生鲜食品的《运输合同》，但是由于沿途城市疫情防控的缘故毁坏道路，A公司无法如期运输到指定地点，导致食品变质，在无其他特别约定的情况下，此时的违约责任仍然应由A公司承担。

（2）如果合同订立在新冠肺炎疫情发生前，可以根据疫情对合同履行的影响程度分为以下两种情况：疫情对合同履行产生了一定影响，但未造成合同目的无法实现或对一方当事人明显不公平的情形，虽然法律法规并未明文规定，但是参考各省市根据此次疫情出台的意见或解答可知，法院一般会以鼓励交易为宗旨，通过组织合同当事人协商变更履行期限、履行方式、部分履行内容等，而继续履行合同。如果合同已经解除，违约责任按责任比例由双方分别承担。疫情对合同履行产生重大影响，造成合同目的无法实现或对一方当事人明显不公的，法院可以参照《合同法解释（二）》的规定，根据公平原则进行处理。

如"非典"期间辽宁省高级人民法院审判的一起案件中，A公司承租B公司的房屋，双方签订了房屋租赁协议，并约定提前退租的违约金为50万元。之后A公司在B公司处成立了蛇餐馆，经营范围包括餐饮、客房等。因"非典"疫情缘故，政府下令停止了野生动物的经营活动，A公司因此受到影响并停业，双方合同解除。双方后因合同问题发生争议诉至法院。法院审理认为，政府下发的紧急通知，仅是停止野生动物的经营活动，A公司还可以正常经营与野生动物无关的其他中餐，客房经营也可正常进行。故"非典"疫情和政令只是对 A 公司的部分经营活动造成影响，尚不足以导致其与 B 公司之间的租赁合同"直接"或"根本"不能履行，故不能据此认定双方合同的解除系不可抗力所致。对于 A 公司提前退租的违约行为，与"非典"疫情的发生所导致的部分经营活动不能完全正常进行有一定的关系，且其自身也遭受了较大的经济损失，故违约金数额应予以减少，最终酌定为 15 万元。

5　因疫情影响导致不能履行合同的，能否免除全部责任？

【专家解读】

《合同法》第 117 条规定，因不可抗力不能履行合同的，根据不可抗力的影响，部分或者全部免除责任，但法律另有规定的除外。因此，如因疫情原因导致不能履行合同构成不可抗力的，根据我国法律的规定，可以免除全部责任。对于合同解除后的损失承担问题，可以参考《最高人民法院关于在防治传染性非典型肺炎期间依法做好人民法院相关审判、执行工作的通知》（法〔2003〕72 号，已失效）中"按原合同履行对一方当事人的权益有重大影响的合同纠纷案件，可以根据具体情况，适用公平原则处理"的规定，由双方当事人进行分担。预计本次疫情过后，会有不少的类似案件，最高人民法院很可能会有相应的司法解释。但是有以下三点需要注意：

（1）应做好证据收集工作。根据"谁主张，谁举证"的原则，一方当事人以新冠肺炎疫情为由主张免除合同责任的，应当承担举证责任。举证时应围绕新冠肺炎疫情与违约行为、违约损害之间的因果关系进行，重点收集以下三方面的证据材料，并厘清其中的因果关系：其一，我国相关法律法规及当事人住所地或合同履行地人民政府具体出台的疫情应对措施；其二，合同约定的履行方式及违约行为的具体表现形式；其三，违约损害的大小或者数额。如果新冠肺炎疫情系当事人违约的全部原因，则人民法院应当支持其全部主张，可以免除全部违约责任。如果新冠肺炎疫情系当事人违约的部分原因，则人民法院可能依据比例原则，部分免除违约责任。

（2）明确当事人是否迟延履行。《合同法》第117条同时规定，当事人迟延履行后发生不可抗力的，不能免除责任。因此，如果一方当事人未在合同约定的履行期限内履行合同义务，超出期限后因新冠肺炎疫情缘故造成履行不能而发生不可抗力的，不能以疫情为由主张免除责任。例如北京市西城区人民法院在其审理的首起以新冠肺炎疫情系不可抗力为由抗辩的房屋租赁案的庭审中表示，因为疫情防控、游客减少，会让承租人的经营受到一定影响，有可能构成不可抗力，可能导致合同无法继续履行，但在此案中，承租人开始拖欠房租是在疫情发生之前，故其承担的违约责任并不应归咎于疫情。

（3）当事人应尽到通知义务，并及时止损。《合同法》第118条以及第119条规定，当事人一方因不可抗力不能履行合同的，应当及时通知对方，以减轻可能给对方造成的损失，并应当在合理期限内提供证明。当事人一方违约后，对方应当采取适当措施防止损失的扩大；没有采取适当措施致使损失扩大的，不得就扩大的损失要求赔偿。因此，在新冠肺炎疫情防控期间，当一方当事人发现疫情导致合同履行不能的事实后，应立刻以书面信件、传真、短信、微信、电子邮件等能够留痕的方式及时有效地告知对方，并务必保留好相关的通知凭证。另一方当事人在收到对方发来的通知后，需要采取各种措施尽可能减少因对方违约造成的损失，否则扩大部分的损失将由其独自承担。

6 在买卖合同关系中，因疫情导致不能及时、全面履行合同的，应如何处理？

【专家解读】

在买卖合同关系中，如果合同一方发现因本次疫情导致不能及时、全面履行合同的，建议及时向合同相对方发送书面通知，告知疫情对合同履行产生影响的具体情况。双方可以通过友好协商的方式对合同履行的相关条款进行变更，例如协商约定合同延期履行等。

在无法协商一致的情况下，且确因疫情原因不能正常履行合同，就需要考虑按照《合同法》关于不可抗力和情势变更原则的规定来处理。

不可抗力，是指不能预见、不能避免并不能克服的客观情况。根据法律规定，因不可抗力不能履行合同的，可以部分或者全部免责，因不可抗力不能实现合同目的的，可以单方解除合同。

情势变更，是指合同成立以后客观情况发生了当事人在订立合同时无法预见的、非不可抗力造成的不属于商业风险的重大变化，继续履行合同对于一方当事人明显不公平或者不能实现合同目的的情形。根据法律规定，发生情势变更的，当事人可以请求人民法院变更或者解除合同。

由此可见，不可抗力和情势变更的成立条件、法律效果都不相同，这就需要区分两种不同情形，采取不同法律措施，才能有效化解法律风险。比如，预订了酒店去旅游，因疫情原因取消行程，就需要依据情势变更原则主张退票、退款。如酒店因疫情被有关部门强制停业，则酒店可以不可抗力为由要求免责。

另外，根据《商务部关于帮助外贸企业应对疫情克服困难减少损失的通知》，各商会将协助有需求的企业，无偿出具因疫情导致未能按时履约交货的不可抗力事实性证明。如果外贸企业因受疫情影响无法及时、全面履行买卖合同，可以认定为不可抗力的，建议可联系相关商会出具不可抗力事实性证明，并及时提供给合同相对方，以减轻可能给对方造成的损失。

7 当事人因疫情防控被隔离等原因不能及时行使权利的，诉讼时效如何计算？

【专家解读】

根据《民法总则》第 194 条规定，在诉讼时效期间的最后 6 个月内，因不可抗力等障碍，不能行使请求权的，诉讼时效中止。自中止时效的原因消除之日起满 6 个月，诉讼时效期间届满。

诉讼时效中止，是指因法定事由的存在使诉讼时效停止进行，待法定事由消除后继续进行的制度。因疫情影响，当事人被隔离等原因不能及时行使权利的，构成法律规定的不可抗力。如果该不可抗力事件发生在诉讼时效期间的最后6个月内，产生诉讼时效中止的法律效果。

例如，当事人行使权利的诉讼时效期间于2020年8月7日届满，2020年2月10日当事人因与确诊病人密切接触被隔离，由于在诉讼时效期间的最后6个月内发生不可抗力，诉讼时效中止。2020年2月24日当事人被解除隔离，即中止时效的原因已消除，诉讼时效期间于该日继续计算，自该日起6个月届满。该案例中，如果其他条件不变，将原先的诉讼时效期间届满日期改为2020年9月1日，则不产生诉讼时效中止的效果，因为中止时效的法定事由并非发生在诉讼时效期间的最后6个月内。

如果因疫情防控被采取隔离等措施而不能及时行使权利的，建议保存好病历、隔离观察证明、政府公告等证明材料，以便为后续主张诉讼时效中止提供证据。

鉴于当前行使权利的方式有多种类型，如通过互联网、邮寄立案等，建议在条件许可的情况下，尽量积极行使权利，在穷尽各种途径之后仍然没有办法的，再考虑主张诉讼时效中止。如当事人响应政府号召，虽然没有症状和就诊，但主动在家隔离的，实际上可以通过互联网或邮寄方式与外界联系，这种情况下建议积极行使权利。

8　感染新冠肺炎后，是否可以寻求商业保险合同（医疗保险）的理赔？

【专家解读】

按照国家医疗保障局、财政部2020年1月23日联合印发的《关于做好新型冠状病毒感染的肺炎疫情医疗保障的通知》的规定，确保患者不因费用问题影响就医。一是对于确诊新型冠状病毒感染的肺炎患者发生的医疗费用，在基本医保、大病保险、医疗救助等按规定支付后，个人负担部分由财政给予补助，实施综合保障。二是对于确诊新型冠状病毒感染的肺炎的异地就医患者，先救治后结算，报销不执行异地转外就医支付比例调减规定。三是确诊新型冠状病毒感染的肺炎患者使用的药品和医疗服务项目，符合卫生健康部门制定的新型冠状病毒感染的肺炎诊疗方案的，可临时性纳入医保基金支付范围。2020年1月27日，国家医疗保障局办公室、财政部办公厅、国家卫生健康委员会办公厅联合印发《关于做好新型冠状病毒感染的肺炎疫情医疗保障工作的补充通知》明确指出，切实保障疑似患者医疗费用。在按要求做好确诊患者医疗费用保障的基础上，疫情流行期间，对于卫生健康部门新型冠状病毒感染的肺炎诊疗方案确定的疑似患者医疗费用，在基本医保、大病保险、医疗救助等按规定支付后，个人负担部分由就医地制定财政补助政策并安排资金，实施综合保障，中央财政视情况给予适当补助。

由此可见，对于确诊新冠肺炎的患者以及疑似患者，其治疗费用由基本医保、大病保险、医疗救助以及财政补助支付，但是在新型冠状病毒感染的肺炎与其他疾病并存时，如果基本医保、大病保险、医疗救助以及财政补助不能覆盖，此时产生的住院费用、医疗费用等，被保险人可以根据保险合同约定的理赔事项向保险公司申请理赔。

9 因疫情影响导致旅游服务合同无法正常履行，是否可以依法变更或解除？

【专家解读】

因新冠肺炎疫情影响导致合同难以正常履行而引发的纠纷中，相当一部分集中在旅游服务合同领域。因疫情导致合同纠纷的处理原则，可以依照《民法总则》《合同法》及最高人民法院的相关司法解释，并参考各地地方性的规定。

（1）合同当事人不必然有权主张解除合同并免除违约责任。

根据《合同法》规定及参考"非典"期间出现的案例，当事人只有在本次疫情对合同履行产生实质性的重大障碍时才能主张免除责任。在疫情影响相对较小的地区，疫情的影响不会对合同履行造成实质性障碍的，那么合同履行义务方不得以此为由，主张合同因不可抗力而解除并免除己方责任。只有当疫情使继续履行合同对于一方当事人明显不公平或不能实现合同目的，或者政府及有关部门为防控疫情而采取行政措施导致合同不能履行时，当事人才能提出相应主张。

此外，并不是一旦发生不可抗力事件，与其同时存在的合同都可以解除。援引该条款主张解除合同需要满足两个条件：一是发生了不可抗力；二是受不可抗力的影响致使合同的目的不能实现。所谓合同目的，就是当事人签订合同的初衷，即当初为何签订这个合同。如在旅游合同中，游客参加旅游的目的是在特定时间到特定地点进行参观、游览，并安全返回目的地。而由于疫情的发生导致有些地方实行交通管制，交通工具已无法正常使用，就属于无法实现合同目的。

另外，根据《合同法》的规定，当事人应及时通知合同相对方，并采取合理措施以避免损失的扩大。确因疫情影响而致使旅游服务合同无法履行时，合同相对方可以请求解除。

（2）主张不可抗力时应注意的几个问题。

第一，将不可抗力排除在免责事由之外的约定无效。《合同法》关于不可抗力的条款属于强制性条款，因此合同当事人不能在合同中将不可抗力排除于免责事由之外。

第二，当事人迟延履行后发生不可抗力的，不能免除责任。当事人违约在先，不可抗力发生在后，说明合同义务得不到履行并非由不可抗力导致，而是由当事人的违约行为所致。根据《合同法》的规定，违约方不能援引不可抗力条款为自己免责。

第三，当事人应注意举证责任的分配，并尽力搜集并保留证据。在没有符合其他法律规定下，主张不可抗力应按照"谁主张，谁举证"的规则承担举证责任。例如，因执行政府防疫命令导致合同不能履行的，应提交命令文件作为证据；单纯属于内心恐惧而拒绝履行合同或迟延履行合同，则不属于不可抗力。

同时，履行义务人需要举证证明疫情及政府防控措施对合同履行构成重大甚至根本性障碍，应具体结合合同当事人所在地、合同履行地等地方的疫情和防控措施。例如，武汉采取"封城""禁行"等措施，势必导致涉及旅行合同的履行障碍，这种情况下，当事人应当收存相应的政府公告、通知书等相关文件，并尽力搜集因本次疫情或相关检疫措施造成当事人无法履行合同的各项证据。

10 疫情期间，医疗产品不合格的，患者应当如何维权？

【专家解读】

医疗产品不合格，导致患者发生人身损害，患者（死亡患者的近亲属）可以主张合同违约之诉，也可以主张侵权责任之诉，属于违约责任与侵权责任的竞合。

违约责任与侵权责任竞合是指合同一方当事人的违约行为既符合违约行为的构成要件，也符合侵权行为的构成要件，导致两种责任共生的现象。《合同法》第 122 条规定，因当事人一方的违约行为，侵害对方人身、财产权益的，受损害方有权选择依照本法要求其承担违约责任或者依照其他法律要求其承担侵权责任。根据该规定可以看出，在违约责任与侵权责任竞合时，违约是侵权的原因，侵权是违约的结果。

医疗产品违约责任与侵权责任的区别有很多，对患者维权比较重要的有以下几个方面：

（1）归责原则不同。我国《侵权责任法》对侵权责任采取了过错责任、严格责任和公平责任等多种归责原则；而违约责任的认定，采用严格责任（例外地采用过错责任），即只要行为人有违约行为，且没有法定或约定的抗辩事由，就应当承担违约责任。

（2）举证责任不同。在一般侵权责任中，受害人有义务就加害人的过错举证；而在违约责任中，受害人只须证明违约方已构成违约即可，而不必证明其是否有过错。因此，一般来说违约责任的举证责任相对较轻。

（3）责任构成要件不同。在侵权责任中，损害事实是赔偿责任成立的前提条件；在违约责任中，行为人只要违约且不具有法定或约定的抗辩事由，就应承担违约责任。

（4）免责事由不同。在违约责任中，法定的免责事由仅限于不可抗力；在侵权责任中，法定的免责事由不限于不可抗力，还包括意外事件、第三人的行为、正当防卫、紧急避险等。

（5）责任形式不同。违约责任包括了损害赔偿、违约金、定金、实际履行等责任形式，损害赔偿也可以由当事人事先约定；而侵权责任的主要形式是损害赔偿，此种赔偿不得由当事人事先约定。

（6）诉讼管辖不同。违约诉讼一般由被告所在地或合同履行地法院管辖，法律还允许当事人进行约定；侵权诉讼一般由侵权行为地或结果发生地法院管辖，当事人不能约定管辖。

疫情期间，患者因医疗产品不合格遭受损害的，可以根据上述几个方面的区别，选择向产品提供者以及医疗机构请求侵权责任赔偿或医疗机构请求违约责任赔偿。

11 当事人已达成签约意向或签订意向书等，是否可因受新冠肺炎疫情影响而拒绝签订正式书面合同？

【专家解读】

依据《合同法》第 10 条的规定，当事人订立合同，有书面形式、口头形式和其他形式。法律、行政法规规定采用书面形式的，应当采用书面形式。当事人约定采用书面形式的，应当采用书面形式。《合同法》第 32 条规定，当事人采用合同书形式订立合同的，自双方当事人签字或者盖章时合同成立。《合同法》第 42 条规定，当事人在订立合同过程中有下列情形之一，给对方造成损失的，应当承担损害赔偿责任：（1）假借订立合同，恶意进行磋商；（2）故意隐瞒与订立合同有关的重要事实或者提供虚假情况；（3）有其他违背诚实信用原则的行为。

《最高人民法院关于审理买卖合同纠纷案件适用法律问题的解释》第 2 条规定，当事人签订认购书、订购书、预订书、意向书、备忘录等预约合同，约定在将来一定期限内订立买卖合同，一方不履行订立买卖合同的义务，对方请求其承担预约合同违约责任或者要求解除预约合同并主张损害赔偿的，人民法院应予支持。

一般情况下，如果当事人约定采用书面合同形式，在合同尚未正式签订前，双方均可拒绝签订正式书面合同。如果一方拒绝签订正式书面合同，另一方可依其存在不诚信的缔约过失责任而主张权利。如果双方在已签订的意向书等文件中明确约定订立正式书面合同的时间、地点等，一方拒绝正式签约的，另一方可请求其承担预约合同违约责任或者要求解除预约合同并主张损害赔偿。

如果一方受到新冠肺炎疫情影响并构成不可抗力的，可以拒绝签订正式书面合同。但需注意的是，司法实践中，法院对援引不可抗力请求解除合同的审查标准普遍比较严格，如果不可抗力没有达到致使合同目的不能实现的程度，则当事人无权解除合同。另外，当事人如果援引情势变更原则请求变更或者解除合同，应当满足以下条件：（1）合同成立后，合同的基础条件（客观情况）发生重大变化；（2）重大变化在当事人订立合同时无法预见；（3）重大变化不属于不可抗力且不属于商业风险；（4）继续履行合同对于一方当事人明显不公平或者不能实现合同目的。

12 新冠肺炎疫情下，承租人或借款人是否可以不可抗力为由要求免除责任或解除合同？

【专家解读】

交付租金和偿还借款均属于金钱给付义务，即民法上的"金钱债务"。房屋租赁合同，出租人的义务是将适租房屋交付给承租人使用，承租人的义务是支付租金。即便新冠肺炎疫情影响到承租人利用所承租房屋进行的正常经营，但并不导致租赁合同项下双方义务履行不可能。出租人履行了合同义务，因为房屋已经交付给承租人使用。承租人也不存在给付不可能，因为在线上支付较为发达的当今社会，不存在无法完成支付租金行为的情形。

至于承租人占有使用房屋后能否为承租人带来预期收益，与出租人无关。新冠肺炎疫情可能影响营利，但因此可以不交房租吗？双方签订的是租赁合同而不是合伙或联营合同，不存在共同投资、共同经营、共享收益、共担风险的关系。假设承租人因为新冠肺炎疫情结束后的报复性消费反弹而在使用租赁房屋中营利大增，出租人能否就此要求提高租金？显然不行，因为这属于商业风险。反之，承租房屋在新冠肺炎疫情期间不营利也不能影响承租人履行支付固定租金的义务。

因为新冠肺炎疫情和防控措施，导致承租人的店铺无人光顾或关停，从而严重影响营业收入或没有收入，导致没法支付租金或偿还贷款，二者之间只有间接因果关系，而不可抗力的适用前提局限于直接因果关系，因此该情形不适用不可抗力。因为如果不可抗力适用于间接因果关系，那么任何行为都可能间接受到新冠肺炎疫情的影响，将致使免责范围无限扩大，最终可能将一切有效的合同都推翻，这显然违反了合同法的基本原则和制度。

借款合同不适用不可抗力的道理更为明显。出借人出借资金，收取固定回报，至于借款人用这笔借来的资金是否营利，出借人在所不问。一方面，借款人经营失败，即便无清偿能力也不意味着借款人免责，除非出借人免除债务；另一方面，即便借款人的回报率远高于借款利率，出借人也只能收取固定利息，而无权分享利润。无力支付租金或偿还贷款不是履行不能，只是存在履行困难。

综上所述，不可抗力不适用于金钱债务，承租人和借款人均不能援引不可抗力来抗辩债权人的金钱给付请求权。因此，承租人或借款人等金钱债务合同的债务人以不可抗力为由要求免除责任或解除合同没有法律上的依据。

2020 年 2 月 11 日，通过线上"云法庭"开庭的"北京首起涉疫情不可抗力抗辩租赁案"就较好地说明了上述问题。孙某于 2019 年 10 月 29 日与一家公司签订房屋租赁合同用于超市经营，合同期 2 年，月租金 9000 元，半年一付。但孙某因资金紧张，首期只支付了 5 个月房租。双方因此发生纠纷，原告起诉到法院，要求被告孙某支付拖欠的房租和数万元违约金，并继续履行合同。孙某认为此次新冠肺炎疫情属于不可抗力，要求解除合同或者调低租金。法院认为，因疫情影响致使游客减少，会让孙某的经营受到一定影响，有可能构成不可抗力，亦可能导致合同无法继续履行。但此案中孙某拖欠房租是在疫情发生之前，其应承担的违约责任并不应归咎于疫情。若随着疫情变化，孙某可以疫情防控构成不可抗力为由另行起诉解除合同，原告同样会面临不可预测的经济损失。后经法院调解，孙某及原告各退一步达成一致，孙某承诺于一个月内支付所拖欠的房租9000元，原告放弃违约金的要求，租赁合同继续履行。该案就此调解结案。

13 新冠肺炎疫情下，一方主张解除合同并免除其责任，另一方能否要求保证人承担保证责任？

【专家解读】

依据《担保法》第5条第1款规定，担保合同是主合同的从合同，主合同无效，担保合同无效。担保合同另有约定的，按照约定。《担保法》第21条第1款规定，保证担保的范围包括主债权及利息、违约金、损害赔偿金和实现债权的费用。保证合同另有约定的，按照约定。最高人民法院《关于适用〈中华人民共和国担保法〉若干问题的解释》（以下简称《担保法解释》）第10条规定，主合同解除后，担保人对债务人应当承担的民事责任仍应承担担保责任。但是，担保合同另有约定的除外。

保证责任具有从属性，其不能脱离现有的或者将来可能发生的债权债务关系而独立存在，并且担保合同的债务也受限于主合同的债务范围。应结合实际情况判定主合同项下另一方的免责事由是否成立：如成立，因保证人所担保的债务已经不复存在，且保证人所享有的行使追偿权的基础也不复存在，则不能要求保证人承担保证责任；如不成立，则可根据保证合同或条款约定要求保证人承担保证责任。因此，受新冠肺炎疫情影响，在主合同已经解除且合同项下的赔偿责任、违约责任等已经全部免除的情况下，保证人所担保的债务已经不复存在，故保证人不应承担保证责任。

14 如因新冠肺炎疫情属于不可抗力或情势变更，应收集保留哪些证据？

【专家解读】

实践中，应当依据实际诉求收集和保留因新冠肺炎疫情导致合同不能履行、部分不能履行、不能按时履行等相关证据，具体如下：一是包括但不限于省级政府宣布启动重大突发公共卫生事件一级响应的文件，以及市级政府、区县政府、乡镇街道办发布的命令通知等。二是政府各部门针对新冠肺炎疫情的行政管理措施，如交通管控、延长假期及复工时间等相关文件，如收集的证据不能明确证明合同是否能够履行，在必要的时候，可通过书面函件、电子邮件、网络咨询、微信等方式，向政府相关部门进行咨询并请求相应的回复。三是关于新冠肺炎疫情对于合同履行产生影响的情况说明，如买卖合同原材料价格上涨导致合同目的不能实现或显失公平的证明。四是当事人因被确诊新冠肺炎或疑似病例，就医或隔离的相关证明文件等。五是在国际贸易中，外贸公司可通过中国国际贸易促进委员会的线上认证平台或与当地贸促会联系，开具不可抗力的相关证明文书。应当注意的是，该证明书仅能证明政府对新冠肺炎疫情采取了防控措施，不能直接证明该等防控措施构成不可抗力以及特定合同因不可抗力而不能履行。除非是合同的不可抗力条文中明确约定证明书对证明不可抗力事件的效力是最终的，否则该证明书在国际诉讼或仲裁中并非必要。

受新冠肺炎疫情影响，从维护交易稳定、降低交易成本的角度来看，当事人可以首先考虑通过协商的方式变更或解除合同，实现双方利益的最大化。如无法协商一致，一方应当向另一方发送书面通知，将新冠肺炎疫情以及对合同履行的影响予以告知。如果合同目的已经无法实现，建议一方立即向另一方发送《解除合同通知书》。在协商、仲裁或诉讼时，可将上述收集和保留的证据与合同中对应的不可抗力相关条款进行整理一并提交。

15 发包人如何应对因新冠肺炎疫情产生的风险？

【专家解读】

受新冠肺炎疫情影响，发包人主要存在以下四个方面的风险：一是关于工程价款的支付义务方面。虽然新冠肺炎疫情属不可抗力，但发包人对已届期限时点的付款义务的履行，不具有当然的免责效果。二是关于承担工期延误责任的风险方面。三是关于承担因疫情导致的工程费用或损失方面。四是关于承担新冠肺炎疫情防控措施费用方面。

针对上述因新冠肺炎疫情产生的风险，发包人可从以下方面开展工作：

一是防止出现因不履行合同义务而构成违约。即使在成立不可抗力的情况下，也并非可以完全停止合同义务的履行。某些合同义务的履行会受到新冠肺炎疫情的影响，但有的合同义务并未受到影响，如果不履行这些义务将可能构成违约。

二是积极应对承包人提出的工期顺延和费用索赔申请。新冠肺炎疫情对建设工程合同的影响，主要体现在为控制疫情由政府发布推迟复工、停工停产命令而造成的工期延误和停工费用等的损失。首先，新冠肺炎疫情是工期顺延的合理理由，但仍应关注疫情的后续影响。其次，对承包人费用损失的索赔，应区分不同情况予以处理。承包人以受新冠肺炎疫情影响而导致停工、窝工为由主张费用损失的，应以成立工期顺延为前提，春节期间未停工项目要求承包人提供相应的损失证据材料。此外，应当注意区分因不可抗力产生的事由及非因不可抗力（特别是因承包人自身过错）产生的事由。最后，需要注意在合同约定的期限内及时处理承包人的索赔申请并及时给予反馈。

三是积极采取措施止损，尽力避免损失扩大。具体应做到以下几点：（1）对已造成的损失进行细致的区分和统计，并及时通知承包人；（2）采取必要措施防止损失扩大，如切实保护人员的人身安全、增加材料及设备的保护措施等；（3）如果双方在合同中对于损失的分担有明确约定则按约定，如无约定，可按公平原则由双方合理分担或者按法律规定的不可抗力规则来处理。

四是谨慎开展复工复产工作。严格执行政府及相关部门关于新冠肺炎疫情防控的有关管理规定，不得擅自提前要求复工复产，同时按照相关要求建立防疫机制，做好新冠肺炎疫情排查及防控工作。

16　承包人如何应对因新冠肺炎疫情产生的风险？

【专家解读】

受新冠肺炎疫情影响，承包人存在以下方面的风险：一是发包人未按照约定支付工程价款的问题。二是承包人申请工期顺延的问题。三是承包人需承担的因新冠肺炎疫情导致的工程费用或损失的问题。四是承包人要求调整工程价款的问题。

针对上述因新冠肺炎疫情产生的风险，承包人可从以下方面开展工作：

一是严格执行政府及相关部门关于新冠肺炎疫情防控的有关管理规定，不得擅自提前复工复产，同时按照要求建立防疫机制，做好新冠肺炎疫情排查及防控工作。

二是查找合同中关于不可抗力发生后承包人应报告的约定，及时向发包人和监理人提交中间报告和最终报告，说明不可抗力和合同履行受阻的情况，如报告关于新冠肺炎疫情的情况，以及与材料商协商延迟供应的计划及材料价格涨价等事项。

三是对现有损失进行统计，及时与发包人、监理人进行确认，争取与发包人就因新冠肺炎疫情导致工期顺延和所遭受损失的情况达成书面文件，并采取必要措施以尽量避免和减少损失的扩大。

四是当承包人无法与发包人就工期顺延达成一致，其应向发包人提交书面的工期顺延申请（或延期复工申请），并报送增加的费用及损失，要求发包人承担及分担相关费用。

五是注意搜集关于提出工期顺延及费用主张所需要的其他证据材料。

在山东省高级人民法院（2017）鲁民申 3250 号建设工程施工合同纠纷案中，当事人大庆筑安建工集团有限公司曲阜分公司、大庆筑安建工集团有限公司在"非典"期间达成会议纪要，载明了涉案工程时值疫情防控期间，只能使用当地施工队伍和特定图纸等内容，法院遂认定当事人已经对"非典"时期的特殊情况作出了明确的预见和约定，不得再主张免责。

17 劳务分包人如何应对因新冠肺炎疫情产生的风险？

【专家解读】

因新冠肺炎疫情对劳务分包人的影响较大，建议在疫情导致的不可抗力发生后，劳务分包人及时通知承包人，并在力所能及的条件下迅速采取措施，以最大可能减少损失。一是在不可抗力事件结束后 48 小时内，劳务分包人应向承包人通报受损情况，以及预计清理和修复的费用。二是不可抗力事件持续发生时，劳务分包人应每隔 7 天向承包人通报一次损失情况。三是不可抗力事件结束后 14 天内，劳务分包人应向承包人提交清理和修复费用的正式报告及有关资料。四是对于不可抗力导致的人员伤亡、财产损失、费用增加和（或）作业期限延误等后果，由各方按照以下方式承担：（1）承包人和劳务分包人承担各自人员伤亡和财产的损失；（2）因不可抗力影响劳务分包人履行合同约定的义务，已经引起或将引起作业期限延误的，应当顺延作业期限，由此导致劳务分包人停工的费用损失由承包人承担；（3）因不可抗力引起或将引起作业期限延误，承包人要求赶工的，由此增加的赶工费用由承包人承担；（4）劳务分包人在暂停作业期间按照承包人的要求照管、清理和修复工程的费用由承包人承担。

18 新冠肺炎疫情下，订立相关建设工程合同应注意哪些事项？

【专家解读】

受新冠肺炎疫情影响，当事人在订立相关建设工程合同时，应重点关注风险费用承担的相应条款，明确计价中的风险内容及其范围，不采用无限风险、所有风险或类似语句的表达方式。风险分配应遵循以下四个原则：

一是完全由发包人承担的风险。例如，国家法律、法规、规章和政策发生变化；省级或行业建设主管部门发布的人工费调整（承包人对人工费或人工单价的报价高于发布的除外）；由政府定价或政府指导价管理的原材料等价格进行了调整。

二是完全由承包人承担的技术、管理风险。具体而言，由于承包人使用机械设备、施工技术以及组织管理水平等自身原因造成施工费用增加的，应由承包人全部承担。

三是应由双方分担的市场物价波动风险。发、承包双方应合理分摊建筑材料、机械燃料等价格风险。材料价格的风险宜控制在5%以内，施工机械使用费的风险可控制在10%以内，超过者应予以调整。

四是各自损失分别承担的风险。如发生不可抗力风险并影响合同价款的，各自的损失应由双方分别承担。

19 新冠肺炎疫情下，涉外合同应如何适用不可抗力？

【专家解读】

受新冠肺炎疫情影响，涉外合同在适用不可抗力时，应注意以下事项：

首先，审查合同中是否包含不可抗力条款及条款中是否将重大疫情或其他同类事件纳入不可抗力的范围。查看合同约定的管辖法律，明确管辖地法律是否明确规定重大疫情或其他同类事件属于不可抗力（可参考管辖地法律的相关规定及管辖地相关案件的判例）。

其次，在合理期限内由相关机构开具不可抗力证明书（在我国，一般由中国国际贸易促进委员会等组织开具不可抗力相关事实的证明），证明新冠肺炎疫情属于不可抗力条款中定义的不可抗力；证明合同履行不能或迟延履行与新冠肺炎疫情具有直接的因果关系；证明新冠肺炎疫情对履约造成的影响，即虽然履约方已经采取合理的措施避免或减轻新冠肺炎疫情对合同履行的影响，但仍然无法履约。

再次，除应履行及时通知义务外，还必须积极主动地减少当事人另一方的损失。如果一方没有通过合理方式努力减少另一方的损失，则另一方有权主张该部分损失及相关的其他损害赔偿。

最后，按照管辖地法律的有关规定保留证据资料，并提供充足的证据证明其遭受不可抗力的事实、具体受到的影响以及受到新冠肺炎疫情影响的程度，以应对可能产生的诉讼或仲裁风险。

20 新冠肺炎疫情对涉外建设工程合同有哪些影响?

【专家解读】

依据我国 1988 年 1 月加入的《联合国国际货物销售合同公约》第 79 条第 1 款的规定，当事人对不履行义务，不负责任，如果他能证明此种不履行义务，是由于某种非他所能控制的障碍，而且对于这种障碍，没有理由预期他在订立合同时能考虑到或能避免或克服它或它的后果。该条规定属于对不可抗力违约免责制度的规定。

各国法律多有不可抗力的相关规定，对不可抗力基本均认为需满足"无法预见、不可控制、不能避免或克服"等条件。本次新冠肺炎疫情对于涉外建设工程合同履行的影响主要集中在设备、材料供应以及施工承包合同的履行方面。由于新冠肺炎疫情的影响，将导致涉外合同在履行过程中面临因停工停产而无法及时生产设备、准备材料而发生迟延履行的情况，以及因飞机、轮船、汽车等交通运输工具的停飞、停航或交通限制措施产生无法如期运输至目的地出现延期履行等情况。根据合同中对于争议解决方式的约定（诉讼或仲裁）和处理争议时适用的法律（含国际条约）以及合同中对于不可抗力条款的具体约定，不同的合同项下对于不可抗力的范围和处理方式有不同的约定。对于涉外合同的履行，除尽量按期履行合同约定义务外，还应尽可能与另一方保持沟通和协商，积极就新冠肺炎疫情这一不可抗力致使合同履行产生的障碍进行协调，以尽量减少双方的损失。

2020 年 1 月 30 日，中国国际贸易促进委员会发布《中国贸促会不可抗力事实性证明与您同舟共济度时艰》的通知，表示由于新冠肺炎疫情的影响，我国部分企业在货物及物流等方面遭受严重影响，可能导致国际贸易合同或承包合同无法履行，根据国务院批准的《中国国际贸易促进委员会章程》的规定，可为各企业出具不可抗力证明，以尽力减少或避免违约损失。

2020 年 2 月 10 日，全国人大常委会法工委发言人、研究室主任臧铁伟就疫情防控中社会普遍关心的法律问题进行了解答。臧铁伟指出，当前我国发生了新型冠状病毒感染肺炎疫情这一突发公共卫生事件。为了保护公众健康，政府也采取了相应疫情防控措施。对于因此不能履行合同的当事人来说，属于不能预见、不能避免并不能克服的不可抗力。根据《合同法》的相关规定，因不可抗力不能履行合同的，根据不可抗力的影响，部分或者全部免除责任，但法律另有规定的除外。

此外，虽然我国认为本次新冠肺炎疫情属于不可抗力，但其他国家的法律是否将本次疫情视为不可抗力可能存在差异。例如，在美国法下，合同当事人可通过不可抗力条款的适用主张免除合同责任，同时，即便法院认为不可抗力条款涵盖新冠肺炎疫情，主张免责的一方还应积极主动寻求减少另一方的损失，这是美国法律的强制性要求，否则另一方有权主张该部分损失以及相关联的其他损害赔偿。在法国法下，有法定类似不可抗力的相关规定可供援引，但法律有关该等不可抗力的标准或条件未明确，有待于司法实践中认定。在越南、印度尼西亚、柬埔寨、泰国等部分东盟成员国家中，均存在法定的不可抗力规定可供援引，但各国规定存在一定差异，如越南、印度尼西亚、泰国法律均在成文法中定义了"不可抗力"，柬埔寨法律未对不可抗力予以界定。故新冠肺炎疫情是否属于其他国家法律下的不可抗力，应根据个案情况具体探讨。建议在涉外建设工程合同的履行中及时查找所涉及国家、地区法律的具体规定，在充分了解的基础上争取认定。

【参考文献与拓展阅读】

1. 韩世远："不可抗力、情事变更与合同解除"，载《法律适用》2014 年第 11 期。

2. 谢秋红："突发公共卫生事件的民法调整"，载《探索》2003 年第 5 期。

3. 曹守晔："最高人民法院《关于适用〈中华人民共和国合同法〉若干问题的解释（二）》之情势变更问题的理解与适用"，载《法律适用》2009 年第 8 期。

4. 湖北省高级人民法院民二庭：《关于审理涉及新冠肺炎疫情商事案件若干问题的解答》，2020 年 2 月 12 日。

5. 浙江省高级人民法院：《关于审理涉新冠肺炎疫情相关商事纠纷的若干问题解答》，2020 年 2 月 13 日。

6. 江苏省高级人民法院：《关于为依法防控疫情和促进经济社会发展提供司法服务保障的指导意见》，2020 年 2 月 13 日。

7. 内蒙古自治区高级人民法院：《关于审理涉新冠肺炎疫情民商事案件相关问题的指引》，2020 年 2 月 14 日。

8. 广西壮族自治区高级人民法院民二庭：《关于审理涉及新冠肺炎疫情民商事案件的指导意见》，2020 年 2 月 20 日。

9. 广州市中级人民法院：《关于充分发挥司法职能作用 服务打赢疫情防控阻击战的意见》，2020 年 2 月 14 日。

10. 北京市昌平区人民法院（2006）昌民初字第 2316 号民事判决书。

11. 江苏省丹阳市人民法院（2003）丹民初字第 2371 号民事判决书。

12. 辽宁省高级人民法院（2013）辽审二民抗字第 14 号民事判决书。

专题二　劳动法

　　新冠肺炎疫情作为一场突如其来的灾难，对社会的方方面面都产生了影响，也不可避免地为劳动者权益保护提出挑战。为减少人群密集接触，降低新冠肺炎病毒传播风险，国务院办公厅第一时间出台了《国务院办公厅关于延长2020年春节假期的通知》，最大化地分散复工人群。随后，各地政府积极响应，相继落实各项措施，鼓励灵活用工政策，以推迟本区域内企业复工时间。此次疫情防控的大背景下，突发性疫情传播以及政府相关防控政策的影响令多种日常状态下少有发生的劳动争议陡增。主要体现在延迟复工期间、隔离期间、陆续复工期间几个特殊期间的劳动关系问题的界定，以及防控工作产生的劳动关系问题。大量争议焦点问题既考验着法律条文的完备性，更关乎经济发展、社会和谐稳定的大局。为此，本专题对新冠肺炎疫情期间的20项劳动争议问题进行阐释说明，以期达到宣传法律、引导各方正确适用法律，化解纠纷于未然，服务大局的目的。

21 **2020 年春节假期延长，若用人单位安排劳动者在已延长的假期期间上班，其工资待遇应如何支付？**

【专家解读】

依据《国务院办公厅关于延长 2020 年春节假期的通知》的要求，"一、延长 2020 年春节假期至 2 月 2 日（农历正月初九，星期日），2 月 3 日（星期一）起正常上班。……三、因疫情防控不能休假的职工，应根据《中华人民共和国劳动法》规定安排补休，未休假期的工资报酬应按照有关政策保障落实"。《劳动法》第 44 条规定："……（二）休息日安排劳动者工作又不能安排补休的，支付不低于工资的百分之二百的工资报酬。"《工资支付暂行规定》第 13 条规定："……（二）用人单位依法安排劳动者在休息日工作，而又不能安排补休的，按照不低于劳动合同规定的劳动者本人日或小时工资标准的 200% 支付劳动者工资。"《全国年节及纪念日放假办法》（2013 年修订）第 2 条规定："……（二）春节，放假 3 天（农历正月初一、初二、初三）。"

为了加强新冠肺炎疫情防控工作，减少人员聚集，阻断疫情传播，国务院办公厅将 2020 年春节假期由原本的 1 月 24 日至 1 月 30 日延长至 2 月 2 日。但春节的法定休假日仍为三天，即初一、初二、初三。根据《劳动法》第 44 条第 2 项的规定，仅限于"休息日"可采取"补休"的方式，因此，春节其余 7 天假期均为休息日。因此，2020 年春节假期延长期间，对于因新冠肺炎疫情防控需要仍正常上班的劳动者，用人单位应首先安排劳动者补休假期，若补休有困难的，应按照不低于劳动合同规定的劳动者本人日或小时工资标准的 200% 支付劳动者工资。

以往的司法实践中，亦出现了部分劳动者仲裁诉求节假日加班工资的案例。2015年春节期间，某服装厂接到国外一份服装加工紧急订单，后该服装厂要求全厂员工加班完成订单任务。节后，虽订单已完成，但该服装厂并未安排员工补休及支付加班工资。劳动者即向当地仲裁委提起劳动仲裁。仲裁委经审理后裁决，要求该服装厂按员工日工资标准的3倍支付春节法定休假日3天的工资，其余4天休息日按照员工日工资标准的2倍支付。若于2020年春节假期及延长的假期期间，用人单位安排劳动者加班，但未依法支付加班工资亦未安排补休的，劳动者可以依法维权。

22 迟延复工与延长假期，是否具有相同的法律性质？

【专家解读】

依据《传染病防治法》第42条的规定，"传染病暴发、流行时，县级以上地方人民政府应当立即组织力量，按照预防、控制预案进行防治，切断传染病的传播途径，必要时，报经上一级人民政府决定，可以采取下列紧急措施并予以公告：……（二）停工、停业、停课"。以上是迟延复工的法律依据。根据《突发事件应对法》第8条、第9条的规定，国务院是应对突发事件的最高行政机关，其有权发布行政命令和决定，采取包括延长假期等措施防控疫情。此为延长假期的法律依据。

据此，迟延复工和延长假期具有不同的法律性质。延长假期本质是延长劳动者休息休假的时间，而迟延复工并未增加劳动者的假期，其是通过行政命令迟延企业复工的方式，以避免人员聚集和疫情扩散。根据《劳动法》第四章的规定，我国劳动者的假期主要包括法定节假日、休息日、年休假等。其中，法定节假日共11天，包括春节、国庆节、中秋节、元旦等（具体参考《全国年节及纪念日放假办法》）；休息日主要指周六、周日，国务院延长的3天假期属于此处的休息日。因疫情防控需要不能在此期间休息的职工，可以依据《劳动法》第44条的规定要求补休，而迟延复工则并未增加劳动者的假期。"迟延复工期"从法律性质上看，应为"停止集中办工期"，仍属工作日，只是基于特殊原因，企业不得要求劳动者回单位聚集办公。因此，迟延复工与延长假期在法律后果上存在明显差别。延长假期期间，劳动者享有休息休假的法定权利，若用人单位在此期间安排劳动者工作，属于"加班"，应另行安排补休；若无法安排补休，则应向其支付不低于正常工资200%的薪酬。迟延复工期间，劳动者并不享有休息休假的权利，用人单位仍可要求劳动者通过居家办公等灵活形式开展工作。迟延复工期间劳动者因疫情防控需要提前复工或者居家办公的，不属于"加班"，用人单位仅需支付正常薪资即可。

新冠肺炎疫情发生后，国务院为加强疫情防控工作，发布了《国务院办公厅关于延长2020年春节假期的通知》，决定将2020年春节假期延长至2月2日（农历正月初九，星期日），2月3日正常上班，共延长假期3天（原定春节假期至1月30日），这是延长假期的行政决定。延长假期期间，劳动者享有休息休假权。为进一步防控疫情，各地陆续出台了2020年2月3日后仍迟延复工的管理办法。例如，北京市人民政府出台的《关于在新型冠状病毒感染的肺炎疫情防控期间本市企业灵活安排工作的通知》规定，在2020年2月9日24时前，除疫情防控必需行业外，其他用人单位不得复工。此为迟延复工的行政决定。迟延复工期间，用人单位可要求劳动者采用灵活方式办公，且仅支付正常工资即可。

23 新冠肺炎疫情发生后，用人单位于迟延复工期间要求劳动者正常上班的，工资待遇应如何支付？

【专家解读】

依据人力资源社会保障部办公厅印发的《关于妥善处理新型冠状病毒感染的肺炎疫情防控期间劳动关系问题的通知》等文件的规定，迟延复工期间，疫情防控必需、保障城市运行必需、群众生活必需、重点项目建设施工以及其他涉及重要国计民生的相关企业应当安排职工正常到单位上班，此时应按照正常工资标准支付薪酬。

迟延复工期只是"停止集中办工期"，仍属工作日，而非假期，并未增加劳动者的法定休假时长。因此，在迟延复工期间，因疫情防控需要，用人单位可安排劳动者正常上班，并按照正常工资标准支付薪酬，不属于"加班"。根据《劳动法》第44条的规定，只有在以下几种情形下才需要按照更高的工资标准支付薪酬：安排劳动者延长工作时间的，支付不低于工资的150%的工资报酬；休息日安排劳动者工作又不能安排补休的，支付不低于工资的200%的工资报酬；法定休假日安排劳动者工作的，支付不低于工资的300%的工资报酬。迟延复工并不符合前述情形，因此，用人单位仅需按照正常工资标准支付薪酬即可。

例如，新冠肺炎疫情期间，北京某电力公司发布了《十项扎实举措打赢疫情防控阻击战》的通知，明确要求职工在疫情期间（包括迟延复工期间）正常上班，以"确保电网运行安全平稳、确保疫情防控供电安全可靠、确保重要客户供电安全有序、全面满足百姓用电需求、全力服务小微企业、提供24小时故障报修服务、全力保障复工复产企业用电、全力降低企业用能成本、全力保障国家重点项目实施"等。在此期间，电力公司的职工应服从公司安排，按时上班，并可要求公司按照正常工资标准支付薪酬。

24 若用人单位因新冠肺炎疫情影响而停工停产，该单位是否仍有义务支付该期间的工资？

【专家解读】

根据人力资源社会保障部办公厅《关于妥善处理新型冠状病毒感染的肺炎疫情防控期间劳动关系问题的通知》的要求："企业停工停产在一个工资支付周期内的，企业应按劳动合同规定的标准支付职工工资。超过一个工资支付周期的，若职工提供了正常劳动，企业支付给职工的工资不得低于当地最低工资标准。职工没有提供正常劳动的，企业应当发放生活费，生活费标准按各省、自治区、直辖市规定的办法执行。"

因此，用人单位因新冠肺炎疫情影响停工停产的，在第一个工资支付周期内，用人单位应按照劳动合同规定支付劳动者工资。超过一个工资支付周期的，若劳动者提供了正常劳动的，用人单位应按照不低于当地最低工资标准支付工资；若劳动者没有提供正常劳动的，用人单位亦应发放生活费，北京地区的每月生活费标准为月最低工资标准的70%。但实践中对"一个工资支付周期"能否分段计算的理解尚有争议，例如，工资采取月发制的用人单位前期已停工15天，复工15天后又因疫情影响继续停工停产的，对于此时第一个工资支付周期是否已满的问题，实践中尚有争议。我们认为，根据《工资支付暂行规定》，我国工资可按月发制、周发制、日发制等制度进行发放，至少每月支付工资一次，实行周、日、小时工资制的可按周、日、小时支付工资的相关规定。因此，一个工资支付周期应理解为用人单位实际采用的连续工资发放周期，可为月、周、日、小时，但该周期应为连续周期，不应分段计算。

例如，2017年3月始，孙某工作的公司因经营不善停工停产，但孙某2017年3月至6月间仍正常到公司上班，该公司一直未发放其任何工资。2017年6月底后，孙某未再上班。该公司后于2017年7月通知孙某与其解除劳动合同关系。孙某向当地仲裁委员会提出仲裁请求，要求该公司支付其2017年3月至6月间的工资，以及违法解除劳动合同的经济补偿金。仲裁委员会经审理后作出裁决，该公司虽2017年3月开始即停工停产，但孙某在2017年3月至6月3个工资支付周期内均提供了正常劳动。按照《工资支付暂行规定》的规定，第一个工资支付周期内，该公司应按照劳动合同约定的标准支付工资；第二个及第三个工资支付周期，支付的工资应位于劳动合同约定的工资标准及当地的最低工资之间，但因该公司并未与孙某就停工停产期间的工资金额进行任何约定，因此，裁决该公司按照双方所签劳动合同约定的金额3000元/月支付孙某2017年3月到6月工资，并依法支付解除劳动合同的经济补偿金。据此，用人单位因新冠肺炎疫情停工停产的，应该与劳动者协商一致，及时签订补充协议，明确约定停工停产期间的工资标准，以明确双方的权利义务；且因肺炎疫情停工停产的企业与未提供劳动的劳动者双方之间的劳动关系亦继续存在，用人单位不得无故违法解除双方的劳动合同关系。

25 若劳动者因新冠肺炎疫情被隔离而无法到岗上班，用人单位是否有义务向其支付隔离期间的工资？

【专家解读】

根据《传染病防治法》第41条规定，"对已经发生甲类传染病病例的场所或者该场所内的特定区域的人员，所在地的县级以上地方人民政府可以实施隔离措施……被隔离人员有工作单位的，所在单位不得停止支付其隔离期间的工作报酬"。根据2020年1月24日人力资源社会保障部办公厅印发的《关于妥善处理新型冠状病毒感染的肺炎疫情防控期间劳动关系问题的通知》要求："对新型冠状病毒感染的肺炎患者、疑似病人、密切接触者在其隔离治疗期间或医学观察期间以及因政府实施隔离措施或采取其他紧急措施导致不能提供正常劳动的企业职工，企业应当支付职工在此期间的工作报酬……"同时，各省市也纷纷出台相应的政策规定。例如，2020年1月31日北京市人力资源和社会保障局出台的《关于进一步做好疫情防控期间本市人力资源和社会保障相关工作的通知》要求："对新型冠状病毒感染的肺炎患者、疑似病人、密切接触者在其隔离治疗期间或医学观察期间以及因政府实施隔离措施或者采取其他紧急措施导致不能提供正常劳动的职工，企业应当视同提供正常劳动并支付其工资……"2020年2月3日北京市人力资源和社会保障局发布的《〈关于进一步做好疫情防控期间本市人力资源和社会保障相关工作的通知〉解读》明确提出："疫情防控期间企业应依法履行劳动合同，保障工资支付。对新型冠状病毒感染的肺炎患者、疑似病人、密切接触者在其隔离治疗期间或医学观察期间以及因政府实施隔离措施或者采取其他紧急措施导致不能提供正常劳动的职工，企业应当视同提供正常劳动并支付其工资……"

因此，因新冠肺炎而被隔离或治疗的确诊患者、疑似病人、密切接触者，以及因政府实施隔离措施或采取其他紧急措施导致不能提供正常劳动的这四类劳动者，用人单位应支付工作报酬，但此四类劳动者隔离期间应获得的工作报酬标准，根据各省市出台的具体政策的不同而有所差异。其中，北京地区根据北京市人力资源和社会保障局《关于进一步做好疫情防控期间本市人力资源和社会保障相关工作的通知》的规定，该四类劳动者在隔离或治疗期间获得的工资报酬标准与平时相同，用人单位应当视同其提供正常劳动并支付工资。

在此，试举一例予以说明。李某为武汉人，自 2015 年始一直就职于北京某公司。新冠肺炎疫情发生后，武汉采取封城等防控措施，李某难以回京上班。该公司在复工后，对李某未及时返京复工的情况按事假认定处理，并暂停发放李某该期间的事假工资。李某收到公司人事部门的通知后，强烈反对该公司的违法行为，并要求该公司按照北京市人力资源和社会保障局《关于进一步做好疫情防控期间本市人力资源和社会保障相关工作的通知》的要求，对其情况进行处理。随后，该公司查询了北京市相关政策，并同意李某的请求，视同其隔离期间提供正常劳动并予以支付工资。

26　迟延复工期间，若用人单位要求劳动者以灵活办公方式在家完成工作，其工资应如何发放？

【专家解读】

依据《工资支付暂行规定》第 12 条、人力资源社会保障部办公厅《关于妥善处理新型冠状病毒感染的肺炎疫情防控期间劳动关系问题的通知》等文件的规定，新冠肺炎疫情期间，用人单位可要求劳动者以灵活办公的方式在家完成工作。对于此期间的工资支付，若用人单位与劳动者协商一致达成薪酬调整方案的，应按照调整后的方案支付工资；若未有薪酬调整方案，且劳动者提供了正常劳动或者停工停产在一个工资支付周期内，用人单位应按照正常工作期间的工资标准支付工资；若未有薪酬调整方案，且劳动者未提供正常劳动或者停工停产超过一个工资支付周期的，企业应当发放生活费，生活费标准按各省、自治区、直辖市规定的办法执行。

为了更好地防控疫情，用人单位可以要求劳动者通过网络、电话等灵活方式在家办公。此时，由于工作条件发生较大变化，劳动者可能无法提供与原先完全相同的劳动，用人单位也将因停工停产受到不利影响。原则上，首先应由双方对薪酬调整方案进行协商，并优先按照该方案支付薪酬。若用人单位与劳动者未予以协商或未达成一致，则应按照劳动者提供劳动的具体情况区分对待：若劳动者提供了正常劳动，用人单位应按照正常标准支付薪酬；若劳动者未能提供正常劳动，用人单位应发放必要生活费，无需另行支付薪酬。此外，若企业停工停产未超过一个工资支付周期，无论劳动者是否提供了正常劳动，企业均应按照原工资标准支付薪酬。除双方协议提高疫情期间的工资标准外，用人单位没有义务按照更高的标准支付薪酬。

本次新冠肺炎疫情期间，不少互联网公司要求员工居家办公，通过远程办公软件等方式完成工作。例如，刘某为北京某互联网科技公司的员工，为避免聚集办公，公司要求刘某在家利用远程办公软件进行工作。刘某在家完成了数据分析、内容审核、文档编辑和业务沟通等工作。由于刘某平时在公司也基本上通过网络展开工作，此次居家办公并无太大影响，且不受时间、空间限制，更加灵活高效。对于这种情况，公司应当按照正常出勤的工资标准向刘某支付工资。

27 因春节假期延长或迟延复工导致用人单位难以按期发放工资，用人单位能否延期发放劳动者的工资？

【专家解读】

《工资支付暂行规定》第 7 条规定，"工资必须在用人单位与劳动者约定的日期支付。如遇节假日或休息日，则应提前在最近的工作日支付。工资至少每月支付一次，实行周、日、小时工资制的可按周、日、小时支付工资"。该暂行规定第 18 条规定："……用人单位有下列侵害劳动者合法权益行为的，由劳动行政部门责令其支付劳动者工资和经济补偿，并可责令其支付赔偿金：（一）克扣或者无故拖欠劳动者工资的……"另外，根据《对〈工资支付暂行规定〉有关问题的补充规定》第 4 条的规定："《规定》第18 条所称'无故拖欠'系指用人单位无正当理由超过规定付薪时间未支付劳动者工资。不包括：（1）用人单位遇到非人力所能抗拒的自然灾害、战争等原因，无法按时支付工资……"2020 年 2 月 10 日，全国人大常委会法工委发言人答记者问时明确指出，"当前我国发生了新型冠状病毒感染肺炎疫情这一突发公共卫生事件。为了保护公众健康，政府也采取了相应疫情防控措施。对于因此不能履行合同的当事人来说，属于不能预见、不能避免并不能克服的不可抗力"。

按照我国现行法律的规定，用人单位必须按照与劳动者约定的工资支付日期，至少每月支付一次工资，且若遇节假日或休息日的，应提前在最近的工作日支付，严禁用人单位无故拖欠劳动者工资，充分保障劳动者通过劳动获得劳动报酬的合法权益。但根据《对〈工资支付暂行规定〉有关问题的补充规定》以及全国人大常委会法工委的意见，新冠肺炎疫情是突发公共卫生事件，属于不能预见、不能避免并不能克服的不可抗力，用人单位若因新冠肺炎疫情的影响导致延期复工、停工停产而无法及时发放工资的情形，不属于用人单位无故拖欠劳动者工资的行为。但用人单位在正常复工后，应及时足额发放该期间的工资。

例如，王老师为北京市某幼儿园教师，因 2020 年 2 月中旬尚未收到 2020 年 1 月份的工资而与幼儿园领导沟通。收到该名老师反映的情况后，幼儿园予以高度重视，立即草拟了《关于工资延期发放的通知》，并告知各位教职工：幼儿园因新冠肺炎疫情影响，已根据上级单位的要求延期开学。因延期开学期间幼儿园无人办公，无法按时支付各位教职员工的工资；且新冠肺炎疫情的发生，属于不可抗力，幼儿园无法及时发放工资的情况，亦不属于故意拖欠教职员工工资的行为；并向大家作出承诺，会在开学后第一时间足额支付各位教职员工的工资，希望各位员工予以理解。若有员工因该期间无收入，导致生活困难的，幼儿园领导将积极协助解决。各位教职员工收到幼儿园发放的该通知后，均向幼儿园回复予以理解，并同意幼儿园延期发放工资。

28 新冠肺炎疫情期间，北京地区用人单位是否可以延期为员工缴纳社会保险？延期缴纳期间员工能否正常享受社保待遇？

【专家解读】

根据 2020 年 1 月 30 日人力资源社会保障部办公厅印发的《关于切实做好新型冠状病毒感染的肺炎疫情防控期间社会保险经办工作的通知》要求："因受疫情影响，用人单位逾期办理职工参保登记、缴费等业务，经办机构应及时受理。对灵活就业人员和城乡居民 2020 年一次性补缴或定期缴纳社会保险费放宽时限要求，未能及时办理参保缴费的，允许疫情结束后补办，并在系统内标识。逾期办理缴费不影响参保人员个人权益记录，补办手续应在疫情解除后 3 个月内完成"。2020 年 2 月 1 日北京市社会保险基金管理中心、北京市医疗保险事务管理中心共同发布的《关于新型冠状病毒疫情防控期间延长我市社会保险缴费工作的通告》要求："我市暂定将 1 月、2 月应缴社会保险费缴费期延长至 3 月底，并根据疫情情况继续放宽时限要求，延长期间各项社会保险待遇正常享受。疫情期间，用人单位未按时办理职工参保登记、缴费等业务，允许疫情结束后补办，补办应在疫情解除后三个月内完成，不收取滞纳金，不影响个人权益记录。"2020 年 2 月 20 日，人力资源社会保障部、财政部、税务总局共同印发《关于阶段性减免企业社会保险费的通知》要求："一、自 2020 年 2 月起，各省、自治区、直辖市（除湖北省外）及新疆生产建设兵团（以下统称省）可根据受疫情影响情况和基金承受能力，免征中小微企业三项社会保险单位缴费部分，免征期限不超过 5 个月；对大型企业等其他参保单位（不含机关事业单位）三项社会保险单位缴费部分可减半征收，减征期限不超过 3 个月。……三、受疫情影响生产经营出现严重困难的企业，可申请缓缴社会保险费，缓缴期限原则上不超过 6 个月，缓缴期间免收滞纳金。……五、要确保参保人员社会保险权益不受影响，企业要依法履行好代扣代缴职工个人缴费的义务，社保经办机构要做好个人权益记录工作。"

为了做好新冠肺炎疫情防控工作，北京市社会保险基金管理中心与北京市医疗保险事务管理中心联合印发的《关于新型冠状病毒疫情防控期间延长我市社会保险缴费工作的通告》延长了北京市社会保险缴费工作。用人单位可以将1月、2月应缴社会保险缴费期延长至3月底，延长期间可正常享受社保待遇；若因疫情影响，用人单位未及时为劳动者办理参保登记、缴费等业务的，仍可以在疫情结束后的3个月内完成补办，不收取用人单位滞纳金，不影响劳动者的个人权益记录。但应注意，未为劳动者办理参保登记和缴费等业务，疫情结束后用人单位虽可以为劳动者补办，但在此期间劳动者因未办理社保登记，无法正常享受社保待遇。

根据人力资源社会保障部最新发布的《关于阶段性减免企业社会保险费的通知》要求，北京地区的企业不再是仅仅享受缓缴及延长缴费期限的优惠措施，而将享受更加有利于缓解用人单位困难的切实举措。根据大中小微企业的不同特点，在有限期间内免缴全部或部分企业的基本养老保险、失业保险、工伤保险的单位缴纳部分，切实减轻用人单位负担，保障劳动者就业，推动用人单位尽快恢复生产；该通知亦明确要求确保参保人员的社会保险权益不受影响。但具体减免对象的确定及减免办法仍需北京市相关政府部门，根据《关于阶段性减免企业社会保险费的通知》的要求，参照《关于印发中小企业划型标准规定的通知》等有关规定，结合北京市疫情影响情况和基金承受能力等实际情况而具体制定。因此，新冠肺炎疫情期间，全国各地用人单位为劳动者缴纳社保的具体情况，应该参照国家及当地出台的最新政策予以执行。

29 **新冠肺炎疫情期间或结束后，用人单位能否因劳动者有"湖北、武汉工作史、旅居史"为由，拒绝与其签订劳动合同？**

【专家解读】

根据《就业促进法》第3条规定，"劳动者依法享有平等就业和自主择业的权利。劳动者就业，不因民族、种族、性别、宗教信仰等不同而受歧视"。第26条规定,"用人单位招用人员、职业中介机构从事职业中介活动,应当向劳动者提供平等的就业机会和公平的就业条件,不得实施就业歧视"。我国法律保护劳动者平等就业的权利,劳动者就业不因民族、种族、性别、宗教信仰等不同而受歧视。发生新冠肺炎疫情,不是劳动者可以选择和控制的。用人单位以劳动者曾有"湖北、武汉工作史、旅居史"为由拒绝与其签订劳动合同的,该理由不具有正当性和合理性,是对该部分劳动者的差别对待和地域歧视,剥夺了有"湖北、武汉工作史、旅居史"的劳动者平等就业的权利。

劳动者在就业过程中遭受了地域歧视、性别歧视等现象并不鲜见。例如,小王是国内某大学刚毕业的学生,其向杭州某家公司投递了简历,但不久后,该公司向小王发送了不适合此岗位的通知,其在不合适原因一栏填写"某地人"。小王认为其遭到了地域歧视,平等就业权受到侵害,并向杭州互联网法院提起诉讼。杭州互联网法院经审理后认为,该公司的行为对小王构成地域歧视,侵害了其平等就业权,判决该公司向小王口头道歉、在国家级媒体刊登道歉声明,并赔偿小王精神损害抚慰金及合理维权费用1万元。

30 若用人单位因防控新冠肺炎疫情需要,要求劳动者加班,劳动者是否有权拒绝?

【专家解读】

《国务院关于职工工作时间的规定》第6条规定:"任何单位和个人不得擅自延长职工工作时间。因特殊情况和紧急任务确需延长工作时间的,按照国家有关规定执行。"《劳动部贯彻〈国务院关于职工工作时间的规定〉的实施办法》第7条规定:"有下列特殊情形和紧急任务之一的,延长工作时间不受本办法第6条规定的限制:(一)发生自然灾害、事故或者因其他原因,使人民的安全健康和国家资财遭到严重威胁,需要紧急处理的……"第8条规定:"根据本办法第6条、第7条延长工作时间的,企业应当按照《中华人民共和国劳动法》第44条的规定，给职工支付工资报酬或安排补休。"

根据以上规定，我国法律充分保护劳动者休息休假的权利，用人单位不得未经劳动者同意擅自安排劳动者加班，若用人单位擅自安排劳动者加班的，劳动者有权拒绝。但我国相关法律也对用人单位不得擅自要求劳动者加班作出了例外规定，即在发生自然灾害、事故或者因其他原因，使人民的安全健康和国家财产遭到严重威胁、需要紧急处理时，用人单位可以要求劳动者加班，劳动者不应拒绝。劳动者加班的，应根据加班时间属于日法定标准工作以外延长时间、休息日、法定休假日而依法获得相应的加班工资或补休。

虽然根据新冠肺炎疫情防控的需要，用人单位可以要求劳动者加班，但亦应采取充分的防护措施，保障劳动者加班期间的人身安全，防止发生聚集性新冠肺炎疫情，比如要做好口罩、消毒用品、体温计等物资的储备和发放，做好员工体温的日常排查及监测，做好员工复工前的疫情防控培训，并做好日常的消毒管理等，切实遵守疫情防控管理的各项措施。

31 受新冠肺炎疫情影响，用人单位是否有权对劳动者进行调岗、降薪？

【专家解读】

依据《劳动法》第17条、《劳动合同法》第40条和人力资源社会保障部办公厅印发的《关于妥善处理新型冠状病毒感染的肺炎疫情防控期间劳动关系问题的通知》的规定，新冠肺炎疫情期间，用人单位尤其是受疫情影响严重、生产经营困难的企业，可以与劳动者协商一致进行调岗、降薪；协商不成的，用人单位不得单方面进行调岗、降薪，除非证明劳动者不能胜任工作。另外，因新型冠状病毒感染的肺炎患者、疑似病人、密切接触者在其隔离治疗期间或医学观察期间以及因政府实施隔离措施或采取其他紧急措施，导致其不能提供正常劳动的企业职工，除非经协商一致，用人单位不得单方面解除与其签订的劳动合同。

岗位和薪酬属于劳动合同的必备条款，调岗、降薪属于变更劳动合同。一般来说，变更劳动合同应由双方协商一致；协商不成的，用人单位无权单方面对劳动者调岗、降薪，除非劳动合同中有明确约定。但是，为了适度保障用人单位的用工自主权和正常经营秩序，《劳动法》第44条规定了一项例外，即劳动者无法胜任当前岗位时，用人单位可调整其岗位。不过，此时应由用人单位承担举证责任，证明该劳动者确实无法胜任该工作。在新冠肺炎疫情防控的特殊时期，为保障疫情防控效果、稳定用工关系，在认定"无法胜任工作"时应适当从严，尤其对于新型冠状病毒感染的肺炎患者、疑似病人、密切接触者在其隔离治疗期间或医学观察期间以及因政府实施隔离措施或采取其他紧急措施导致不能提供正常劳动的企业职工，不得因其无法提供正常劳动而认定"无法胜任工作"。这是管控疫情、保障劳动者权益的重要措施。

例如，王某某在北京某金融公司上班，春节假期回到武汉老家过年。后因疫情暴发，武汉采取封城措施，王某某无法于公司规定的时间2020年2月10日回京上班。公司遂单方面对王某某进行调岗处理，薪酬也相应降低。由于王某某是因政府临时采取的封城措施而无法回京上班，按照法律和现行政策的规定，除非经协商一致，用人单位不得单方面对王某某进行调岗、降薪处理，否则将受到行政处罚。王某某也可事后请求用人单位对其恢复职位、支付报酬和赔偿损失等。

32 新冠肺炎疫情期间，用人单位能否因疫情原因进行大规模裁员?

【专家解读】

依据《劳动合同法》第41条规定，公司因生产经营发生严重困难等事由需要进行大规模经济性裁员（裁减人员20人以上或裁减人员不足20人但占企业职工总数10%以上）时，在听取工会或职工的意见并将裁员方案向劳动行政部门报告后，可以进行裁员。因新冠肺炎疫情导致生产经营严重困难的企业，从法律上来说可以按照前述规定进行裁员，但根据人力资源社会保障部办公厅印发的《关于妥善处理新型冠状病毒感染的肺炎疫情防控期间劳动关系问题的通知》规定，企业因受疫情影响导致生产经营困难的，可以通过与职工协商一致采取调整薪酬、轮岗轮休、缩短工时等方式稳定工作岗位，尽量不裁员或者少裁员；符合条件的企业，可按规定享受稳岗补贴。

经济性裁员是企业面临经济困难的重要自救措施，是市场经济法则的重要内容，也是企业的重要权利。但是，企业进行经济性裁员时，需符合法定事由、履行法定程序。企业进行裁员的法定事由包括生产经营发生严重困难、依照《企业破产法》等规定进行重整等；企业裁员前应向工会或全体职工说明情况、听取其意见，并将裁员方案向劳动行政部门报告。而且，用人单位裁员后，若在6个月内重新招用人员，应当通知被裁减的人员，且在同等条件下优先录用被裁减的人员。在新冠肺炎疫情防控的特殊时期，为稳定用工关系、确保民众抗"疫"信心，国务院明确鼓励因疫情经营困难的企业，通过和职工协商一致采取变通方式，共克难关，尽量不裁员或少裁员。

为减轻企业负担、稳定就业，各地政府机关也施行了诸多减负措施。例如，北京市人民政府办公厅印发的《关于进一步支持打好新型冠状病毒感染的肺炎疫情防控阻击战若干措施》规定，北京市政府将协助企业解决防控物资保障、原材料供应、物流运输等问题，加强防控监督指导，确保企业在疫情防控达标前提下正常生产；鼓励实施灵活用工政策，允许企业综合调剂使用年度内的休息日；妥善解决困难企业融资问题，启动线上续贷机制，采取适当下调贷款利率、增加信用贷款和中长期贷款等措施，支持相关企业战胜疫情灾害影响；延迟缴纳社会保险费，将1月、2月应缴社会保险费征收期延长至3月底，对于旅游、住宿、餐饮、会展、商贸流通、交通运输、教育培训、文艺演出、影视剧院、冰雪体育等受影响较大的行业企业，经相关行业主管部门确认，可将疫情影响期间应缴社会保险费征收期延长至7月底；鼓励大型商务楼宇、商场、市场运营方对中小微租户适度减免疫情期间的租金，各区对采取减免租金措施的租赁企业可给予适度财政补贴等。在此背景下，困难企业应积极响应国家政策号召，做到尽量不裁员或少裁员；也鼓励广大劳动者与用人单位协商一致，通过调整薪酬、轮岗轮休、缩短工时等方式，与企业共渡难关。

33 若劳动者被确诊为新冠肺炎感染者，或为疑似或密切接触者，在被强制隔离期间，其劳动合同到期的，用人单位能否终止劳动合同关系？

【专家解读】

　　根据人力资源社会保障部办公厅印发的《关于妥善处理新型冠状病毒感染的肺炎疫情防控期间劳动关系问题的通知》要求："对新型冠状病毒感染的肺炎患者、疑似病人、密切接触者在其隔离治疗期间或医学观察期间以及因政府实施隔离措施或采取其他紧急措施导致不能提供正常劳动的企业职工……在此期间，劳动合同到期的，分别顺延至职工医疗期期满、医学观察期期满、隔离期期满或者政府采取的紧急措施结束。"2020 年 1 月 31 日，北京市人力资源和社会保障局发布的《关于进一步做好疫情防控期间本市人力资源和社会保障相关工作的通知》要求："对新型冠状病毒感染的肺炎患者、疑似病人、密切接触者在其隔离治疗期间或医学观察期间以及因政府实施隔离措施或者采取其他紧急措施导致不能提供正常劳动的职工，企业应当视同提供正常劳动并支付其工资，不得解除劳动关系。在此期间，劳动合同到期的，分别顺延至职工医疗期期满、医学观察期期满、隔离期期满或者政府采取的紧急措施结束。"

　　根据该通知，劳动者被确诊为新冠肺炎感染者、疑似或密切接触者，在被强制隔离期间，用人单位不能与劳动者终止劳动合同关系，劳动合同到期的，应分别顺延至其医疗期期满、医学观察期期满、隔离期期满或者政府采取的紧急措施结束。北京地区亦适用相同的政策。但该通知要求的"至其医疗期期满、医学观察期期满、隔离期期满或者政府采取的紧急措施结束"这四个期间，在实践中，部分劳动者可能会存在期间交叉的情况，用人单位可根据实际情况参照使用，但应该按最长期间确定。另外，合同到期的劳动者在医疗期期满、医学观察期期满、隔离期期满或者政府采取的紧急措施结束后，用人单位能否与其终止劳动合同关系，《关于妥善处理新型冠状病毒感染的肺炎疫情防控期间劳动关系问题的通知》并未予以明确规定。但根据"法无禁止即可为"的原则，除法定不得终止，例如劳动者已经连续两次固定期限劳动合同届满等情形外，用人单位可以终止劳动合同关系。

例如，杨某为北京某公司员工，双方首次签署的劳动合同将于2020年2月15日到期。杨某出于个人婚恋考虑，年前已与公司协商一致，劳动合同到期终止不再续签。但因新冠肺炎疫情，杨某老家实施管控措施，杨某难以返京而无法办理相关离职手续。后杨某与公司在合同到期前协商一致，双方约定劳动合同续签至杨某家乡当地政府采取的紧急措施结束之日后15日内。到期后因杨某个人原因，双方不再续签劳动合同，劳动合同到期终止。

34 若劳动者被确诊为新冠肺炎感染者，其在被隔离治疗期间是否享有法定医疗期？

【专家解读】

《企业职工患病或非因工负伤医疗期规定》第2条规定，"医疗期是指企业职工因患病或非因工负伤停止工作治病休息不得解除劳动合同的时限"。第3条规定："企业职工因患病或非因工负伤，需要停止工作医疗时，根据本人实际参加工作年限和在本单位工作年限，给予3个月到24个月的医疗期：（一）实际工作年限10年以下的，在本单位工作年限5年以下的为3个月；5年以上的为6个月。（二）实际工作年限10年以上的，在本单位工作年限5年以下的为6个月；5年以上10年以下的为9个月；10年以上15年以下的为12个月；15年以上20年以下的为18个月；20年以上的为24个月。"人力资源社会保障部办公厅印发的《关于妥善处理新型冠状病毒感染的肺炎疫情防控期间劳动关系问题的通知》要求，因感染新冠肺炎而被隔离治疗，不能提供正常劳动的企业职工，在隔离治疗期间，劳动合同到期的，分别顺延至职工医疗期期满。2020年1月31日，北京市人力资源和社会保障局印发的《关于进一步做好疫情防控期间本市人力资源和社会保障相关工作的通知》要求："对新型冠状病毒感染的肺炎患者……在其隔离治疗期间……企业应当视同提供正常劳动并支付其工资……劳动合同到期的，分别顺延至职工医疗期期满。"

由此可见，劳动者被确诊为新冠肺炎感染者后，在被隔离治疗期间，应享有医疗期。其中，北京地区的劳动者确诊新冠肺炎后需隔离治疗的，在医疗期内，用人单位应当视同提供正常劳动并支付劳动者工资。劳动者享有的医疗期根据劳动者本人实际参加工作年限和本单位工作年限的不同而享有不同期限的医疗期。

劳动者感染新冠肺炎后，需要停工接受隔离治疗。在该期间，国家保障确诊患者享有法定医疗期，保障劳动者在法定医疗期内不会被单方解除劳动合同。一方面可以保障劳动者在治疗期间有基本的生活保障，另一方面保留了劳动者治疗康复后的工作机会，有利于切实保护劳动者的合法权益，对社会稳定亦有积极意义。

35 医护及相关工作人员因工作职责而感染新冠肺炎，能否认定为工伤？相关待遇问题如何确定？

【专家解读】

根据人力资源社会保障部、财政部、国家卫生健康委共同印发的《关于因履行工作职责感染新型冠状病毒肺炎的医护及相关工作人员有关保障问题的通知》要求："在新型冠状病毒肺炎预防和救治工作中，医护及相关工作人员因履行工作职责，感染新型冠状病毒肺炎或因感染新型冠状病毒肺炎死亡的，应认定为工伤，依法享受工伤保险待遇。"《工伤保险条例》第15条规定："职工有下列情形之一的，视同工伤：……（二）在抢险救灾等维护国家利益、公共利益活动中受到伤害的……"2020年1月31日，北京市人力资源和社会保障局印发的《关于进一步做好疫情防控期间本市人力资源和社会保障相关工作的通知》要求："对医护及相关工作人员因履行工作职责感染新型冠状病毒肺炎的，按规定认定为工伤。同时还将压缩认定时间，用人单位为上述对象申报工伤认定且事实清楚、材料完整的，将在受理 3 日内完成认定工作。"

由此可见，医护及相关工作人员因履行工作职责，且其从事的是新冠肺炎疫情的预防和救治工作而感染新冠肺炎的，应认定为工伤，并享受工伤保险待遇。北京市人力资源和社会保障局亦出具了相同的政策。但《关于因履行工作职责感染新型冠状病毒肺炎的医护及相关工作人员有关保障问题的通知》及北京市相关通知，并未对相关工作人员的范围予以解释和明确。现从事新冠肺炎疫情预防和救治工作的一线工作人员，除了医护人员外，仍有各机关事业单位的公务人员、社区居委会的工作人员、慈善组织的工作人员，以及医疗物资生产、流通等企业的部分劳动者，应皆属于《关于因履行工作职责感染新型冠状病毒肺炎的医护及相关工作人员有关保障问题的通知》规定的相关工作人员范畴。

但需注意的是，新冠肺炎疫情发生以来，社会各行各业涌现出大批志愿者自愿投身到疫情防控工作当中，并发挥了积极作用。虽然志愿者在服务过程中从事的是疫情的预防和救治工作，却并非属于履行工作职责的情形。我们认为，若该部分志愿者有固定的劳动关系或人事关系，那么他们在志愿服务过程中感染新冠肺炎疫情，虽然不属于《关于因履行工作职责感染新型冠状病毒肺炎的医护及相关工作人员有关保障问题的通知》规定的应认定为工伤的人员范畴，但根据《工伤保险条例》的相关规定，可考虑是否属于第15 条规定的视同工伤的情况。

36 医护及相关工作人员以外的其他行业劳动者，在上下班途中或工作时间感染新冠肺炎，能否认定为工伤？

【专家解读】

依据人力资源社会保障部、财政部、国家卫生健康委员会共同印发的《关于因履行工作职责感染新型冠状病毒肺炎的医护及相关工作人员有关保障问题的通知》规定，在新冠肺炎疫情预防和救治工作中，医护及相关工作人员因履行工作职责，感染新冠肺炎或因感染新冠肺炎死亡的，应认定为工伤；对于医护及相关人员以外的其他行业劳动者的工伤认定并未提及，一般认为，不应当认定为工伤。

所谓工伤，又称职业伤害、工作伤害或因工负伤，是指劳动者在从事职业活动或者与职业责任有关的活动时或者因职业责任所遭受的事故伤害和职业病伤害。根据《工伤保险条例》第 14 条、第 15 条规定，认定工伤主要包括以下法定情形：在工作时间和工作场所内，因工作原因受到事故伤害的；工作时间前后在工作场所内，从事与工作有关的预备性或者收尾性工作受到事故伤害的；在工作时间和工作场所内，因履行工作职责受到暴力等意外伤害的；患职业病的；因工外出期间，由于工作原因受到伤害或者发生事故下落不明的；在上下班途中，受到非本人主要责任的交通事故或者城市轨道交通、客运轮渡、火车事故伤害的；在工作时间和工作岗位，突发疾病死亡或者在 48 小时之内经抢救无效死亡的；在抢险救灾等维护国家利益、公共利益活动中受到伤害的；职工原在军队服役，因战、因公负伤致残，已取得革命伤残军人证，到用人单位后旧伤复发的等。就此而言，认定成工伤应当具备以下条件：伤害是在工作时间和工作场所内引发，可适度放宽至上下班前后的预备和收尾工作，以及上下班途中发生的非本人主要责任的机动车交通事故；伤害是因工作原因导致的，主要指因劳动者的职务行为引发的伤害；劳动者并非故意造成事故伤害。由于新冠肺炎病毒传染渠道众多、传染性极强且潜伏周期较长，医护及相关人员以外的其他行业劳动者上下班途中或是工作时间感染新冠肺炎的，通常难以认定病毒感染与职务行为之间的因果关系，因而无法认定为工伤。而且，从既往实践来看，因感染传染病而导致的疾病或伤害，鲜有被认定为工伤的。将医护及相关人员以外的劳动者感染传染病包括新冠肺炎认定为工伤，属过度扩张工伤的认定范围，缺乏合法性、合理性及可操作性。

例如，张某某为北京市某企业员工，春节假期回河南老家过年。期间曾多次参加聚会，虽有感冒症状，但并未在意。大年初六，张某某开车返京，初七正常上班，未按照要求进行 14 天的自我隔离。元宵节后，张某某听说老家一起聚会的人中有人感染新冠肺炎，想起自身症状，最终被确诊为新冠肺炎。在回单位工作期间，张某某与李某某有过近距离交流和接触，后经检测，李某某亦感染新冠肺炎。在此情形下，李某某并不能被认定为"工伤"。但因张某某对此有明显过错，李某某因感染新冠肺炎而导致的人身或财产损害，有权依据《传染病防治法》的相关规定，请求张某某承担民事责任。

37 因感染新冠肺炎而无法认定为工伤的劳动者，其医疗费用应如何解决？

【专家解读】

2020年1月22日，国家医疗保障局、财政部印发的《关于做好新型冠状病毒感染的肺炎疫情医疗保障的通知》要求，"确保患者不因费用问题影响就医。对于确诊新型冠状病毒感染的肺炎患者发生的医疗费用，在基本医保、大病保险、医疗救助等按规定支付后，个人负担部分由财政给予补助，实施综合保障"。2020年1月27日，国家医疗保障局办公室、财政部办公厅、国家卫生健康委员会办公厅共同发布《关于做好新型冠状病毒感染的肺炎疫情医疗保障工作的补充通知》要求："对于卫生健康部门新型冠状病毒感染的肺炎诊疗方案确定的疑似患者医疗费用，在基本医保、大病保险、医疗救助等按规定支付后，个人负担部分由就医地制定财政补助政策并安排资金，实施综合保障，中央财政视情给予适当补助。"

对于因感染新冠肺炎而无法认定工伤的劳动者，国家亦制定了明确的政策，保障劳动者的就医费用。无论是新冠肺炎确诊患者还是疑似患者的就医费用，在基本医保、大病保险、医疗救助等按规定支付后，个人负担部分均由国家财政予以补助，个人无需为此支付医疗费用。

国家对于新冠肺炎确诊患者以及疑似患者医疗费用负担方式的明确，一方面充分地保障了患者不会因费用问题而耽误就医，能够让患者放心接受治疗；另一方面亦能够让医院不用担心患者出现欠费问题而放心救治，该项措施体现了国家对百姓生命健康权的重视，是尊重和保障人权的重要体现。

38 医护及相关工作人员在新冠肺炎疫情防控工作中表现突出的，有哪些奖励和补助？

【专家解读】

根据《传染病防治法》《突发事件应对法》以及《基本医疗卫生与健康促进法》《突发公共卫生事件应急条例》等相关规定，县级以上各级人民政府及其卫生行政主管部门或有关单位，应当对在传染病防治工作中及参加突发事件应急处理的医疗卫生人员，以及在生产、工作中接触传染病病原体的其他人员，给予适当补助和保健津贴；对参加传染病防治工作中及突发事件应急处理作出贡献的人员，给予表彰和奖励；对参加传染病防治工作及因参与应急处理工作致病、致残、死亡的人员，按照国家有关规定，给予相应的补助和抚恤。国家卫生健康委员会办公厅印发的《关于做好新型冠状病毒感染的肺炎疫情防控工作中表现突出个人和集体即时性表彰的通知》要求："对发现的奋战在疫情防控一线，照护病患表现突出的；积极开展疫苗研发等相关科研工作，作出成果的；深入疫情防控一线，靠前指挥发挥重要作用的；协调调度有力，为疫情防控提供充分保障等事迹突出的个人和集体，要第一时间商本级表彰管理部门，开展即时性表彰，充分彰显卫生健康系统对先进典型的关心和尊崇，让先进典型事迹为疫情防控阻击战注入强大的精神动力。"

新冠肺炎疫情发生以来，无数的医护人员及相关人员义无反顾地加入疫情阻击战中，冲锋在前，涌现出了无数可歌可泣的英雄人物及感人事迹。县级以上各级人民政府及其卫生行政主管部门应对奋战在疫情防护和救治一线的医护及相关工作人员发放适当的津贴和补助；对在新冠肺炎疫情防控工作中表现突出的，应给予表彰和奖励；同时，应该充分发掘防疫工作中的榜样典型，做好宣传工作，为奋战在一线的医护及相关人员注入源源不断的精神动力，以达到鼓舞士气、激励人心的目的。

例如，2020 年 1 月 31 日，北京市人力资源和社会保障局印发的《关于进一步做好疫情防控期间本市人力资源和社会保障相关工作的通知》要求："对参加防治工作的医务人员和防疫工作者，给予临时性工作补助。对于直接接触待排查病例或确诊病例，诊断、治疗、护理、医院感染控制、病例标本采集和病原检测等工作相关人员，给予每人每天 300 元补助；对于参加疫情防控的其他医务人员和防疫工作者，给予每人每天 200 元补助。"2020 年 2 月 17 日，湖北省出台的《关于进一步关爱和激励新冠肺炎疫情防控一线医务人员的若干措施》中明确，湖北省一线医务人员除可享受临时性补助、一次性慰问补助、防疫津贴、开通工伤认定通道、核增绩效工作量等待遇外，湖北省还加大了对一线医务人员的政策倾斜力度，比如可享受一次性子女基础教育阶段入学入园照顾、一线医务人员子女进入高等院校学习照顾等政策，体现了对一线医务人员的关爱和激励。

39 用人单位复工是否需要向相关部门进行备案？不备案是否具有法律风险？

【专家解读】

根据《突发事件应对法》第 49 条、第 66 条和《传染病防治法》第 5 条、第 6 条等规定，为防控疫情需要，各地政府可以采取多种措施控制传染源和切断传播途径，其中包括出台企业复工备案措施，要求企业在复工前必须向相关部门备案，未经备案，不得复工；不服从所在地人民政府及其有关部门发布的复工备案命令而擅自复工的，将可能构成治安违法行为，受到行政处罚。根据《治安管理处罚法》第 50 条和《行政处罚法》第 23 条规定，单位或个人拒不执行人民政府在紧急状态情况下依法发布的决定、命令的（包括企业复工备案命令），公安机关可对其处警告或者 200 元以下罚款；情节严重的，处 5 日以上 10 日以下拘留，可以并处 500 元以下罚款；处罚机关可同时责令当事人改正或限期改正违法行为。另外，根据《刑法》第 330 条规定，单位或个人拒绝执行疫情防控措施，引起甲类传染病传播或者有传播严重危险的，可能构成妨害传染病防治罪，将被追究刑事责任。

为进一步防控疫情、压实责任，各地政府纷纷出台了复工备案措施，监督企业有序复工，企业未经备案，不得复工。从法律上来说，这是地方政府在新冠肺炎疫情期间采取的特殊管理措施，属于行政命令，企业应当服从。例如，杭州、宁波等地方政府均发布命令，要求企业在复工前必须履行备案程序。若企业违反复工备案行政命令，未经备案擅自复工，则可能构成妨害社会管理秩序的治安违法行为，公安机关有权对其进行相应的行政处罚；情节严重者，可能构成妨害传染病防治罪而被追究刑事责任。当然，地方政府也不可过度限制企业复工复产，如有的地方政府要求企业复工前必须经过严格的审批，甚至是多重审批，费时耗力，严重妨碍企业的正常复工行为，国家发展和改革委员会已明令禁止以审批等简单粗暴的形式限制企业复工复产。

新冠肺炎疫情期间，违反复工备案命令的行为时有发生。例如，广东省顺德区某环保科技公司未经备案擅自复工。该市执法机关接获消息后，迅速前往该企业进行调查。经查，该公司并未履行备案程序，且未满足当地政府设置隔离留观室、排查员工情况、配备口罩等要求，遂责令该公司尽快履行备案程序，备案前不得复工复产，并对该公司责任人进行了防疫工作宣传教育，要求其按照复工复产相关要求完善防控措施。

40 复工后，安排劳动者在家办公的用人单位，应如何进行有效的用工管理?

【专家解读】

根据人力资源社会保障部办公厅印发的《关于妥善处理新型冠状病毒感染的肺炎疫情防控期间劳动关系问题的通知》、北京市人民政府《关于在新型冠状病毒感染的肺炎疫情防控期间本市企业灵活安排工作的通知》等文件规定，为防控疫情、避免人员聚集，政府鼓励用人单位安排劳动者通过网络、电话等灵活形式在家办公，并可通过调整薪酬、轮岗轮休、缩短工时等多种方式进行用工管理。

居家办公和聚集办公明显不同，尤其难以进行有效的外部监督且容易受到家庭等因素的干扰，可能会影响工作效率。对于不同行业的企业、不同职能的岗位，居家办公的影响也是不同的。但是，对于企业管理者来说，灵活运用各种法律工具可以在一定程度上提升管理效能。根据各地政府文件的规定，用人单位可与劳动者进行协商，临时采用结果导向、灵活弹性的工资方案。例如，可采用计件工资制，以工作成果衡量工资标准；符合条件的企业也可向人社部门申请执行不定时工作制和综合计算工时制等特殊工时制度，部分地区如北京市，已开通在线受理系统，便利企业申请特殊工时制度。对符合要求的，当日即应作出准予许可的批复。此外，用人单位还可与劳动者协商进行轮岗轮休或者临时调岗，实现人力资源的最优配置；无法与劳动者达成一致时，若可证明劳动者无法胜任当前岗位，用人单位可单方面进行调岗。最后，用人单位还可通过制订统一的工作计划和激励计划，承诺赋予具有法律拘束力的工作激励，以提升劳动者的工作积极性。

例如，新冠肺炎疫情期间，厦门市某企业制定了《居家办公指南》，根据居家办公的现实条件，精心设计了办公时间、办公地点、办公作息、办公方式、每日计划、办公复盘、自我管理七个部分的规则，指导员工高效居家办公。此外，该企业还积极与员工协商，对岗位和薪酬等方案进行调整，以最大限度地提升员工居家办公的积极性。

【参考文献与拓展阅读】

1. 黎建飞：《劳动与社会保障法教程》，中国人民大学出版社 2019 年版。

2. 黎建飞：《劳动法与社会保障法：原理、材料与案例》，北京大学出版社 2019 年版。

3. 谢德成主编：《劳动法与社会保障法》，中国政法大学出版社 2017 年版。

4. 关怀、林嘉主编：《劳动与社会保障法学》，法律出版社 2016 年版。

5. 王全兴：《劳动法》，法律出版社 2017 年版。

6. 郭捷主编：《劳动法学》，中国政法大学出版社 2017 年版。

7. 徐智华主编：《劳动法与社会保障法》，北京大学出版社 2017 年版。

8. 董保华主编：《中国劳动法案例精读》，商务印书馆 2016 年版。

9. 董保华主编：《最新劳动争议维权典型案例精析》，法律出版社 2013 年版。

10. 王金山主编：《法院审理劳动争议案件观点集成》，中国法制出版社 2016 年版。

专题三　慈善捐赠法

　　当前，新冠肺炎疫情防控形势依然严峻，各地疫情防护物资普遍处于紧缺状态，为打赢这场疫情攻坚战，医院相继发布关于接受新冠肺炎疫情防控物资社会捐赠的公告，号召社会各界积极捐赠疫情防控物资。然而，医疗机构在接受社会捐赠过程中如何识别和应对节点风险是亟待法律回应的重要问题。基于此，本专题围绕医疗机构在接受疫情防控物资捐赠过程中面临的具体症结进行讨论，即通过对收到匿名捐赠如何处理、检验设备捐赠陷阱如何识别、境外捐赠注意事项、民营医院可否接受疫情防控物资捐赠、剩余的疫情防控物资可否转赠、医院工作人员可否以个人名义发布募捐公告、参与疫情防控的医务人员可否直接接受现金捐赠、捐赠物资系假冒伪劣或有质量瑕疵谁应负责以及如何处理、捐赠人不兑现公开捐赠承诺如何处理等具体问题进行答疑解惑，以回应医疗机构关切，有利于提高医疗机构在接受捐赠过程中的风险识别能力，确保接受捐赠行为的合规性，从而为抗击疫情提供法律助力。

41 医院收到匿名捐赠的新冠肺炎疫情防控物资应如何处理?

《公益事业捐赠法》第9条规定："自然人、法人或者其他组织可以选择符合其捐赠意愿的公益性社会团体和公益性非营利的事业单位进行捐赠。捐赠的财产应当是其有权处分的合法财产。"第16条规定，"……将受赠财产登记造册，妥善保管"。第17条第3款规定，"公益性非营利的事业单位应当将受赠财产用于发展本单位的公益事业，不得挪作他用"。

我们认为，医院收到匿名捐赠的新冠肺炎疫情防控物资应做好如下事项：（1）医院捐赠管理部门应对收到的捐赠物资的外观标识是否清楚、生产厂家、质量、数量、种类、价值以及能否用于新冠肺炎疫情防控等信息进行查验和登记，并予以妥善保管；（2）医院捐赠管理部门应将收到的匿名捐赠情况报告医院相关领导；（3）医院捐赠管理部门按照内部捐赠评估制度组织相关职能部门对匿名捐赠物资进行评估，评估内容可参照《卫生计生单位接受公益事业捐赠管理办法（试行）》第12条、第13条、第14条执行；（4）医院履行评估和内部民主议事程序后，可在医院网站或当地媒体上发布收到匿名捐赠物资的公告（公告内容包括捐赠的物资种类、数量、收到时间及捐赠物资的用途安排等信息），同时也可将公告信息及收到匿名捐赠情况向医院主管的卫生行政部门报告备案；（5）医院财务部门应将收到的匿名捐赠物资入库登账，纳入统一管理；（6）医院应按照《卫生计生单位接受公益事业捐赠管理办法（试行）》第5条、第36条确定捐赠物资的使用范围使用匿名捐赠物资；（7）按照《卫生计生单位接受公益事业捐赠管理办法（试行）》第41条、第42条、第43条定期向社会公开受赠信息；（8）妥善保管收到的匿名捐赠物资相关资料，以备卫生健康、财政、审计等主管部门监督和审计。

医院对匿名捐赠的评估可能存在困难：（1）对捐赠物资的来源是否合法可能无法审查；（2）匿名捐赠是否存在利益输送风险难以排除。如张某将某医药公司仓库存放的 200 个 N95 口罩偷盗后自用 50 个，剩余 150 个口罩匿名捐赠给医院，医院对于匿名捐赠口罩无法审查评估其来源是否合法。

42 医院在接受新冠肺炎疫情防控检验设备捐赠时应注意哪些事项？

【专家解读】

《医疗器械使用质量监督管理办法》第 21 条规定："医疗器械使用单位接受医疗器械生产经营企业或者其他机构、个人捐赠医疗器械的，捐赠方应当提供医疗器械的相关合法证明文件，受赠方应当参照本办法第八条关于进货查验的规定进行查验，符合要求后方可使用。不得捐赠未依法注册或者备案、无合格证明文件或者检验不合格，以及过期、失效、淘汰的医疗器械。"《卫生计生单位接受公益事业捐赠管理办法（试行）》第 6 条规定了卫生计生单位不得接受捐赠的 10 种情形；第 12 条规定了接受捐赠预评估应重点审查的 12 项内容。

医院在接受新冠肺炎疫情防控检验设备捐赠时，应按照《医疗器械使用质量监督管理办法》第 8 条规定，对检验设备的名称、型号、规格、数量、生产批号、生产厂家名称、注册证或备案资料、产品合格证、产品使用说明书等事项进行查验和登记。同时还应按照《卫生计生单位接受公益事业捐赠管理办法（试行）》第 6 条及第 12 条对捐赠的检验设备进行预评估审查。现在有部分检验设备需要配套使用其试剂耗材，销售商为了保证独家供应检验试剂耗材，对其检验设备使用的试剂进行限制，如不使用该设备厂家提供的配套试剂，将使该检验设备无法使用，进而导致检验设备闲置。故医院在接受新冠肺炎疫情防控检验设备捐赠预评估时，应注意审查如下事项：（1）受捐赠检验设备是否有配套耗材限制；（2）捐赠人是否捐赠配套耗材以及耗材捐赠时限；（3）疫情防控结束后如继续使用该设备，向其采购试剂耗材是否变相形成捆绑销售；（4）是否规避政府采购；（5）是否存在不正当竞争或商业贿赂等法律风险。

43 民营营利性医院能否接受新冠肺炎防疫物资的捐赠？

【专家解读】

《慈善法》第4条规定："开展慈善活动，应当遵循合法、自愿、诚信、非营利的原则，不得违背社会公德，不得危害国家安全、损害社会公共利益和他人合法权益。"《公益事业捐赠法》第9条规定："自然人、法人或者其他组织可以选择符合其捐赠意愿的公益性社会团体和公益性非营利的事业单位进行捐赠。捐赠的财产应当是其有权处分的合法财产。"《卫生计生单位接受公益事业捐赠管理办法（试行）》第32条第1款规定："受赠单位应当尊重捐赠人意愿，严格按照本单位宗旨和捐赠协议约定开展公益非营利性业务活动，不得用于营利性活动。"

根据上述法条可以看出，慈善活动应当遵循非营利性原则，公益事业捐赠的受赠人为公益性社会团体和公益性非营利的事业单位。从民营营利性医院经营宗旨、目的及性质来看，民营营利性医院属于营利性法人，不具有非营利性和公益性，也不属于事业单位和社会团体，因此，民营营利性医院不是公益事业捐赠的受赠人。但是在新冠肺炎疫情防控期间，因疫情防控定点医院数量不足，医务人员紧缺，政府征用民营营利性医院作为定点医院收治新冠肺炎患者或疑似患者，或政府安排民营营利性医院参与新冠肺炎疫情防控等活动，则应视为民营营利性医院在此期间参与疫情防控工作，属于公益性和非营利性活动，故其可以在参与新冠肺炎疫情防控活动中接受新冠肺炎防控物资捐赠。同时，民营营利性医院对其所接受的捐赠物资仅能用于新冠肺炎的防控，不得挪作他用，并参照《卫生计生单位接受公益事业捐赠管理办法（试行）》规定，建立捐赠物资使用管理制度，定期公开受赠的信息，接受捐赠人、卫生健康行政主管部门和社会的监督。此外，对于其参与防控新冠肺炎疫情结束后的剩余物资应征求捐赠人的意见，并按捐赠人的意见进行处埋,且不得对其接受捐赠的剩余物资进行分配、变卖。

44 医院能否将剩余的新冠肺炎疫情防控物资转赠给其他医院?

【专家解读】

《公益事业捐赠法》第28条规定:"受赠人未征得捐赠人的许可,擅自改变捐赠财产的性质、用途的,由县级以上人民政府有关部门责令改正,给予警告。拒不改正的,经征求捐赠人的意见,由县级以上人民政府将捐赠财产交由与其宗旨相同或者相似的公益性社会团体或者公益性非营利的事业单位管理。"《卫生计生单位接受公益事业捐赠管理办法(试行)》第37条规定:"受赠单位接受的捐赠财产一般不得用于转赠其他单位,不得随意变卖处理。对确属不易储存、运输或者超过实际需要的物资,在征得捐赠人同意后可以处置,所取得的全部收入,应当用于捐赠目的。"《医疗器械使用质量监督管理办法》第20条规定:"医疗器械使用单位之间转让在用医疗器械,转让方应当确保所转让的医疗器械安全、有效,并提供产品合法证明文件。转让双方应当签订协议,移交产品说明书、使用和维修记录档案复印件等资料,并经有资质的检验机构检验合格后方可转让……"

根据上述规定,医院可将其剩余的新冠肺炎疫情防控物资转赠给其他医院,但是在转赠时须注意以下事项:(1)查看捐赠协议是否有转赠约定,如有,则按捐赠协议执行;如无,需征得捐赠人的同意;如无法取得捐赠人的意见,可向主管医院的卫生健康行政管理部门报告并根据其意见执行;(2)对于紧缺的疫情防控物资(如防护服、一次性防护面罩等)不得变卖,除非不易储存、运输或超过实际需要的物资;(3)转赠的医院最好是新冠肺炎定点收治医院或参与疫情防控的医院;(4)医院之间应办理好疫情防控物资的转赠手续,移交剩余物资的相关资料,如为在用的医疗器械,则需将设备维护和使用资料一并移交,并提供第三方检验合格证复印件。接受转赠的医院也应做好受赠物资的登记入库等手续,以存档备查。如某医院前期被指定为新冠肺炎疫情发热定点医院,后被取消定点医院,该医院剩余50套防护服没有使用，医院在征询捐赠人意见后，可转赠给辖区另一疫情防控定点医院。

45 医院在接受境外新冠肺炎疫情防控物资捐赠过程中应注意哪些事项？

【专家解读】

《公益事业捐赠法》第15条第1款规定："境外捐赠人捐赠的财产，由受赠人按照国家有关规定办理入境手续；捐赠实行许可证管理的物品，由受赠人按照国家有关规定办理许可证申领手续，海关凭许可证验放、监管。"第30条规定："在捐赠活动中，有下列行为之一的，依照法律、法规的有关规定予以处罚；构成犯罪的，依法追究刑事责任：（一）逃汇、骗购外汇的；（二）偷税、逃税的；（三）进行走私活动的；（四）未经海关许可并且未补缴应缴税额，擅自将减税、免税进口的捐赠物资在境内销售、转让或者移作他用的。"《刑法》第154条关于走私货物、物品罪的特殊形式规定："下列走私行为，根据本节规定构成犯罪的，依照本法第153条的规定定罪处罚：……（二）未经海关许可并且未补缴应缴税额，擅自将特定减税、免税进口的货物、物品，在境内销售牟利的。"《海关总署关于用于新型冠状病毒感染的肺炎疫情进口捐赠物资办理通关手续的公告》第1条规定："全力保障进口药品、消毒物品、防护用品、救治器械等防控物资快速通关……紧急情况下可先登记放行，再按规定补办相关手续。用于防控疫情的涉及国家进口药品管理准许证的医用物资，海关可凭医药主管部门的证明先予放行，后补办相关手续。"

根据上述规定，医院在接受境外新冠肺炎疫情防控物资捐赠时，应注意下列事项：（1）审查受捐赠物资进口申报信息和捐赠接受数量、规格等信息是否一致，捐赠人是否存在逃税、偷税、走私行为，是否存在以捐赠之名掩盖销售牟利的目的，尤其是医院在出具《受赠人接受境外慈善捐赠物资进口证明》及《捐赠物资分配使用清单》时，须注意捐赠人是否存在借捐赠之名，行偷税、逃税甚至是走私之实，进而少捐或不捐进口疫情防控物资。免税进口的捐赠物资属于海关监管货物，在海关监管年限内，未经海关审核同意，不得擅自转让、抵押、质押、移作他用或者进行其他处置，如医院未尽到审查注意义务则可能涉嫌违法。（2）审查受捐赠物资是否符合国家已批准进口的品种，审查该批物资是否在法定有效期内。（3）准备或协助准备通关手续，包括捐赠物资进口备案申请、受捐赠单位资质证明、捐赠协议复印件、医药物资进口注册证或备案证复印件、产品说明书（注明原产地及代理人或进口单位的名称、地址、联系方式）及包装、标签等资料（外文资料附中文译本）复印件、原产地证明复印件、出厂检验报告书复印件、装箱单、提运单和货运发票复印件。在新冠肺炎疫情防控物资紧缺的情况下，涉及准许证的医用物资，可提供医药主管部门的证明先行通关，再补办相关手续。（4）建立捐赠物资管理和使用制度，财务入账、登记入库，形成分发、使用记录，确保受捐赠物资的可追溯性。同时，捐赠物资经质量验收合格后，医院需在外包装上粘贴"捐赠物资已查验，不得销售"的标识。（5）及时将境外捐赠物资使用情况书面报告所在地的省级食品药品监管部门和卫生行政管理部门，并做好受赠信息公开。

46 医院工作人员能否以个人名义发布新冠肺炎疫情防控物资的募捐公告?

【专家解读】

《慈善法》第 8 条规定："本法所称慈善组织，是指依法成立、符合本法规定，以面向社会开展慈善活动为宗旨的非营利性组织。慈善组织可以采取基金会、社会团体、社会服务机构等组织形式。"第 22 条规定："慈善组织开展公开募捐，应当取得公开募捐资格。"第 26 条规定："不具有公开募捐资格的组织或者个人基于慈善目的，可以与具有公开募捐资格的慈善组织合作，由该慈善组织开展公开募捐并管理募得款物。"第 101 条规定："开展募捐活动有下列情形之一的，由民政部门予以警告、责令停止募捐活动；对违法募集的财产，责令退还捐赠人；难以退还的，由民政部门予以收缴，转给其他慈善组织用于慈善目的；对有关组织或者个人处 2 万元以上 20 万元以下罚款：（一）不具有公开募捐资格的组织或者个人开展公开募捐的；……"《卫生计生单位接受公益事业捐赠管理办法（试行）》第 10 条规定："捐赠人向卫生计生单位捐赠，应当由单位捐赠管理部门统一受理。卫生计生单位其他内部职能部门或个人一律不得直接接受。"第 20 条第 1 款规定："捐赠财产应当由受赠法人单位统一接受。"

根据上述规定可以看出，医院工作人员不属于慈善组织，也无公开募捐资格；医院工作人员不是法定的捐赠物资接受单位，因为新冠肺炎疫情防控捐赠物资的受益人如为医院，则只能由作为受捐赠单位的医院统一接受，医院内部职能部门或个人一律不得直接接受疫情防控物资的捐赠。所以医院工作人员不能以个人名义发布新冠肺炎疫情防控物资的募捐公告，且现行法律明确规定开展公开募捐活动必须是取得公开募捐资格的慈善组织，如未取得公开募捐资格的个人或组织，则可通过与具有公开募捐资格的慈善组织合作开展公开募捐活动。

当前，全国新冠肺炎疫情防控物资普遍紧缺，很多医院为解燃眉之急，直接开展公开募捐医用口罩、防护服等疫情防控物资的活动。2020 年 1 月 28 日，河南省两家医院发出公开募捐防控物资的公告，不过很快被当地民政部门叫停，因为"没资格，不合法"，两家医院立即将公告撤回。

47 参与新冠肺炎救治的医务人员能否直接接受捐赠人的现金捐赠？

【专家解读】

《卫生计生单位接受公益事业捐赠管理办法（试行）》第 5 条规定："卫生计生单位可以接受以下公益事业捐赠：（一）用于医疗机构患者医疗救治费用减免；（二）用于公众健康等公共卫生服务和健康教育；（三）用于卫生计生人员培训和培养；（四）用于卫生计生领域学术活动；（五）用于卫生计生领域科学研究；（六）用于卫生计生机构公共设施设备建设；（七）用于其他卫生计生公益性非营利活动。"第 10 条规定："捐赠人向卫生计生单位捐赠，应当由单位捐赠管理部门统一受理。卫生计生单位其他内部职能部门或个人一律不得直接接受。"第20条第1款规定："捐赠财产应当由受赠法人单位统一接受。"国家卫生和计划生育委员会、国家中医药管理局印发的《加强医疗卫生行风建设"九不准"》第4条规定："不准违规接受社会捐赠资助，医疗卫生机构及行业协会、学会等社会组织应当严格遵守国家关于接受社会捐赠资助管理有关规定，接受社会捐赠资助必须以法人名义进行，捐赠资助财物必须由单位财务部门统一管理，严格按照捐赠协议约定开展公益非营利性业务活动。严禁医疗卫生机构内设部门和个人直接接受捐赠资助，严禁接受附有影响公平竞争条件的捐赠资助，严禁将接受捐赠资助与采购商品（服务）挂钩，严禁将捐赠资助资金用于发放职工福利，严禁接受企业捐赠资助出国（境）旅游或者变相旅游。"

我们认为：（1）医务人员个人不是法定的接受捐赠主体。（2）医务人员个人直接接受现金捐赠与《卫生计生单位接受公益事业捐赠管理办法（试行）》第5条以及国家卫生和计划生育委员会、国家中医药管理局印发的《加强医疗卫生行风建设"九不准"》第4条规定的内容不符。（3）医务人员直接接受现金捐赠有收受商业贿赂、利益输送之嫌，存在受到纪律处分和法律追责的风险。基于前述原因，参与新冠肺炎救治的医务人员不能直接接受捐赠人的现金捐赠。

2020年2月12日，一位女士来到济宁市公安局兖州分局堡子派出所，见到值班民警二话不说就塞给一个信封，嘴里说着："给武汉医生。"值班民警打开信封一看，里面装有1000元现金，还有一张纸条，写着"帮我给武汉医生，武汉医生加油"，民警追出去问姓名和住址时，这位女士什么也没说就默默离开了。监控画面显示，这位女士从推开派出所的门到离开，只有不到30秒。堡子派出所民警多方打听，还是没能联系上这位女士。2月13日上午，堡子派出所将这位女士捐赠的1000元现金转到了"兖州区红十字会"账户。

48 捐赠人能否通过慈善组织指定捐赠给医院临床科室新冠肺炎疫情防控物资？

【专家解读】

《慈善法》第 40 条第 1 款规定："捐赠人与慈善组织约定捐赠财产的用途和受益人时，不得指定捐赠人的利害关系人作为受益人。"《公益事业捐赠法》第 6 条规定："捐赠应当遵守法律、法规，不得违背社会公德，不得损害公共利益和其他公民的合法权益。"

捐赠人实施捐赠活动应遵守国家法律法规，捐赠人通过慈善组织指定受益人时，可以在捐赠协议中明确该批新冠肺炎疫情防控物资的使用范围，但是医院应审查捐赠人与指定的临床科室之间是否存在利害关系，因为在新冠肺炎疫情防控过程中，医药企业可能会通过慈善组织将疫情防控物资指定捐给医院的临床科室，该科室经常使用捐赠人的产品，会存在利益输送的嫌疑；因此，医院在接受捐赠人通过慈善组织指定医院临床科室使用疫情防控物资时，应按照《卫生计生单位接受公益事业捐赠管理办法（试行）》第 12 条进行捐赠预评估，以使捐赠行为合规。在排除捐赠人与指定的临床科室无利害关系并通过医院捐赠预评估后，医院可以接受捐赠人通过慈善组织指定捐赠给医院临床科室的疫情防控物资，即捐赠人可以通过慈善组织指定将其所捐赠的疫情防控物资用于医院所属的临床科室。

49 医院发现已接受捐赠的新冠肺炎疫情防控物资为假冒伪劣产品，如何处理？

【专家解读】

《慈善法》第 36 条第 2 款规定："捐赠人捐赠的实物应当具有使用价值，符合安全、卫生、环保等标准。"《产品质量法》第 10 条第 1 款规定："任何单位和个人有权对违反本法规定的行为,向市场监督管理部门或者其他有关部门检举。"《卫生计生单位接受公益事业捐赠管理办法(试行)》第17条规定:"书面捐赠协议应当明确以下内容:……(二)捐赠财产的种类、数量、质量和价值,以及来源合法性承诺;……"

2020年2月5日9时10分,北京市丰台区市场监管局大红门街道市场监管所接到举报,举报人反映自己花费10多万元购买的口罩捐赠给武汉,但事后从媒体发布的口罩鉴别信息中得知是假货。

医院在发现已接受的新冠肺炎疫情防控物资为假冒伪劣产品时,应注意以下四点:(1)停止使用该批物资,封存该批假冒伪劣的防控物资。(2)查看与捐赠人的捐赠协议,如捐赠协议对此有约定,则按照捐赠协议约定处理;如捐赠协议无此约定,医院应通知捐赠人,要求捐赠人退还医院出具的捐赠接受证明或函件,告知其捐赠物资为假冒伪劣产品的事实。(3)向医院所在地的市场监督管理部门举报,由市场监督管理部门对于该批假冒伪劣产品进行查处和销毁,医院在市场监督管理部门的查处过程中应尽到协助义务,提供相关资料和向市场监督管理部门移交该批假冒伪劣产品。(4)如医院因使用假冒伪劣产品导致人身损害或财产损失的,医院可根据《捐赠协议》《合同法》《慈善法》以及《产品质量法》的相关规定要求捐赠人、生产者或销售者承担相应的法律责任。

50 捐赠人是否应对其捐赠的新冠肺炎疫情防控产品的质量承担法律责任?

【专家解读】

《合同法》第191条规定:"赠与的财产有瑕疵的,赠与人不承担责任。……赠与人故意不告知瑕疵或者保证无瑕疵,造成受赠人损失的,应当承担损害赔偿责任。"《慈善法》第36条规定,"捐赠人捐赠的实物应当具有使用价值,符合安全、卫生、环保等标准。捐赠人捐赠本企业产品的,应当依法承担产品质量责任和义务"。

一般情况下，捐赠人对其捐赠的新冠肺炎疫情防控产品的质量瑕疵是不承担法律责任的，但是存在下列情形之一时，捐赠人应对其捐赠的产品质量承担法律责任：（1）故意不告知瑕疵或保证无瑕疵，造成受赠人损失的；（2）捐赠人捐赠的是自己企业生产或售卖的产品；（3）根据捐赠协议约定捐赠人应对其捐赠的产品质量承担法律责任的情形。

根据《卫生计生单位接受公益事业捐赠管理办法（试行）》第16条、第17条规定，捐赠人应与接受捐赠单位签署书面捐赠协议，并对书面捐赠协议的内容进行约定，包括捐赠人应在捐赠协议中对捐赠财产来源合法性承诺。所以捐赠人和接受捐赠的单位可以在书面捐赠协议中对捐赠的新冠肺炎疫情防控产品质量法律责任的承担范围和条件进行约定，以维护双方的合法权益。

51 捐赠人不兑现新冠肺炎疫情防控捐赠承诺是否承担法律责任？

【专家解读】

《慈善法》第41条规定："捐赠人应当按照捐赠协议履行捐赠义务。捐赠人违反捐赠协议逾期未交付捐赠财产，有下列情形之一的，慈善组织或者其他接受捐赠的人可以要求交付；捐赠人拒不交付的，慈善组织和其他接受捐赠的人可以依法向人民法院申请支付令或者提起诉讼：（一）捐赠人通过广播、电视、报刊、互联网等媒体公开承诺捐赠的；（二）捐赠财产用于本法第三条第一项至第三项规定的慈善活动，并签订书面捐赠协议的。捐赠人公开承诺捐赠或者签订书面捐赠协议后经济状况显著恶化，严重影响其生产经营或者家庭生活的，经向公开承诺捐赠地或者书面捐赠协议签订地的民政部门报告并向社会公开说明情况后，可以不再履行捐赠义务。"

新冠肺炎疫情防控物资属于公共卫生事件应急使用，具有社会公益性，如捐赠人在广播、官网、电视、报刊、公众号或其他互联网媒介上公开对外承诺捐赠新冠肺炎疫情防控物资或资金，同时捐赠人无经济状况的显著恶化，也无严重影响其生产经营或家庭生活的情形，捐赠人应依法兑现其捐赠承诺，否则慈善组织或接受捐赠单位可以要求其交付新冠肺炎疫情防控物资或资金，经催告后，捐赠人拒绝交付的，慈善组织或接受捐赠单位可以依法向人民法院申请支付或提起诉讼，要求捐赠人交付并承担违约责任。但捐赠人公开承诺捐赠后自身经济状况发生显著恶化，严重影响其生产经营或家庭生活的，经向公开承诺捐赠地的民政部门报告并向社会公开说明相关情况后，可以不兑现捐赠承诺，不履行捐赠交付义务，且免除相应的法律责任；如捐赠人并未向公开承诺捐赠地的民政部门报告，也未向社会公开说明情况，那么捐赠人仍应按照捐赠承诺履行捐赠义务。

52 捐赠人向医院捐赠新冠肺炎防疫物资是否可以享受税收优惠？

【专家解读】

《公益事业捐赠法》《慈善法》从法律层面上确定了公益慈善捐赠享有税收优惠的原则。《公益事业捐赠法》第 25 条、第 26 条规定，自然人和个体工商户依照本法的规定捐赠财产用于公益事业，依照法律、行政法规的规定享受个人所得税方面的优惠。境外向公益性社会团体和公益性非营利的事业单位捐赠的用于公益事业的物资，依照法律、行政法规的规定减征或者免征进口关税和进口环节的增值税。《慈善法》第 80 条进一步规定，企业慈善捐赠支出超过法律规定的在计算当年企业所得税应纳税所得额时准予税前扣除的部分，允许结转至以后纳税年度，并在 3 年内计算企业所得税应纳税所得额时予以税前扣除。

在新冠肺炎疫情防控期间，由于防疫、防护物资缺乏，许多企业及个人自发响应国家号召，为疫情较重地区捐赠所需物资，为疫情防控工作做出了突出贡献。为此，财政部、国家税务总局发布了《关于支持新型冠状病毒感染的肺炎疫情防控有关捐赠税收政策的公告》，就新冠肺炎疫情防控有关的捐赠制定了专门税收优惠政策，主要有以下几个方面：

（1）企业和个人通过公益性社会组织或者县级以上人民政府及其部门等国家机关，捐赠用于应对新冠肺炎疫情的现金和物品，允许在计算应纳税所得额时全额扣除。

（2）企业和个人直接向承担疫情防治任务的医院捐赠用于应对新冠肺炎疫情的物品，允许在计算应纳税所得额时全额扣除。

（3）单位和个体工商户将自产、委托加工或购买的货物，通过公益性社会组织和县级以上人民政府及其部门等国家机关，或者直接向承担疫情防治任务的医院，无偿捐赠用于应对新冠肺炎疫情的，免征增值税、消费税、城市维护建设税、教育费附加、地方教育附加税（费）。

53 捐赠人通过参与网络募捐方式进行新冠肺炎防疫物资捐赠应当注意哪些问题？

【专家解读】

随着新冠肺炎疫情的暴发，许多公众纷纷自发捐款捐物，参与支援抗击疫情的慈善活动，其中，不乏一些单位或者个人在网络上发起慈善募捐。网络募捐是通过互联网向社会不特定的对象公开募集财产，实际上属于《慈善法》规定的公开募捐的范畴。开展公开募捐活动时，应当遵守有关法律规定。捐赠人在参与时，应当注意以下三个问题，选择合法的网络募捐平台进行捐赠，谨防被骗。

第一，捐赠人在捐赠前应当注意查询募捐机构是否具有合法的资质。根据《慈善法》第22条及《慈善组织公开募捐管理办法》第3条之规定，只有取得公开募捐资格的慈善组织才可以开展公开募捐，其他个人或者组织不得开展公开募捐活动。对于慈善组织的登记信息和募捐资格信息，捐赠人可以通过民政部开通的全国慈善信息公开平台（"慈善中国"）进行查询。

第二，捐赠人在捐赠前应当注意查询公开募捐信息是否经过民政部门备案。根据《慈善组织公开募捐管理办法》第11条的规定，慈善组织应当在开展公开募捐活动的10日前将募捐方案报送登记的民政部门备案，由民政部门对备案信息向社会公开。捐赠人可以通过全国慈善信息公开平台（"慈善中国"）查询公开募捐活动的备案信息。

第三，捐赠人在捐赠前应当注意查询发布募捐信息的网络平台的真实性。根据《慈善组织公开募捐管理办法》第 16 条规定，慈善组织通过互联网开展公开募捐活动的，应当在民政部统一或者指定的慈善信息平台发布公开募捐信息，并可以同时在以本慈善组织名义开通的门户网站、官方微博、官方微信、移动客户端等网络平台发布公开募捐信息。截至目前，除了民政部开通的全国慈善信息公开平台“慈善中国”外，还指定了 20 家互联网募捐信息平台为具有公开募捐资格的慈善组织及向社会公众提供公开募捐信息、募捐支付通道、信息披露、举报受理等服务。具体信息捐赠人可通过“慈善中国”查询。

54 法律如何保障捐赠人捐赠新冠肺炎防疫物资后的知情权？

【专家解读】

公信力是慈善的第一要素，是慈善的生命线。为了让捐赠人捐的放心，捐的安心，我国法律法规为保障捐赠人的知情权作了多项明确规定。

第一，捐赠人可以直接向受赠人或者慈善组织了解捐赠物品的情况。根据《慈善法》第 42 条、《公益事业捐赠法》第 21 条的规定，捐赠人有权向受赠人或慈善组织查询捐赠财产的使用、管理情况，并提出意见和建议。捐赠人也有权要求复制捐赠财产管理使用的有关资料。对于捐赠人的查询要求，受赠人或慈善组织应当及时主动反馈情况，如实答复。

第二，捐赠人还可以通过民政部开通的全国慈善信息公开平台、受赠人信息公开网站等渠道查询相关捐赠物品的使用信息。《公益事业捐赠法》第 22 条规定，受赠人应当公开接受捐赠的情况和受赠财产的使用、管理情况，接受社会监督。《慈善法》第 73 条第 1 款规定，具有公开募捐资格的慈善组织应当定期向社会公开其募捐情况和慈善项目实施情况。

第三，捐赠人还可以通过签订捐赠协议的方式，就捐赠物品的种类、数量、用途以及信息反馈等内容与受赠人或慈善组织进行明确约定，保障自己的知情权。《慈善法》第 39 条规定，捐赠人要求签订书面捐赠协议的，慈善组织应当与捐赠人签订书面捐赠协议。书面捐赠协议包括捐赠人和慈善组织名称，捐赠财产的种类、数量、质量、用途、交付时间等内容。慈善组织如果违反捐赠协议的约定，根据《慈善法》第42条的规定，捐赠人有权要求其改正；拒不改正的，捐赠人可以向民政部门投诉、举报或者向人民法院提起诉讼。

55 假借募集新冠肺炎防疫物资的名义骗取财物，应当承担何种法律责任？

【专家解读】

慈善活动关系到广大人民群众特别是弱势群体的切身利益，一旦发生虚假募捐、欺诈等行为，对公益慈善事业和社会公信力都会带来严重损害。因此，《慈善法》第33条明确禁止任何组织或者个人假借慈善名义或者假冒慈善组织开展募捐活动，骗取财产。

假借慈善名义骗取财产，数额在3000元以上的，将被追究诈骗罪的刑事责任。根据《刑法》第266条及《最高人民法院、最高人民检察院关于办理诈骗刑事案件具体应用法律若干问题的解释》第1条规定，诈骗公私财物，数额在3000元至1万元以上的，属于诈骗数额较大的，处3年以下有期徒刑、拘役或者管制，并处或者单处罚金；数额在3万元至10万元以上的，属于诈骗数额巨大，处3年以上10年以下有期徒刑，并处罚金；数额在50万元以上的，属于诈骗数额特别巨大，处10年以上有期徒刑或者无期徒刑，并处罚金或者没收财产。

即使诈骗数额没有达到3000元以上，也将面临公安机关的行政处罚。根据《治安管理处罚法》第49条规定，诈骗公私财物的，处5日以上10日以下拘留，可以并处500元以下罚款；情节较重的，处10日以上15日以下拘留，可以并处1000元以下罚款。

在疫情防控期间实施诈捐、骗捐违法犯罪行为，造成社会影响和危害更加恶劣，也会面临更严厉的处罚。2020年2月6日最高人民法院、最高人民检察院、公安部、司法部联合发布的《关于依法惩治妨害新型冠状病毒感染肺炎疫情防控违法犯罪的意见》明确指出：对于在疫情防控期间实施有关违法犯罪的，要作为从重情节予以考量，依法体现从严的政策要求，有力惩治震慑违法犯罪，维护法律权威，维护社会秩序，维护人民群众生命安全和身体健康。

实施诈捐、骗捐行为，除依法承担刑事或者行政责任外，在其他方面还会受到多部门的联合惩戒。2018年2月24日，国家发改委、中国人民银行、民政部等40个中央部门联合签署了《关于对慈善捐赠领域相关主体实施守信联合激励和失信联合惩戒的合作备忘录》，将被公安机关依法查处的假借慈善名义或假冒慈善组织骗取财产的自然人、法人和非法人组织纳入失信"黑名单"，面临与失信被执行人相同的24项联合惩治措施。

【参考文献与拓展阅读】

1. 邹萍："慈善捐赠动态调整机制及其异质性研究"，载《管理学报》2019年第6期。

2. 李喜燕："美国慈善冠名捐赠纠纷解决机制及其启示"，载《法商研究》2018年第3期。

3. 杨道波："慈善捐赠人权利司法救济：基于个案的分析"，载《华南师范大学学报（社会科学版）》2017年第2期。

4. 吕鑫："政府开展慈善的正当性反思——以《慈善法》第三十条为切入点"，载《浙江社会科学》2016年第12期。

5. 陈为雷、毕宪顺："美国慈善事业监管体制及其对中国的启示"，载《东岳论丛》2015年第7期。

6. 张强、韩莹莹："中国慈善捐赠的现状与发展路径——基于中国慈善捐助报告的分析"，载《中国行政管理》2015年第5期。

7. 石国亮："慈善组织个人捐赠吸引力的实证研究"，载《行政论坛》2015年第5期。

专题四　消费者权益保护法

　　新冠肺炎疫情看上去只是突发公共卫生事件，但犹如"蝴蝶效应"一般，其所引发的影响在短时间内闪电般波及社会的方方面面。人们的生活离不开消费，无论是购买商品还是接受服务，只要是为生活需要，都受《消费者权益保护法》等相关法律的保护，而消费者权益的保护，又离不开经营者的依法经营。消费纠纷具有分散性、多样性、金额少等特点，消费纠纷一旦产生，往往涉及不特定多数人。由于消费者维权举证难、维权成本高，很多消费者会放弃维权。本专题旨在从保护消费者的角度，就疫情期间较为典型的经营者违法"砍单"、哄抬物价、低标高结、虚假宣传、预付费、产品质量等问题进行解析，为消费者支招，并倡导消费者依法维护自身权益。同时，消费者应当提高自我风险防范意识，坚持理性、绿色、健康消费。

56 新冠肺炎疫情防控期间，防疫物资需求量大，由于货源中断、运输受阻等原因，经营者实施"砍单"行为，消费者应当如何维权？

【专家解读】

新冠肺炎疫情发生以来，各地全力以赴开展疫情防控工作，通过各种方式积极宣传引导如何进行防护。无论是战"疫"一线的医护人员还是普通百姓，防护用品均亮起"红灯"，防疫物资供应持续告急。消费者通过各大电商平台线上购买防护用品，屡屡遭遇支付成功后，商家迟迟不发货，甚至出现若干天后被商家"砍单"的情形。

《民法总则》第180条规定："因不可抗力不能履行民事义务的，不承担民事责任。法律另有规定的，依照其规定。不可抗力是指不能预见、不能避免且不能克服的客观情况。"

《合同法》第94条规定："有下列情形之一的，当事人可以解除合同：（一）因不可抗力致使不能实现合同目的；……"

《消费者权益保护法》第32条规定："各级人民政府工商行政管理部门和其他有关行政部门应当依照法律、法规的规定，在各自的职责范围内，采取措施，保护消费者的合法权益。有关行政部门应当听取消费者和消费者协会等组织对经营者交易行为、商品和服务质量问题的意见，及时调查处理。"

2020年2月10日公布的《公众关心的疫情防控相关法律问题，法工委权威解答来了》中，对于问题5全国人大常委会法工委的答复如下："当前我国发生了新冠肺炎疫情这一突发公共卫生事件。为了保护公众健康，政府也采取了相应疫情防控措施。对于因此不能履行合同的当事人来说，属于不能预见、不能避免并不能克服的不可抗力……"

所谓"砍单"，是指消费者网上购物下单并完成支付后，由于种种原因，订单被经营者单方取消的情形。北京市消协调查结果显示，经营者"砍单"的理由主要有如下五种：商品缺货、系统出错、操作失误、订单异常及产品质量。从法律层面讲，消费者下单后，买卖合同已成立并生效，消费者付款成功后，已履行买方的主要义务，经营者"砍单"行为属单方违约，对消费者利益造成损害。

疫情期间，各方对防疫物资需求量激增，加之为防控疫情蔓延，相关部门阻断交通、物流，部分商家"砍单"行为，确有可能是由于货源中断、物流停运等原因所致。对于上述因不可抗力而无法正常履约的经营者，应通过有效方式，本着诚实信用原则，及时告知消费者实情，取得消费者的同意和谅解，避免给消费者带来更大损失，并与消费者积极协商其他解决途径。若确无其他替代履行方案，经营者可依据不可抗力的相关规定解除合同，此时经营者应及时、足额退还消费者支付的费用。若经营者未履行上述义务，消费者可向消费者协会等消费者保护组织或向市场监督管理局等有关行政部门投诉，行政部门应当听取消费者和消费者协会等组织对经营者交易行为、商品和服务质量问题的意见，并及时调查处理。

多数电商在 2020 年春节期间都遭遇发货受阻的问题。京东物流华中市场部负责人表示，"京东很多平台商家春节前已停工，但目前，这些商家正处于物流恢复状态"。2020 年 2 月 16 日，京东发布疫情期间发货时效特殊调整公告，要求自 2 月 12 日起的订单，商家须在 96 小时内发货，如果延迟发货需要与买家沟通约定发货时效，并报备系统，否则将面临处罚。

57 经营者利用消费者购买防护产品的急切心理，诱导消费者下载 App 等不良营商行为，消费者如何维权？

【专家解读】

《消费者权益保护法》第 45 条规定："消费者因经营者利用虚假广告或者其他虚假宣传方式提供商品或者服务，其合法权益受到损害的，可以向经营者要求赔偿。广告经营者、发布者发布虚假广告的，消费者可以请求行政主管部门予以惩处……"该法第 55 条第 1 款规定："经营者提供商品或者服务有欺诈行为的，应当按照消费者的要求增加赔偿其受到的损失，增加赔偿的金额为消费者购买商品的价款或者接受服务的费用的三倍；增加赔偿的金额不足 500 元的，为 500 元……"该法第 56 条规定："经营者有下列情形之一，除承担相应的民事责任外，其他有关法律、法规对处罚机关和处罚方式有规定的，依照法律、法规的规定执行；法律、法规未作规定的，由工商行政管理部门或者其他有关行政部门责令改正，可以根据情节单处或者并处警告、没收违法所得、处以违法所得 1 倍以上 10 倍以下的罚款，没有违法所得的，处以 50 万元以下的罚款；情节严重的，责令停业整顿、吊销营业执照：……（六）对商品或者服务作虚假或者引人误解的宣传的；……（八）对消费者提出的修理、重作、更换、退货、补足商品数量、退还货款和服务费用或者赔偿损失的要求，故意拖延或者无理拒绝的；……"

如果经营者利用消费者购买防护产品急切心理，诱导消费者下载 App，然而其手上并没有防护产品；或者虽然有物品但却不急于出售，而是囤货，待物价上涨时再提价出售；更有甚者不仅诱导消费者下载 App、注册用户后才能下单、套取消费者个人信息，甚至以"扣除运费、手续费"等名义拒绝全额退还消费者支付的价款，以上行为均属不良营商手法，涉嫌虚假宣传、欺诈消费者。疫情防控期间，针对上述行为，消费者应仔细辨别。

根据相关法律法规，经营者应履行约定或者退款，合法合规收集消费者个人信息并严格保密。消费者因经营者利用虚假广告或者其他虚假宣传方式提供商品或者服务，其合法权益受到损害的，可以向经营者要求赔偿。广告经营者、发布者发布虚假广告的，消费者可以请求行政主管部门予以惩处。消费者对于经营者提供商品或服务存在欺诈行为，可进行检举、投诉，并可向经营者主张增加赔偿其受到的损失，增加赔偿的金额为消费者购买商品价款费用的 3 倍；增加赔偿的金额不足 500 元的，为 500 元。

2020 年 2 月 3 日，武汉消费者叶女士在"海豚家"App 购买了 3 盒口罩，商家承诺 24 小时发货。但此后叶女士一直没有看到物流信息，直到 2 月 9 日，她收到了取消订单并退款的短信。截至 2 月 19 日，消费者对于"海豚家"的投诉已累计超过 1.35 万条。霍尔果斯市场监管局已责令"海豚家"对商品作下架处理，将货款全额退还消费者，并依法对其运营主体作吊销营业执照的行政处罚。

58 消费者通过网络平台购买家政服务，因疫情原因，与平台协商退订服务，平台扣除一定费用的，消费者应当如何维权？

【专家解读】

家政服务作为新兴产业对促进就业、保障民生具有重要作用，随着"互联网+"时代来临，"互联网+家政服务业"迎来新的发展机遇，在网络平台上购买家政服务已成常态。

《消费者权益保护法》第44条规定："消费者通过网络交易平台购买商品或者接受服务，其合法权益受到损害的，可以向销售者或者服务者要求赔偿。网络交易平台提供者不能提供销售者或者服务者的真实名称、地址和有效联系方式的，消费者也可以向网络交易平台提供者要求赔偿；……"该法第53条规定："经营者以预收款方式提供商品或者服务的，应当按照约定提供。未按照约定提供的，应当按照消费者的要求履行约定或者退回预付款；并应当承担预付款的利息、消费者必须支付的合理费用。"

《合同法解释（二）》第26条规定："合同成立以后客观情况发生了当事人在订立合同时无法预见的、非不可抗力造成的不属于商业风险的重大变化，继续履行合同对于一方当事人明显不公平或者不能实现合同目的，当事人请求人民法院变更或者解除合同的，人民法院应当根据公平原则，并结合案件的实际情况确定是否变更或者解除。"

消费者通过网络平台购买家政服务后、履行合同前发生疫情，应响应政府关于疫情阶段减少人与人接触、避免聚集等宣传、号召，消费者要求取消预约的，可依据不可抗力相关规定解除合同，经营者应当同意解除合同，且应及时、全额退还预付费用。若网络平台主张扣除一定费用的，消费者如果认为扣除的费用过高，双方无法达成一致意见的，可采取以下四种维权方式：（1）求助于平台投诉处理机制；（2）向市场监管部门、消费者协会等部门投诉；（3）向法院提起诉讼；（4）根据合同约定申请仲裁。

例如，一名消费者于 2020 年 2 月 9 日向"黑猫投诉"平台反映，其在某网站预定家政服务后，因保姆不能按时到岗，该网站承诺更换保姆。更换阶段中遇到疫情，消费者考虑到保姆每天公交出行，8 小时工作，担心孩子抵抗力低，容易增加感染风险，遂和该网站协商退款，该网站却称预约已超过 1 个月，需要扣除 580 元。本案中，该网站没有安排家政服务人员按时到岗，已属违约，消费者可向其主张违约责任。该网站后又以订单超期为由扣费，属于错上加错，消费者可依法向服务平台主张全额退款，若服务平台未及时全额退款，消费者可向相关部门投诉。

59 消费者购买商家宣传具有"可预防可治疗"疾病功能的商品后，发现并无宣传效果的，如何维权？

【专家解读】

《广告法》第 4 条规定："广告不得含有虚假或者引人误解的内容，不得欺骗、误导消费者。广告主应当对广告内容的真实性负责。"

《反不正当竞争法》第 8 条规定："经营者不得对其商品的性能、功能、质量、销售状况、用户评价、曾获荣誉等作虚假或者引人误解的商业宣传，欺骗、误导消费者……"

《消费者权益保护法》第 20 条第 1 款规定："经营者向消费者提供有关商品或者服务的质量、性能、用途、有效期限等信息，应当真实、全面，不得作虚假或者引人误解的宣传。"第 23 条第 1 款规定："经营者应当保证在正常使用商品或者接受服务的情况下其提供的商品或者服务应当具有的质量、性能、用途和有效期限……"该条第 2 款规定："经营者以广告、产品说明、实物样品或者其他方式表明商品或者服务的质量状况的，应当保证其提供的商品或者服务的实际质量与表明的质量状况相符。"第 45 条第 1 款规定："消费者因经营者利用虚假广告或者其他虚假宣传方式提供商品或者服务，其合法权益受到损害的，可以向经营者要求赔偿。广告经营者、发布者发布虚假广告的，消费者可以请求行政主管部门予以惩处……"

经营者虚假宣传存在多种表现形式：对产品或商品性能、功效等在科学上尚无定论的，作定论性宣传，掩盖事实真相，误导消费者；对产品或商品作排他性宣传，比如宣称产品为独家经营，误导消费者，侵占市场份额；对产品或商品进行夸大宣传；假冒他人名义、商誉和形象等进行宣传；未获专利证书，使用专利申请号进行宣传；暗示消费者只有自己的产品或商品是最好的，排挤其他经营者。虚假宣传的直接受害者就是消费者，经营者以与事实相悖的虚假宣传会使消费者在购买决策上产生困惑，也会使消费者过分相信、依赖产品。

新冠肺炎疫情期间，若经营者称其商品"可预防可治疗"该类疾病，但无相关效果的，消费者可能会因为相信和依赖产品导致忽视佩戴口罩、使用酒精消毒等有效防疫措施，增加感染风险，对消费者本人、家人乃至社会都会造成不同程度的危害。针对该类不法行为，消费者一定不可轻信，若受骗购买，可寻求以下途径进行维权：（1）与经营者协商退货退款；（2）向消协投诉；（3）向市场监管局等行政部门投诉；（4）若商品属于食品、药品类，却不符合相关标准，给消费者人身造成损害的，在保存完整交易记录和相关证据的基础上，可向人民法院提起诉讼等。

2020年1月26日，北京市密云区市场监管局执法人员在对某医药公司密云鼓楼店进行价格行为检查时，发现该店借疫情防控之机，涉嫌对商品功能作虚假商业宣传，该店在其店内张贴的宣传页上写道："官方发布，新型冠状病毒防治方案，中成药推荐使用连花清瘟胶囊，唯一说明书中表明可拆（抑）制冠状病毒SARS药物，药师建议常备2盒，安全度新春。"2020年2月4日，北京市密云区市场监管局向该药店送达了《处罚听证告知书》，该店将被依法处20万元以上100万元以下的罚款。

60 疫情防控期间，对于商家"低标高结"行为，消费者应当如何维权？

【专家解读】

　　超市购物后，您会核对购物小票吗？"低标高结"的现象屡屡发生，对此，消费者要加强防范，购物后应仔细核对小票价格与标签价格是否一致，维护自身合法权益，避免不法商家钻空子。

　　《消费者权益保护法》第 55 条第 1 款规定："经营者提供商品或者服务有欺诈行为的，应当按照消费者的要求增加赔偿其受到的损失，增加赔偿的金额为消费者购买商品的价款或者接受服务的费用的 3 倍；增加赔偿的金额不足 500 元的，为 500 元。法律另有规定的，依照其规定。"

　　《价格法》第 13 条第 1 款规定："经营者销售、收购商品和提供服务，应当按照政府价格主管部门的规定明码标价，注明商品的品名、产地、规格、等级、计价单位、价格或者服务的项目、收费标准等有关情况。"第 14 条规定："经营者不得有下列不正当价格行为：……（四）利用虚假的或者使人误解的价格手段，诱骗消费者或者其他经营者与其进行交易；……"

　　原国家发展计划委员会发布的《禁止价格欺诈行为的规定》第 6 条规定："经营者收购、销售商品和提供有偿服务的标价行为，有下列情形之一的，属于价格欺诈行为：……（二）对同一商品或者服务，在同一交易场所同时使用两种标价签或者价目表，以低价招徕顾客并以高价进行结算的……"第 10 条规定："任何单位和个人对价格欺诈行为均有权向价格主管部门举报。"

　　在本次新冠肺炎疫情防控期间，有些超市在销售商品时出现"低标高结"情形。对于商家"低标高结"行为，也应区分情形对待。若商家有证据证明是由于工作人员疏忽，忘记更换标签、放置错误标签或者系统漏洞原因等导致标价与结算系统中价格不一致的，消费者可凭购物小票要求经营者退还标价与结算价格的差价；若经营者故意放置低价标签招徕顾客，以高价结算的，则属于价格欺诈行为，消费者对经营者价格欺诈行为可向价格主管部门或市场监督管理部门举报，还可以向经营者主张增加赔偿其受到的损失，增加赔偿的金额为消费者购买商品价款的 3 倍，增加赔偿的金额不足 500 元的，为 500 元。

例如，青海省西宁市海湖新区某超市于 2020 年 1 月 26 日至 27 日在销售蔬菜、鸡蛋过程中以低价招徕顾客却以高价进行结算，莴苣标价为每斤 2.2 元，但以每斤 3.3 元的价格进行结算；鸡蛋标价为"会员价每斤 4.58 元，非会员每斤 6.8 元"，却以每斤 8.8 元的价格进行结算。西宁市市场监管局经调查认定，该家超市构成价格欺诈的违法行为，且事发在青海省新冠肺炎疫情突发公共卫生一级应急响应期间，应依法从重处罚。2 月 6 日，西宁市市场监管局下发《处罚决定书》，对该超市作出罚款 50 万元的行政处罚。

61 疫情防控期间，酒店、宾馆拒绝消费者申请退订的，消费者应当如何维权？

【专家解读】

《合同法》第 94 条规定："有下列情形之一的，当事人可以解除合同：（一）因不可抗力致使不能实现合同目的……"《最高人民法院关于审理旅游纠纷案件适用法律若干问题的规定》第 13 条第 1 款规定："因不可抗力等不可归责于旅游经营者、旅游辅助服务者的客观原因导致旅游合同无法履行，旅游经营者、旅游者请求解除旅游合同的，人民法院应予支持。旅游经营者、旅游者请求对方承担违约责任的，人民法院不予支持。旅游者请求旅游经营者退还尚未实际发生的费用的，人民法院应予支持。"

新冠肺炎疫情暴发，相关部门已将这一突发公共卫生事件定性为不可抗力，各地政府均多次呼吁广大市民不要外出，国内旅游团队业务和机票、酒店服务也于 2020 年 1 月 24 日起停止，即便如此，在处理具体案件时，其认定标准上也有一定限制，即新冠肺炎疫情必须发生在消费者与经营者双方合同成立以后、履行之前。如果是在发生新冠肺炎疫情之后订立的合同，抑或是在迟延履行合同期间发生疫情的，则不能以不可抗力为由拒绝履行合同，且疫情须影响到合同的正常履行，才有可能以疫情为不可抗力为由解除合同。根据《合同法》的相关规定，因不可抗力不能履行合同的，根据不可抗力的影响，部分或者全部免除责任，但法律另有规定的除外。因此，如果消费者在预订酒店、宾馆后，疫情暴发，疫情又被相关部门认定为不可抗力，且消费者预订酒店、宾馆等订单受疫情影响确实无法履行的，消费者可以新冠肺炎疫情暴发导致无法履约为由，且应本着诚实信用和减少给经营者可能造成损失的原则，及时通知经营者，以便取消订单。若满足上述取消订单的条件，酒店、宾馆仍拒绝消费者申请退订的，消费者可向消费者保护组织、市场监督管理部门投诉，依法维权。

例如，面对游客退订退费要求，厦门市海沧区"屿上别厝"民宿屡屡蛮横拒绝。厦门市海沧区市场监管局通过"12315"投诉平台收到有关"屿上别厝"民宿的投诉后，执法人员当即前往对民宿负责人蔡某进行说服教育，蔡某态度恶劣，称"我不和你们这种不专业的讲"，"我的损失你们承担得了吗"。面对这种情况，海沧区市场监管局在处理投诉过程中又查看民宿的经营情况，发现其存在违法违规事实，当即与海沧区公安部门联系，海沧区嵩屿派出所第一时间介入调查，根据市场监管局提供的线索，对该民宿未取得合法手续经营旅馆业的情况立案侦查，并最终作出对蔡某治安拘留12天的处罚决定。

62　疫情防控期间，机票、火车票等退改费用的减免措施是什么？

【专家解读】

为有效防控疫情，各地政府先后出台多项限制出行、限制聚集的紧急措施，有关部门和行业也及时推出机票、火车票等退改政策，切实保障消费者利益。

《合同法》第298条规定："承运人应当向旅客及时告知有关不能正常运输的重要事由和安全运输应当注意的事项。"

2020年1月23日，中消协公开呼吁相关行业组织、经营者，在特殊时期严格履行法定责任，积极承担社会责任，及时采取有效措施，妥善处理相关消费者的合理诉求，尽力为消费者减少损失。

2020年1月24日，中国国家铁路集团有限公司发布通知，自2020年1月24日0时起，此前在车站、"12306"网站等各渠道已购买全国铁路火车票的旅客，自愿改变行程需退票的，铁路部门均不收取退票手续费，购买铁路乘意险的，将一同办理。

2020年1月23日，中国民用航空局发布通知，自2020年1月24日0时起，此前已购买民航机票的旅客自愿退票的，各航空公司及其客票销售代理机构，应免费办理退票，不收取任何费用。凡在2020年1月24日0时之前在道路水路客运站、道路水路客运联网售票平台等各渠道已购买道路水路客运班线客票的旅客，自愿改变行程需退票的，售票单位应当予以免费办理，购买人身意外伤害保险的一同办理。

中铁公司、国航等各航空公司、"同程""携程"等企业积极响应号召，纷纷采取行动，陆续向社会公示退改费用减免方法及流程，受到广大消费者一致好评。由于不可抗力事件，消费者无法按照原定出发时间履行运输合同的，并非消费者自身意志能够左右，若消费者及时告知不可抗力事由，铁路、航空、客运等企业应当为消费者提供免费退改服务，同时基于双方损失最小化考虑，建议消费者对于可以确定改签时间的，可首选改签的方式。

春节前后，正值春运、旅游黄金周，疫情的蔓延迫使一些消费者取消或变更原定的出行计划。即使一些运输企业发布了"贴心"通知，但也存在个别消费者投诉的情形。例如，2020年2月14日，有消费者于新浪旗下消费者服务平台"黑猫投诉"上对某网站进行投诉，消费者称其在某网站预订机票，由于疫情原因无法乘机，申请退票，某网站不予退款，还将责任推给航空公司，建议消费者向航空公司申请退票退款。而航空公司称消费者在售票平台购票发生纠纷的，应与售票平台协调退票，航空公司只负责直接从本公司出票事宜。目前，从该平台上尚未看到该事件的处理结果。消费者从某网站购票，与该网站成立买卖合同关系，从合同相对性角度考虑，该机票买卖合同双方当事人为消费者和某网站，消费者购票后，出现疫情导致无法乘机的，可主张解除该买卖合同，应由机票销售方即某网站予以退票退款。

63 教育培训机构在疫情防控期间擅自开展辅导培训经营活动的行为，是否应当受到监管？

【专家解读】

《消费者权益保护法》第53条规定："经营者以预收款方式提供商品或者服务的，应当按照约定提供。未按照约定提供的，应当按照消费者的要求履行约定或者退回预付款；并应当承担预付款的利息、消费者必须支付的合理费用。"

根据教育部2020年1月27日发布的通知，部属各高等学校、地方所属院校、中小学校、幼儿园等2020年春季学期延期开学，通知还强调各类学校要加强寒假期间对学生学习、生活的指导，要求在家不外出、不聚会、不举办和参加集中性活动。在北京市启动突发公共卫生事件一级响应后，教育部门要求暂停各类校外培训机构所有线下课程和集体活动，恢复时间将根据疫情防控工作情况另行通知。

教育部发布通知的初衷是为做好疫情防控，让学生和家长尽量不外出或减少不必要的外出、减少聚集，本着这个理念，各类校外培训机构也应参照适用该教育部通知，不应提供线下教学。消费者也应本着对自身和他人生命健康负责任的态度，在疫情暴发和蔓延阶段，可以与教育培训机构协商，采取线上教育的方式代替线下集中授课，或协商将课程延期，待疫情过后开学时再补课，或与教育培训机构协商退课退款。若协商不成，可以通过消费投诉平台、市场监督管理部门、教委进行投诉，如有发现教育培训机构在疫情防控期间违规擅自开展线下辅导培训的经营活动，应向市场监管部门或教育部门举报。

目前培训费的交纳多为预付费形式，而收取预付费的培训机构关门甚至卷款逃跑的事件屡见不鲜。因此，有必要提醒消费者，报名缴费前要签订合同，付款后记得索要发票，若无合同，一旦出现纠纷，会给维权之路带来很大阻碍。根据国务院办公厅印发的《关于规范校外培训机构发展的意见》

要求，培训机构收费时段应与教学安排协调一致，不得一次性收取时间跨度超过 3 个月的费用。

根据相关媒体报道，某公司在疫情防控期间擅自开展高考艺术考前辅导培训，组织外地来京学员进行线下培训，于 2020 年 1 月 29 日至 2 月 1 日期间，违反疫情防控期间线下培训机构停课的要求，擅自开课，北京市朝阳区市场监管局对该公司进行立案调查，根据《公司法》第 213 条"利用公司名义从事危害国家安全、社会公共利益的严重违法行为的，吊销营业执照"的规定，对该机构处以吊销营业执照的行政处罚。

64 疫情防控期间，买到假冒伪劣的防护用品，消费者应当如何维权？

【专家解读】

《产品质量法》第 49 条规定："生产、销售不符合保障人体健康和人身、财产安全的国家标准、行业标准的产品的，责令停止生产、销售，没收违法生产、销售的产品，并处违法生产、销售产品（包括已售出和未售出的产品，下同）货值金额等值以上三倍以下的罚款；有违法所得的，并处没收违法所得；情节严重的，吊销营业执照；构成犯罪的，依法追究刑事责任。"

《消费者权益保护法》第 23 条第 2 款规定："经营者以广告、产品说明、实物样品或者其他方式表明商品或者服务的质量状况的，应当保证其提供的商品或者服务的实际质量与表明的质量状况相符。"第 24 条规定："经营者提供的商品或者服务不符合质量要求的，消费者可以依照国家规定、当事人约定退货，或者要求经营者履行更换、修理等义务。没有国家规定和当事人约定的，消费者可以自收到商品之日起 7 日内退货；7 日后符合法定解除合同条件的，消费者可以及时退货，不符合法定解除合同条件的，可以要求经营者履行更换、修理等义务。依照前款规定进行退货、更换、修理的，经营者应当承担运输等必要费用。"第 40 条规定："消费者在购买、使用商品时，其合法权益受到损害的，可以向销售者要求赔偿……消费者或者其他受害人因商品缺陷造成人身、财产损害的，可以向销售者要求赔偿，也可以向生产者要求赔偿……"第 54 条规定："依法经有关行政部门认定为不合格的商品，消费者要求退货的，经营者应当负责退货。"

为避免购买到假冒伪劣防护用品，消费者应尽量选择资质齐全的正规渠道；注意查看防护用品标识、标签、质检等证明以辨真伪，以医用外科口罩为例，其外包装上应印有产品名称、型号、标准、生产许可证号、注册证编号、技术要求编号、产品说明及注意事项、生产企业名称、住址、联系方式等。消费者购买防护用品要保存好交易凭证、消费记录等相关证据。若消费者购买到假冒、伪劣防护用品，可要求经营者退、换货；合法权益受到损害的，可向经营者要求赔偿；经营者拒绝的，消费者可向市场监管部门、消费者协会等投诉，也可向法院提起诉讼。

2020 年 2 月 3 日，上海警方查获一起销售伪劣口罩案。在犯罪嫌疑人陆某的居住地，总共查获"三无"普通口罩 2600 余枚，这些口罩包装无任何标识，薄如棉纱，几乎半透明。经查明，疫情发生后，陆某通过网络社交平台购得 1 万枚"三无"口罩，对外宣称为医用一次性口罩，以每枚 1.5 元的价格销售。目前，犯罪嫌疑人已因涉嫌销售不符合标准的医用器材罪被依法采取刑事强制措施，警方对已销售的假冒伪劣口罩正逐步开展召回工作。

65 疫情防控期间，商家哄抬物价，消费者应当如何维权？

【专家解读】

消费者在购买商品或者接受服务时，有权获得质量保障、价格合理、计量正确等公平交易条件，有权拒绝经营者的强制交易行为。

《反不正当竞争法》第 2 条规定："经营者在生产经营活动中，应当遵循自愿、平等、公平、诚信的原则，遵守法律和商业道德。本法所称的不正当竞争行为，是指经营者在生产经营活动中，违反本法规定，扰乱市场竞争秩序，损害其他经营者或者消费者的合法权益的行为……"《价格法》第 14 条规定："经营者不得有下列不正当价格行为：……（三）捏造、散布涨价信息，哄抬价格，推动商品价格过高上涨的……"

哄抬物价指投机者意在强行抬高价格水平的交易活动。哄抬物价不同于一般的商品涨价，其特征主要体现在：经营者捏造散布涨价信息，大幅度提高价格；生产成本和经营成本没有发生明显变化，经营者为了牟取暴利大幅度涨价；在某地区或某领域带头涨价；囤积居奇，致使商品价格大幅上涨。哄抬价格直接损害广大消费者的利益，扰乱社会主义市场秩序和生产经营秩序，损害国家利益或其他经营者合法权益，破坏国家价格政策和价格计划，造成市场不稳定，扭曲市场信号，错误引导生产、消费，导致社会资源的不合理配置。如果疫情防控期间商家哄抬物价，消费者可以向商家主张要求解除合同、退货退款，还可主张惩罚性赔偿。维权的方式主要包括：（1）与商家协商和解；（2）请求消费者协会或者依法成立的其他调解组织调解；（3）向市场监督管理局等有关行政部门投诉或举报；（4）根据与商家达成的仲裁协议提请仲裁机构仲裁；（5）向人民法院提起诉讼。

新冠肺炎疫情期间，不少地区出现了违法案例。例如，2020 年 1 月 26 日，贵州省贵阳市市场监管局根据举报，发现贵州省贵阳市某药业连锁有限公司下属多家药店统一大幅提高口罩价格，将购进价格为 12.8 元/个的医用防护口罩涨价至 49 元/个销售。贵阳市市场监管局认定，这些药店构成哄抬价格的违法行为，已于 2 月 9 日下达《行政处罚听证告知书》，拟作出罚款 180 万元的行政处罚。此外，2020 年 1 月 28 日，吉林省四平市某生鲜超市大白菜进价一直处于 3.20～3.70 元/公斤之间，售价却从 3.36 元/公斤大幅提高至 9.98 元/公斤，四平市市场监管局认定，该生鲜超市构成哄抬价格的违法行为，已于 2 月 2 日对其下达《行政处罚决定书》，依法作出罚款 10 万元的行政处罚。

66 疫情防控期间，单位购买口罩等防疫物资分发给员工，如发现属于假冒伪劣商品，应当如何维权？

【专家解读】

新冠肺炎疫情期间，为了尽快恢复经济社会的正常秩序，各行各业逐批逐次地开始复工，不少单位考虑到员工安全，为员工购买并分发口罩等防疫物资。防疫物资在疫情期间属于紧俏商品，个别生产者为了牟取利润，借机以假充真。

《合同法》第107条规定："当事人一方不履行合同义务或者履行合同义务不符合约定的，应当承担继续履行、采取补救措施或者赔偿损失等违约责任。"第111条规定："质量不符合约定的，应当按照当事人的约定承担违约责任……"

《侵权责任法》第41条规定："因产品存在缺陷造成他人损害的，生产者应当承担侵权责任。"第42条规定："因销售者的过错使产品存在缺陷，造成他人损害的，销售者应当承担侵权责任。销售者不能指明缺陷产品的生产者也不能指明缺陷产品的供货者的，销售者应当承担侵权责任。"第47条规定："明知产品存在缺陷仍然生产、销售，造成他人死亡或者健康严重损害的，被侵权人有权请求相应的惩罚性赔偿。"

《产品质量法》第49条规定："生产、销售不符合保障人体健康和人身、财产安全的国家标准、行业标准的产品的，责令停止生产、销售，没收违法生产、销售的产品，并处违法生产、销售产品货值金额等值以上3倍以下的罚款；有违法所得的，并处没收违法所得；情节严重的，吊销营业执照；构成犯罪的，依法追究刑事责任。"

《消费者权益保护法》第24条第1款规定："经营者提供的商品或者服务不符合质量要求的，消费者可以依照国家规定、当事人约定退货，或者要求经营者履行更换、修理等义务。没有国家规定和当事人约定的，消费者可以自收到商品之日起7日内退货；7日后符合法定解除合同条件的，消费者可以及时退货，不符合法定解除合同条件的，可以要求经营者履行更换、修理等义务。"第40条规定："消费者在购买、使用商品时，其合法权益受到损害的，可以向销售者要求赔偿……消费者或者其他受害人因商品缺陷造成人身、财产损害的，可以向销售者要求赔偿，也可以向生产者要求赔偿……"第54条规定："依法经有关行政部门认定为不合格的商品，消费者要求退货的，经营者应当负责退货。"第55条规定："经营者提供商品或者服务有欺诈行为的，应当按照消费者的要求增加赔偿其受到的损失，增加赔偿的金额为消费者购买商品的价款或者接受服务的费用的3倍；增加赔偿的金额不足500元的，为500元。法律另有规定的，依照其规定。经营者明知商品或者服务存在缺陷，仍然向消费者提供，造成消费者或者其他受害人死亡或者健康严重损害的，受害人有权要求经营者依照本法第49条、第51条等法律规定赔偿损失，并有权要求所受损失2倍以下的惩罚性赔偿。"

　　疫情防控期间，单位为职工健康需要购买口罩等商品，属于《消费者权益保护法》中"为生活消费需要购买、使用商品"的消费者，适用相关法律法规的规定，有权要求经营者退货、更换、赔偿。对此，《浙江省实施〈消费者权益保护法〉办法》第2条第2款明确规定："单位为职工生活需要购买商品或者服务的，依照本办法规定执行。"

　　此外，单位和经营者作为买卖合同的双方，直接受合同约束，根据《合同法》的规定，单位可直接要求经营者承担违约责任。员工虽不是直接的消费者和合同当事人，但如果口罩等物资因缺陷没有起到防护作用，致使员工感染新冠肺炎的，根据《侵权责任法》的规定，员工可直接要求口罩的生产者或经营者承担侵权责任，请求损害赔偿等。经营者存在欺诈情形的，单位和员工可以依据《消费者权益保护法》第55条主张惩罚性赔偿。同时，单位和员工均可以拨打"12315"消费者维权电话进行投诉，或者向市场监督管理部门投诉。问题严重的，经营者的行为会触犯刑法，单位和员工均可向公安机关报案，及时维护自己的合法权益。

　　现实中也涌现出类似的案例。例如，在疫情防控期间，被告人李某某为牟取非法利益，组织他人对自己生产、购进的劣质口罩分拣再包装后进行销售。2020年1月20日至27日，李某某共出售口罩6万只，获款1.5万元。

1月27日，湖北省仙桃市市场监管局依法扣押李某某尚未销售的36万只口罩。后经国家劳动保护用品质量监督检验中心（武汉）检验，上述尚未销售的36万只口罩均属于不合格产品。案发后，李某某主动投案并如实供述犯罪事实，自愿认罪认罚。

67 **疫情防控期间购买产品，售后三包的时效问题如何确定？遇到退、换货问题，消费者应当如何维权？**

【专家解读】

《消费者权益保护法》第24条第1款规定："经营者提供的商品或者服务不符合质量要求的，消费者可以依照国家规定、当事人约定退货，或者要求经营者履行更换、修理等义务。没有国家规定和当事人约定的，消费者可以自收到商品之日起7日内退货；7日后符合法定解除合同条件的，消费者可以及时退货，不符合法定解除合同条件的，可以要求经营者履行更换、修理等义务。"

《部分商品修理更换退货责任规定》第9条规定："产品自售出之后起7日内，发生性能故障，消费者可以选择退货、换货或修理。退货时，销售者应当按发票价格一次退清货款，然后依法向生产者、供货者追偿或者按购销合同办理。"第10条规定："产品自售出之日起15日内，发生性能故障，消费者可选择换货或者修理。换货时，销售者应当免费为消费者调换同型号同规格的产品，然后依法向生产者、供货者追偿或者按购销合同办理。"第14条规定："换货时，凡属残次产品、不合格产品或者修理过的产品均不得提供给消费者。换货后的三包有效期自换货之日起重新计算。由销售者在发票背面加盖更换章并提供新的三包凭证或者在三包凭证背面加盖更换章。"

以网络购物为例，交付方式通常为快递邮寄，受疫情影响，快递的物流周期延长，交付后显示的签收时间将直接影响三包时效的计算，快递公司自行签收、快递柜签收、他人代收均可能导致实际收货人无从知晓签收时间，此时消费者要及时和经营者沟通，重新约定退货、换货期间。消费者应当提供证据证明快递的实际签收时间。在疫情暴发前消费者已实际收货，后因疫情暴发导致快递停运，消费者无法将产品邮寄给经营者，三包时效应当中止，暂停计算，待疫情结束，经营者应正式发布通知并告知消费者，重新计算三包时效。若消费者已经寄出需要退换的商品，但由于疫情影响快递周期明显延长，消费者应主动及时与经营者沟通，经营者应适当延长退换货时间。若疫情导致经营者歇业，消费者无法向经营者及时反映，消费者也可尝试向生产者、政务热线、消费者组织等第三方机构反映，及时留存反映的证据，待经营者正式复工后与其协商，重新计算三包时效。

2020 年 2 月 23 日，消费者吴某向"黑猫投诉"平台反映：本人收到货后，在 7 天无理由退货期间申请退款，因为疫情特殊期间快递发不出导致退货超时，商家借口超时不予退款，不理会疫情特殊时期。吴某投诉涉及金额 349 元，目前投诉仍在处理中。

68 疫情防控期间购买鲜活农产品，如有腐烂变质的问题，消费者应当如何维权？

【专家解读】

《食品安全法》第 34 条规定："禁止生产经营下列食品、食品添加剂、食品相关产品：……（六）腐败变质、油脂酸败、霉变生虫、污秽不洁、混有异物、掺杂掺假或者感官性状异常的食品、食品添加剂；……"第 54 条第 1 款规定："食品经营者应当按照保证食品安全的要求贮存食品，定期检查库存食品，及时清理变质或者超过保质期的食品。"第 124 条规定："违反本法规定，有下列情形之一，尚不构成犯罪的，由县级以上人民政府食品安全监督管理部门没收违法所得和违法生产经营的食品、食品添加剂，并可以没收用于违法生产经营的工具、设备、原料等物品；违法生产经营的食品、食品添加剂货值金额不足 1 万元的，并处 5 万元以上 10 万元以下罚款；货值金额 1 万元以上的，并处货值金额 10 倍以上 20 倍以下罚款；情节严重的，吊销许可证：……（四）生产经营腐败变质、油脂酸败、霉变生虫、污秽不洁、混有异物、掺假掺杂或者感官性状异常的食品、食品添加剂；……"

《农产品质量安全法》第 2 条规定："本法所称农产品，是指来源于农业的初级产品，即在农业活动中获得的植物、动物、微生物及其产品。本法所称农产品质量安全，是指农产品质量符合保障人的健康、安全的要求。"

《消费者权益保护法》第 25 条规定："经营者采用网络、电视、电话、邮购等方式销售商品，消费者有权自收到商品之日起 7 日内退货，且无需说明理由，但下列商品除外：……（二）鲜活易腐的；……除前款所列商品外，其他根据商品性质并经消费者在购买时确认不宜退货的商品，不适用无理由退货。消费者退货的商品应当完好。经营者应当自收到退回商品之日起 7 日内返还消费者支付的商品价款。退回商品的运费由消费者承担；经营者和消费者另有约定的，按照约定。"

《食用农产品范围注释》明文指出："食用农产品是指可供食用的各种植物、畜牧、渔业产品及其初级加工产品。范围包括：植物类、畜牧类、渔业类。"

2020 年 2 月 18 日，四川省市场监管局对疫情防控期间食品经营者规范处理积压食品原料作出安全提示，要求食品经营者严禁经营超过保质期、腐败变质、霉变生虫的食品。

受疫情影响，不少鲜活产品滞销，鲜活产品本身由于保存期短，对保存条件要求较高，容易发生腐败变质。为了防止腐败变质，经营者要保证食材新鲜干净，制作熟食时保持烹调过程清洁卫生，将食物烧熟煮透，保证贮存温度的适宜，特别注意避免过度制作与囤积，及时售出。疫情期间，经营者要特别注意及时开展食品原料自查清理，规范妥善处置积压食品原料，从源头上控制产品的腐败变质。

消费者购买后发现有腐烂变质情况的，若经营者不是故意卖出，消费者可以要求其承担退货、换货等责任，并承担运输等必要费用；若经营者欺诈消费者，将腐败变质产品售出，消费者可要求经营者承担惩罚性赔偿责任，经营者拒绝的，消费者可向市场监督管理部门投诉；若消费者通过网络购买鲜活产品发现腐败变质的，消费者不能要求无理由退货，但需保存好证据证明收到产品时产品已经腐败变质，从而维护自己的合法权益。

另外，疫情当前，经营者应当向消费者特别提示说明快递时效可能会影响食品的质量，消费者主张食品腐败变质，要求经营者承担责任的，经营者应当举证证明已经尽到了提示说明义务。

疫情期间，厦门市同安区市场监管局针对各类食品生产单位开展专项行动进行彻查，发现一家销售猪肉的店铺所售产品存在发黑发暗、伴有刺鼻气味的情况，随后执法人员对其仓库进行突击检查，发现大量问题猪肉。经查，卢某将每天卖剩下的猪肉保存，次日再与新进的猪肉掺杂销售，后因制冷设备故障导致猪肉变质。卢某的行为涉嫌违反《食品安全法》的有关规定，已被厦门市同安区市场监管局立案查处。

【参考文献与拓展阅读】

1. 江平：《民法学》，中国政法大学出版社 2016 年版。

2. 江平：《民商法论要》，中国政法大学出版社 2019 年版。

3. 梁慧星：《民法总论》，法律出版社 2017 年版。

4. 韩世远：《合同法总论》，法律出版社 2018 年版。

5. 杨立新：《合同法》，北京大学出版社 2013 年版。

6. 吴景明、雅客主编：《我国新消费形式下消费者权益保护法律问题研究》，中国法制出版社 2013 年版。

7. 全国人大常委会法制工作委员会民法室：《消费者权益保护法立法背景与观点全集》，法律出版社 2013 年版。

8. 乔新生：《消费者权益保护法总论》，中国检察出版社 2018 年版。

9. 许明月、李昌麟：《消费者保护法》，法律出版社 2015 年版。

10. 吴宏伟：《消费者权益保护法》，中国人民大学出版社 2014 年版。

专题五　诉讼与非诉讼程序法

为贯彻落实党中央、国务院关于防控新冠肺炎疫情的工作要求，有效防控新冠肺炎疫情的扩散，最大限度减少人员聚集流动，切实保障人民群众的生命安全和身体健康，各级人民法院、人民检察院、公安机关、行政复议机关、劳动仲裁机关、人民调解委员会、仲裁委员会在疫情期间发布通知公告，对疫情特殊时期诉讼和非诉讼程序依法合理调整，如暂停或关闭部分场所，部分程序原则上通过互联网、移动软件、电话、微信、邮寄邮件等方式进行。切实保障群众在立案、诉讼、执行、保全、信访、侦查起诉、复议、仲裁、调解等程序中的合法权利。有关部门出台一系列措施，方便群众办理相关事项。为此，本专题整理了疫情防控期间较为常用和重要的诉讼与非诉讼程序问题，整理现行有效的规范性文件，释法说理、答疑解惑，以期在疫情期间帮助当事人便捷、高效地参与诉讼与非诉讼程序。

69 疫情防控期间，当事人如何申请立案？

根据《最高人民法院关于新冠肺炎疫情防控期间加强和规范在线诉讼工作的通知》的规定，在疫情防控期间，各级人民法院将依托中国移动微法院、诉讼服务网、"12368"诉讼服务热线等在线诉讼平台，全面开展网上立案、调解、证据交换、庭审、宣判、送达等在线诉讼活动。疫情期间当事人可以自行选择通过法院公开公布的线上服务平台接受诉讼服务，原则上鼓励当事人线上提出立案申请。

当事人及其诉讼代理人可通过在线的方式提交立案申请，人民法院在收到起诉材料后需在7日内进行审核，符合法律规定起诉条件的，登记立案；提交材料不符合要求的，人民法院通过在线诉讼平台及时要求补正，并一次性告知应当补正的内容和期限，逾期未补正的，起诉材料作退回处理；不符合起诉条件，经人民法院释明后，原告坚持继续起诉的，将裁定或者决定不予受理、不予立案。

疫情防控时期除网上立案外，当事人还可以选择邮寄立案。当事人、代理人可将已经准备好的立案材料，通过邮寄方式向法院提交，法院在收到立案材料后会进行立案审查，立案法官会主动联系当事人，告知审查结果。在线提交立案材料确有困难的，可选择就近一家法院跨域立案。

鉴于法院线上诉讼服务平台的不同，在此以北京法院为例对其进行介绍。北京法院当事人、代理人可以通过北京移动微法院、微律师平台、北京法院审判信息网及"12368"诉讼服务热线，申请网上立案。当事人、代理人线上立案首先需要身份认证（身份证、律师证、身份信息、地址信息、手机验证、人脸识别等），随后需要录入和选择相应的案件信息，如案由、案件类型、起诉书、主要证据等，相关诉讼材料、证明、证据等均需按照电子格式上传，法院线上审核成功后即可完成立案。

70 疫情防控期间，如何申请送达及调查取证？

【专家解读】

根据《民事诉讼法》第 87 条规定：经受送达人同意，人民法院可以采用传真、电子邮件等能够确认其收悉的方式送达诉讼文书，但判决书、裁定书、调解书除外。以传真、电子邮件等到达受送达人特定系统的日期为送达日期。《最高人民法院关于适用〈中华人民共和国民事诉讼法〉的解释》（以下简称《民事诉讼法解释》）第 261 条规定，适用简易程序审理案件，人民法院可以采取捎口信、电话、短信、传真、电子邮件等简便方式传唤双方当事人、通知证人和送达裁判文书以外的诉讼文书。

疫情防控时期，当事人可以在立案时自愿选择人民法院对其送达的方式，可以选择邮寄送达或电子送达。邮寄送达的需要当事人预留准确的送达地址，在电子送达方面，经受送达人同意，可以通过中国移动微法院、中国审判流程信息公开网、全国统一送达平台、传真、电子邮件、即时通讯账号等电子方式送达诉讼文书和当事人提交的证据材料。部分法院采取除传真及电子邮件之外的电子送达方式，如人工智能语音电话、手机短信、诉讼服务 App 等。如案件属于简易程序案件，法院可采取捎口信、电话、短信、传真、电子邮件等简便方式传唤双方当事人、通知证人和送达裁判文书以外的诉讼文书。

疫情防控时期的调查取证，当事人申请的调查取证，法院一般会根据实际情况延期，但特别紧急或需要证据保全的，法院会通过线上平台、调查取证协助机制，通过线上提交调取证据申请或保全申请，由有关部门协助进行或委托异地法院进行。

疫情防控时期，法院推出便民的送达举措，如北京市房山区人民法院推出"隔空"送达，借助 24 小时自助材料双向收转柜，当事人与法官均可以

24 小时自助投递诉讼材料，收转柜对各环节的材料流转会进行全流程记录监控，避免材料丢失。疫情防控期间，24 小时自助材料双向收转柜实现了"无接触"送达，切实避免了人员密切接触，维护了当事人的合法权益。

71 疫情防控期间，群众如何向人民法院、人民检察院来信来访？

【专家解读】

疫情防控时期，因法院、检察院关闭了部分信访接待场所和窗口，可通过来信、网络、电话和视频方式接待群众来访。另外，新冠肺炎疫情不影响正常群众来信的方式，当事人可向有关机关邮寄相关信访材料，具体邮寄材料地址可在网上查询司法机关公开信息。因各地检察机关、人民法院接待信访的规定基本一致，在此以检察系统接待群众来信来访进行具体介绍。

根据《北京市人民检察院关于新型冠状病毒疫情防控期间以来信、网络、电话和视频方式接待群众来访工作的公告》，群众可通过以下方式反映问题：（1）邮寄。当事人可将申诉书、身份证明、证据材料以及所有法律文书等材料邮寄至当地的检察服务中心。（2）网络。当事人可上网通过登录"12309"中国检察网（www.12309.gov.cn），根据系统提示完成注册和反映诉求操作，并将申诉书、身份证明、证据材料及法律文书等相关材料压缩后作为附件上传。也可以在手机上下载"检察12309"App 或关注"12309 中国检察网"微信公众号完成以上操作。（3）拨打"12309"检察服务热线。"12309"检察服务热线可人工提供法律咨询等检察服务。（4）在线视频接访。如北京检察系统推出"掌上京检"App 或关注"京检在线""北京检察"微信公众号完成注册操作，点击"在线视频接访"进行预约，通过手机视频接待群众，为广大市民提供"面对面"检察服务。

72 疫情防控期间，当事人的执行案件是否会受到影响？

【专家解读】

根据《最高人民法院执行局关于做好防控新型冠状病毒感染肺炎疫情期间执行工作相关事项的通知》，疫情特殊时期法院已减少集中执行和外出办案。当事人与执行工作人员的联系、接待等，优先通过移动执行平台、电话、短信、微信、电子邮件等方式办理。确需约见当事人的，必须确保当事人身体状况许可并妥善做好相应防护措施。有关执行听证原则上应在征求当事人意见后暂停或视情况延期举行。财产查控等执行措施涉及疾控相关企业和人员的，原则上暂缓进行。各级法院因防控、抗击疫情导致暂停、暂缓实施相关执行措施或事项的，当事人可要求人民法院依照法律、司法解释规定及时办理案件期限顺延手续。

根据《最高人民法院关于认真贯彻落实中央全面依法治国委员会第三次会议精神 切实做好防控新型冠状病毒感染肺炎疫情期间审判执行工作的通知》的规定，法院需暂缓对承担疫情防控任务的单位、人员以及场所、设备、物资、资金采取执行措施，对明确专用于疫情防治的资金和物资，不得采取查封、冻结、扣押、划拨等财产保全措施和强制执行措施，全力保障疫情防控工作。

例如，重庆市高级人民法院与市规划和自然资源局、市不动产登记中心等部门建立疫情期间续行保全查封工作应急机制，法院通过执行指挥中心与相关单位远程联系或邮寄执行函等，及时办理申请人的执行事项。又如，广州市南沙区人民法院收到湖北宜昌某医院的申请后，因其正处于抗击新冠肺炎疫情工作一线，被冻结存款属用于购买医疗和卫生防疫用品的资金，遂裁定解除对该医院名下账户400余万元存款的冻结。

73 新冠肺炎疫情对当事人申请诉讼保全程序有何影响?

【专家解读】

因诉讼保全具有时效性,一般不能延期处理,法院可根据案件实际情况开展诉讼保全,根据《最高人民法院关于认真贯彻落实中央全面依法治国委员会第三次会议精神 切实做好防控新型冠状病毒感染肺炎疫情期间审判执行工作的通知》的规定,对涉诉的疫情防控医疗机构及疫情防控急需物资供应企业,不宜采取财产保全等措施。

关于当事人申请财产保全的效力期间,根据《民事诉讼法》第101条第3款规定:"申请人在人民法院采取保全措施后30日内不依法提起诉讼或者申请仲裁的,人民法院应当解除保全。"可见,在诉前保全后,当事人提起诉讼或申请仲裁的期限为法定期间,不因疫情原因而改变。

关于当事人申请延期续保的,根据《最高人民法院关于人民法院办理财产保全案件若干问题的规定》第18条规定,申请保全人申请续行财产保全的,应当在保全期限届满7日前向人民法院提出;逾期申请或者不申请的,自行承担不能续行保全的法律后果。由此可见,当事人应及时向法院申请续行保全,但因为疫情原因影响,可依据《民事诉讼法》第83条规定:"当事人因不可抗拒的事由或者其他正当理由耽误期限的,在障碍消除后的10日内,可以申请顺延期限,是否准许,由人民法院决定。"如当事人因疫情原因等正当理由耽误申请诉讼保全期限的,可在障碍消除后10日内申请顺延。

如2003年"非典"时期,北京市第二中级人民法院出台的《正确处理"非典"疫情构成不可抗力免责事由案件》中指出,对于当事人申请顺延法定期限的,在申请事由构成不可抗力的基础上,批准顺延期限的长短应以实际耽误的期间为准。

74 疫情防控期间，当事人如何参与网上开庭、在线庭审？

【专家解读】

根据《最高人民法院关于新冠肺炎疫情防控期间加强和规范在线诉讼工作的通知》规定，民商事、行政案件一般可采取在线方式开庭，但双方当事人不同意在线庭审、不具备在线庭审技术条件或需现场查明身份、核对原件、查验实物等情形的，不适用在线庭审。刑事案件可以采取远程视频方式讯问被告人、宣告判决、审理减刑、假释案件等。对适用简易程序、速裁程序的简单刑事案件、认罪认罚从宽案件，以及妨害疫情防控的刑事案件，可以探索采取远程视频方式开庭。

在线庭审活动应遵循诉讼法律及司法解释的相关规定，充分保障当事人申请回避、举证、质证、陈述、辩论等诉讼权利。在线庭审应当以在线视频的方式进行，不得采取书面或者语音方式。开展在线庭审，一般应当在法庭内进行，因疫情防控需要，法官确需在其他场所在线开庭的，应当报请本院院长同意，并保证开庭场所庄重严肃、庭审礼仪规范。人民法院应当参照《人民法院法庭规则》相关规定，加强对在线庭审参与人的诉讼指导，明确在线庭审纪律，确保庭审过程安全文明、规范有序。

当事人明确同意在线庭审，但不按时参加或者庭审中擅自退出的，除经查明确属网络故障、设备损坏、电力中断或者不可抗力等原因外，可以认定为"拒不到庭"和"中途退庭"，分别按照诉讼法律及相关司法解释的规定处理。

法院可运用语音识别技术同步生成庭审电子笔录，由审判人员、法官助理、书记员、当事人及其他诉讼参与人等在线确认，确保在线庭审的法律效力。在线庭审过程应按照《最高人民法院关于人民法院庭审录音录像的若干规定》，全程录音录像并存储归档。

目前，部分法院已出台了在线诉讼的规范意见。如北京互联网法院出台的《北京互联网法院电子诉讼庭审规范（试行）》，规定了线上视频开庭、身份认证查验、在线电子送达、法院行为规范、电子诉讼要求、庭审程序流程、法律责任等内容，保障诉讼参与人权利，规范电子诉讼活动，提高庭审效率。

75　因新冠肺炎疫情原因当事人能否申请延期审理？

【专家解读】

民事案件的审理期限又称审限，是法律规定法院审结民事案件的时间限制，目的是防止拖延诉讼，提高审判效率。依据《民事诉讼法》第 149 条的规定，人民法院适用普通程序审理的案件，应当在立案之日起 6 个月内审结。有特殊情况需要延长的，由本院院长批准，可以延长 6 个月；还需要延长的，报请上级人民法院批准。该法第 146 条规定了延期审理的法定条件：（1）必须到庭的当事人和其他诉讼参与人有正当理由没有到庭的；（2）当事人临时提出回避申请的；（3）需要通知新的证人到庭，调取新的证据，重新鉴定、勘验，或者需要补充调查的；（4）其他应当延期的情形。

新冠肺炎疫情属于突发的公共卫生事件，具有突发性、难以预料性，疫情属于不能避免和不能克服的客观情况，已构成《民法总则》第 180 条第 2 款规定的不可抗力。如果客观影响当事人或诉讼参与人参加诉讼，在新冠肺炎疫情防控期间，当事人可向法院申请延长审限。《最高人民法院关于新冠肺炎疫情防控期间加强和规范在线诉讼工作的通知》指出，在疫情防控期间，当事人不同意案件在线办理，依法申请延期审理的，人民法院应当准许，不得强制适用在线诉讼。

日前，已有部分法院对延期审理出台了规定。例如，2020 年 1 月 28 日，河南省高级人民法院在《关于在新型冠状病毒感染性肺炎疫情防控期间全力做好审判执行和诉讼服务工作的提示》中规定，如果当事人、诉讼代理人因新冠肺炎正在住院、隔离期间，或者身在武汉以及其他受疫情影响关停交通的地区，无法如期到庭参加诉讼的，可以依法向所在法院申请延期审理。对于因患病治疗未能及时申请延期的，法院将予以妥善处理。浙江省高级人民法院在《关于疫情防控期间诉讼服务相关事项的通告》中规定，当事人、诉讼代理人因新型冠状病毒感染肺炎正在治疗、隔离期间，或身处受疫情影响关停交通的地区，无法到人民法院参加有关诉讼活动或确实无法通过网上开庭、调解的，也可向受案人民法院申请延期审理。

76 新冠肺炎疫情对刑事案件的侦办有何影响？

【专家解读】

根据《最高人民检察院关于在防控新型冠状病毒肺炎期间刑事案件办理有关问题的指导意见》的规定，疫情防控期间刑事案件的侦办以案卷书面审查为主要方式，尽量不采取当面方式讯问犯罪嫌疑人、询问证人等诉讼参与人以及听取辩护律师意见等。办案机关可采取电话或者视频等方式进行，减少人员流动、聚集、见面交谈；对被刑事拘留的犯罪嫌疑人不予讯问的，可通过刑事执行检察部门或看守所向犯罪嫌疑人送达听取犯罪嫌疑人意见书，书面听取意见，由犯罪嫌疑人填写并签字后及时收回审查附卷。

同时，防疫期间办理审查逮捕、审查起诉案件，检察机关将贯彻宽严相济的刑事政策，综合考虑犯罪嫌疑人是否具有社会危险性、犯罪危害性大小、犯罪情节是否恶劣等因素，坚持"可捕可不捕的不捕、可诉可不诉的不诉"。对于危害疫情防控、严重扰乱社会秩序的犯罪行为，依法从严从重办理。

疫情期间，各地公安机关、检察机关均已采取远程讯问、视频谈话等方式，主要以案卷书面审查为主，并未因疫情原因停止或延期刑事案件的侦办。

77 新冠肺炎疫情是否会影响刑事案件的羁押期限和办案期限？

【专家解读】

根据《刑事诉讼法》的规定，犯罪嫌疑人逮捕后侦查羁押期不得超过 2 个月；案情复杂、期限届满不能终结，经上一级检察院批准可以延长 1 个月；对符合《刑事诉讼法》第 156 条规定情形的，经省、自治区、直辖市人民检察院批准可以延长 2 个月；对犯罪嫌疑人可能判处 10 年有期徒刑以上刑罚的，依照《刑事诉讼法》第 156 条延长期限届满，仍不能侦查终结的，经省、自治区、直辖市人民检察院批准或决定可以再延长 2 个月。

人民检察院审查起诉时间为 1 个月。重大、复杂案件，可以延长半个月；退回补充侦查，以 2 次为限，每次 1 个月。

普通程序一审公诉案件，应在受理后 2 个月以内宣判，至迟不得超过 3 个月。特殊情况，经省、自治区、直辖市高级人民法院批准或者决定，可以延长 3 个月，计 6 个月。适用简易程序审理案件，应在受理后 20 日以内审结。对可能判处有期徒刑超过 3 年的，可以延长至一个半月。二审上诉、抗诉案件，应当在 2 个月以内审结。特殊情况，经省、自治区、直辖市高级人民法院批准或者决定，可以延长 2 个月，共计 4 个月。

根据《最高人民检察院关于在防控新型冠状病毒肺炎期间刑事案件办理有关问题的指导意见》，关于羁押期限和办案期限，按照《刑事诉讼法》关于期间计算的规定，期间的最后一日为节假日的，以节假日后的第一日为期满日期，但犯罪嫌疑人、被告人或者罪犯在押期间，应当至期满之日为止，不得因节假日而延长。对于非羁押的犯罪嫌疑人，审查逮捕期限以节假日后的第一日为期满日。对于已经刑事拘留的犯罪嫌疑人，拘留期限届满未能作出逮捕决定的，应当变更或解除强制措施。审查起诉阶段，犯罪嫌疑人被羁押的，办案期限以 2 次退回补充侦查、3 次延长审查期限为限，退查和延长应当以符合法律规定且客观必要为原则。由此可见，疫情对侦查期限和办案期限的计算并没有实际影响，办案机关仍需严格按照《刑事诉讼法》的规定办理。

目前，各地公安、检察机关均按照法律规定的时限要求办理案件。如河北省邢台市检察院在疫情期间，通过电话、网络视频等非接触式方式与公安机关积极进行沟通，及时了解、掌握办理专案的侦查取证情况，引导公安机关制定下一步的侦查计划、按时报请，并对疑难复杂重大案件依法办理延期，确保案件办理公正高效。

78 新冠肺炎疫情是否会对诉讼时效计算产生影响？

【专家解读】

诉讼时效是指权利人在法定期间内不行使权利，即导致义务人有权提出拒绝履行的抗辩权的法律制度。依据我国《民法总则》第188条的规定，一般诉讼时效期间为3年，自权利人知道或者应当知道权利受到损害以及义务人之日起计算，自权利受到损害之日起超过20年的，人民法院不予保护。根据《民法总则》第194条的规定，在诉讼时效期间的最后6个月内，权利人因不可抗力，不能行使请求权的，诉讼时效中止，自中止时效的原因消除之日起满6个月，诉讼时效期间届满。根据《民法总则》第180条的规定，不可抗力是指不能预见、不能避免且不能克服的客观情况。

新冠肺炎疫情的暴发属于突发公共卫生事件，迄今为止，其病理特征、传染方式、治疗方法等在医学领域尚存在一些未解之谜，属于不能预见、不能避免、不能克服的客观情形，其性质为不可抗力。因此，诉讼时效临近届满，如受疫情影响，出现如下情形时，可以认定因不可抗力而不能行使请求权，包括：（1）当事人因被确诊为新冠肺炎而住院治疗，无法主张权利；（2）当事人因属于疑似病例或密切接触者而被隔离观察，无法主张权利；（3）当事人因政府防控疫情而采取了封路，封锁居住区域等措施，无法主张权利；（4）当事人因其他与疫情有关的障碍导致无法主张权利。此时，处于诉讼时效期间最后6个月的，诉讼时效中止，自当事人因疫情造成的无法诉讼状态结束之日起6个月内，当事人仍然可以向法院提起诉讼。

由于目前疫情尚未结束，可以参考 2003 年"非典"疫情暴发期间的类似案件。例如，北京市居民陆某拖欠王某人民币 15.8 万元，一直未还。王某的诉讼时效于 2003 年 4 月 26 日届满，当时，王某已写好诉状准备在 4 月 22 日向人民法院起诉。不料因疫情变化，王某一家所居住的宿舍楼于 4 月 20 日被采取隔离措施，王某无法出门。直至解除隔离后，王某向人民法院申请本案诉讼时效顺延，考虑到突发疫情属于不可抗力的情形，人民法院最终同意王某诉讼时效顺延的申请，并依法审理了此案。

79　因疫情原因当事人是否可以申请中止诉讼?

【专家解读】

根据《最高人民法院关于认真贯彻落实中央全面依法治国委员会第三次会议精神 切实做好防控新型冠状病毒感染肺炎疫情期间审判执行工作的通知》的规定，疫情防控期间该延期审理的案件原则上延期审理，对于符合诉讼中止条件的案件，依法中止审理或中止执行。根据《最高人民法院关于新冠肺炎疫情防控期间加强和规范在线诉讼工作的通知》的有关规定，各级人民法院推进在线诉讼，需考虑案件类型、难易程度、轻重缓急等因素，切实维护当事人合法的诉讼权益。当事人不同意案件在线办理，依法申请延期审理的，人民法院应当准许，不得强制适用在线诉讼。案件符合诉讼法律关于中止审理有关规定的，法院可以中止诉讼。

根据《民事诉讼法》第 150 条规定，有下列情形之一的，中止诉讼:（1）一方当事人死亡，需要等待继承人表明是否参加诉讼的;（2）一方当事人丧失诉讼行为能力，尚未确定法定代理人的;（3）作为一方当事人的法人或者其他组织终止，尚未确定权利义务承受人的;（4）一方当事人因不可抗拒的事由，不能参加诉讼的;（5）本案必须以另一案的审理结果为依据，而另一案尚未审结的;（6）其他应当中止诉讼的情形。中止诉讼的原因消除后，恢复诉讼。

在疫情期间，中止审理包括如下情形:（1）如果当事人因感染新冠肺炎不幸去世或因病丧失诉讼行为能力，诉讼中止，需要等待继承人表明是否参加诉讼或者确定法定代理人；（2）如果当事人因疫情处于治疗、隔离或纳入医学观察等情形无法参加诉讼的，应当视为因不可抗力而不能参加诉讼，诉讼中止；（3）因疫情造成封路、封锁居住区域等出行不便，或因抗击疫情需要（如医务人员不能离岗）等不能参加诉讼的，应当属于"其他应当中止诉讼的情形"，由法院根据情形灵活决定。

目前，已有部分法院对中止审理等问题进行了规定。如深圳某法院对原定于 2020 年 2 月 3 日以后的开庭、调查、听证等诉讼活动，除公告送达传票外可能视疫情防控需要予以改期；如当事人、诉讼代理人因新冠肺炎正在治疗、隔离期间或因交通管制等防控新冠肺炎所需的原因，而无法参加庭审等诉讼活动申请改期并提供相关证明的，法院经审查后可予以准许。

80 疫情防控期间，当事人如何通过人民调解的方式解决纠纷？

【专家解读】

根据《人民调解法》第 17 条规定，当事人可以向人民调解委员会申请调解；人民调解委员会也可以主动调解。当事人一方明确拒绝调解的，不得调解。疫情防控期间，《司法部关于在疫情防控工作中充分发挥公共法律服务职能作用的通知》指出，倡导"零见面"方式提供公共法律服务。落实接待场所安全防控管理，严格落实消毒、通风等措施，服务过程中要保持安全距离。根据属地管理原则，制定疫情防控期间公共法律服务指引，明确服务时间、方式，向社会公告。

人民调解是基于中国纠纷解决的民间调解传统而建立的一种社会纠纷解决机制。相较诉讼机制，人民调解具有便捷、及时、亲民、和谐等优势，尤其适用于涉及婚姻、邻里、钱债、劳动争议等民间常见纠纷的解决。2020年 2 月 10 日，中央依法治国办、中央政法委、最高人民法院、最高人民检察院、公安部、司法部联合举办了主题为"防控疫情、法治保障"的新闻发布会，针对疫情防控期间易发多发的婚姻家庭、邻里、物业、劳动争议等矛盾纠纷，推进人民调解、行政调解、司法调解有效衔接的"三调联动"，依法及时就地化解。可见疫情防控期间，人民调解仍然是化解纠纷的有效手段。根据《司法部关于在疫情防控工作中充分发挥公共法律服务职能作用的通知》及相关政策精神，倡导通过线上、电话等"零见面"方式提供人民调解的公共法律服务。人民调解申请者可以通过各地人民调解的线上平台、快递寄送、电话、电子邮件等方式提交申请。人民调解机构收到申请后，经审查，通过线上或电话与双方联系沟通。在双方同意调解的基础上，根据疫情变化情况，决定调解的具体方式。首先提倡各种方式的线上调解，如果涉及现场调解工作，必须认真落实防疫措施，避免造成严重后果。

在疫情防控期间，已经有一些线上开展人民调解的成功案例。春节期间，延吉市某采石场职工吕某因突发疾病在值班室内去世，其女儿找到采石场负责人康某，但康某认为采石场承包人徐某才应该对此事负责，身在外地的徐某则认为管理者康某应负全部责任。无奈之下，吕某的女儿通过当地司法所联系到人民调解员董某。董某通过电话与双方分别交流，最终采用微信视频方式开展人民调解工作。2020 年 2 月 11 日，双方当事人签订了人民调解协议书，采石场一次性立即以现金的方式支付吕师傅丧葬费及赔偿金共计 3 万元整，当事人双方对此结果均表示满意。

81 疫情防控期间，当事人如何利用仲裁解决纠纷？

【专家解读】

根据《仲裁法》第 21 条规定，当事人申请仲裁应当符合下列条件：(1) 有仲裁协议；(2) 有具体的仲裁请求和事实、理由；(3) 属于仲裁委员会的受理范围。第 41 条则规定，仲裁委员会应当在仲裁规则规定的期限内将开庭日期通知双方当事人。当事人有正当理由的，可以在仲裁规则规定的期限内请求延期开庭。是否延期，由仲裁庭决定。这些法条对仲裁的申请方式和程序规则进行了规定，同时也留下了解释的空间。

仲裁旨在解决平等主体的公民、法人和其他组织之间发生的合同纠纷和其他财产权益纠纷，是一种兼具中立性、高效性、保密性、民间性的社会自治纠纷解决机制，在民商事领域适用较为广泛。疫情期间，仲裁仍然可以发挥其解决纠纷的特色和优势作用。各地仲裁机构均通过发布公告、通知、服务提示等，鼓励通过邮寄或网络在线申请仲裁。对疫情造成的仲裁费用缴纳困难等问题，各地仲裁机构纷纷推出缓、减、免等政策，如深圳国际仲裁院公布的《关于共同应对疫情减免部分案件仲裁费的特别决定》。

在仲裁程序上，仲裁机构广泛推行疫情期间的"远程视频开庭""微信视频开庭"等线上多元开庭方式，并优先处理与防控疫情相关的案件，如涉及疫情防控物资生产、流通及关联企业的仲裁案件等。对因疫情造成的难以及时仲裁的情形，如被感染、隔离、观察或被限制出行等情形，以符合不可抗力的正当理由适用延期开庭等程序规则，以此保障被仲裁人的合法权益。

在疫情期间，仲裁机构已经有效办理了很多案件。例如，2020年2月2日，为防控疫情，避免人员聚集，福建省南平仲裁委员会成功利用手机微信群视频功能，远程开庭审理了一起建设工程施工合同案件，全程仅用了半个小时，双方当事人对仲裁结果均较满意。

82 疫情防控期间，当事人如何申请劳动仲裁解决劳动争议？

【专家解读】

《劳动争议调解仲裁法》第27条规定，劳动争议申请仲裁的时效期间为1年。因不可抗力或者有其他正当理由，当事人不能在本条第1款规定的仲裁时效期间申请仲裁的，仲裁时效中止。从中止时效的原因消除之日起，仲裁时效期间继续计算。2020年1月24日，人力资源社会保障部办公厅《关于妥善处理新型冠状病毒感染的肺炎疫情防控期间劳动关系问题的通知》第3条规定，因受疫情影响造成当事人不能在法定仲裁时效期间申请劳动人事争议仲裁的，仲裁时效中止。从中止时效的原因消除之日起，仲裁时效期间继续计算。因受疫情影响导致劳动人事争议仲裁机构难以按法定时限审理案件的，可相应顺延审理期限。

劳动仲裁是解决劳动争议的专门纠纷解决机制，也是劳动争议提起诉讼前的必经程序。在疫情期间，各地劳动仲裁机构均推出了便利劳动仲裁申请和受理的多元平台。申请仲裁的方式包括电话、邮寄、电子邮件、网络等。劳动仲裁机构也将本着"疫情隔断、程序不断"的原则，灵活适用电话沟通、线上开庭、视频会面等方式开展仲裁工作。由于仲裁时效为1年，需要对因疫情影响不能在法定仲裁时效期间申请劳动仲裁的当事人予以特殊保障。确系因患病、隔离、观察或因疫情防控出行不便等原因无法及时申请仲裁的，仲裁时效应当中止。自因疫情造成的无法申请的原因消除之日起，仲裁时效期间继续计算。另外，在劳动仲裁结束后，当事人不服裁决但又因疫情发展未能在法定期限内向人民法院提起诉讼，主张根据疫情原因适用诉讼时效中止的，人民法院应当及时依法审查。确系新冠肺炎患者、疑似病人、密切接触者或者被依法隔离人员，不能及时行使有关权利的，人民法院应当适用诉讼时效中止的有关规定。

在新冠肺炎疫情防控期间，劳动仲裁机构已经成功办理了多起案件。例如，广州市南沙区某企业劳动者王某，与其单位因工资支付问题发生劳动争议，于2020年1月17日递交了劳动仲裁申请资料后返乡过年。然而春节之后，因疫情暴发，无法回广州参与仲裁案件开庭。南沙区劳动人事争议仲裁委员会获悉有关情况后，主动和用人单位取得联系，启动在线视频调解程序。2月7日下午，经过调解，双方达成一致调解意见，被申请人同意一次性支付申请人工资7600元，仲裁员当天即出具仲裁调解书，并通过邮寄方式送达双方当事人。

83 疫情防控期间，当事人如何申请行政复议？

【专家解读】

根据《突发事件应对法》第13条规定，因采取突发事件应对措施，诉讼、行政复议、仲裁活动不能正常进行的，适用有关时效中止和程序中止的规定，但法律另有规定的除外。同时，法律对行政复议程序中的特殊情形进行了规定。《行政复议法》第9条第2款规定，因不可抗力或者其他正当理由耽误法定申请期限的，申请期限自障碍消除之日起继续计算。《行政复议法实施条例》第41条也规定，行政复议期间出现当事人死亡、丧失行政复议参与能力、不可抗力等8种特殊情形，影响行政复议案件审理的，行政复议中止。

公民、法人或者其他组织认为具体行政行为侵犯其合法权益时，可以向行政机关提出行政复议申请，通过复议程序维护自己的合法权益。各地政府机关在疫情期间出台了各类通知、公告，旨在有效抗击疫情的前提下，充分保障公民申请和参与行政复议的合法权益。各地政府最大限度地减少人员流动聚集，尽可能取消当面复议，改用网络、电话等方式接受申请并予以处理。对于申请人因疑似、确诊新型冠状病毒感染肺炎正在隔离或者治疗，或者身处受疫情影响暂停交通的地区无法及时提交行政复议申请的，可以视为因不可抗力或者其他正当理由耽误法定申请期限，待疫情造成的提交申请障碍结束后继续计算期限；对于行政复议审理期间，申请人及其代理人因上述原因不能参加行政复议，或者因采取疫情防控应对措施，行政复议审理活动不能正常进行的，行政复议机构可以适用行政复议中止的程序性规定，待疫情造成的中止原因消除后，再及时恢复行政复议案件的审理。

疫情期间，各地行政机关成功办理了大量行政复议案件。如浙江省杭州市余杭区某社区住户蒋某于2020年2月6日从江苏老家返回杭州，社区向其开具了《返杭人员居家医学观察告知书》，告知蒋某需居家隔离14天。蒋某通过互动服务平台提交行政复议申请，请求确认告知书违法。工作人员第一时间通过启用短信、电话平台、行政复议专用邮箱等途径与蒋某取得联系，通过电话调解、上门沟通解释等方式，向蒋某释明防疫政策，告知居家隔离的原因和依据。最终，蒋某对防疫措施表示认可并撤回复议申请。

【参考文献与拓展阅读】

1. 宋朝武主编：《民事诉讼法学》，高等教育出版社 2017 年版。

2. 王利明主编：《民法学》，高等教育出版社 2019 年版。

3. 沈德咏主编：《最高人民法院民事诉讼法司法解释理解与适用》，人民法院出版社 2015 年版。

4. 最高人民法院执行局编著：《最高人民法院执行司法解释条文适用编注》，人民法院出版社 2019 年版。

5. 法律出版社法规中心编：《中华人民共和国民事诉讼法注释本》，法律出版社 2017 年版。

6. 江伟主编：《民事诉讼法》，高等教育出版社 2016 年版。

7. 国务院法制办公室：《中华人民共和国行政复议法注解与配套》，中国法制出版社 2017 年版。

8. 江伟、肖建国主编：《仲裁法》，中国人民大学出版社 2016 年版。

9. 最高人民法院：《关于新冠肺炎疫情防控期间加强和规范在线诉讼工作的通知》，2020 年 2 月 14 日。

10. 最高人民法院执行局：《关于做好防控新型冠状病毒感染肺炎疫情期间执行工作相关事项的通知》，2020 年 1 月 31 日。

11. 最高人民法院：《关于认真贯彻落实中央全面依法治国委员会第三次会议精神　切实做好防控新型冠状病毒感染肺炎疫情期间审判执行工作的通知》，2020 年 2 月 17 日。

12. 最高人民检察院：《关于在防控新型冠状病毒肺炎期间刑事案件办理有关问题的指导意见》，2020 年 1 月 30 日。

13. 北京互联网法院：《北京互联网法院电子诉讼庭审规范（试行）》，2020 年 2 月 21 日。

14. 人力资源社会保障部办公厅：《人力资源社会保障部办公厅关于妥善处理新型冠状病毒感染的肺炎疫情防控期间劳动关系问题的通知》，2020 年 1 月 24 日。

15. 住房和城乡建设部行政复议办公室：《关于新型冠状病毒感染的肺炎疫情防控期间行政复议有关工作安排的通告》，2020 年 2 月 10 日。

专题六　刑　法

　　新冠肺炎疫情的蔓延，引发了一系列法律问题，出现了一些恶意传播病毒、暴力伤医、哄抬物价、制假售假、造谣传谣等行为。这些违法犯罪行为不仅侵犯了公民的人身权利和民主权利，妨害了社会管理秩序和市场经济秩序，也严重危害了公共安全。2020年2月6日，最高人民法院、最高人民检察院、公安部、司法部联合制定了《关于依法惩治妨害新型冠状病毒感染肺炎疫情防控违法犯罪的意见》，对依法惩治妨害新冠肺炎疫情防控的违法犯罪行为作了规定。现结合《传染病防治法》以及2003年最高人民法院、最高人民检察院颁布的《关于办理妨害预防、控制突发传染病疫情等灾害的刑事案件具体应用法律若干问题的解释》等法律法规及司法解释，对涉疫情的刑法问题进行解读，以达到进一步引导人民群众依法行动，保障疫情防控工作顺利开展的目的。

84 疫情防控期间，生产、销售伪劣的防治、防护产品、物资，会构成犯罪吗？

【专家解读】

《刑法》第 140 条规定，生产者、销售者在产品中掺杂、掺假，以假充真，以次充好或者以不合格产品冒充合格产品，销售金额 5 万元以上的，即构成生产、销售伪劣产品罪。根据最高人民法院、最高人民检察院、公安部、司法部联合印发的《关于依法惩治妨害新型冠状病毒感染肺炎疫情防控违法犯罪的意见》（法发〔2020〕7 号，以下简称 2020 年两高两部《疫情防控犯罪意见》）中依法严惩制假售假犯罪的规定，疫情防控期间生产、销售伪劣的防治、防护产品、物资，符合《刑法》第 140 条规定的，以生产、销售伪劣产品罪定罪处罚。2003 年《最高人民法院、最高人民检察院关于办理妨害预防、控制突发传染病疫情等灾害的刑事案件具体应用法律若干问题的解释》第 2 条规定，在预防、控制突发传染病疫情等灾害期间，生产、销售伪劣的防治、防护产品、物资构成犯罪的，依照《刑法》第 140 条规定以生产、销售伪劣产品罪定罪，依法从重处罚。

在疫情防控期间，生产、销售伪劣的防治、防护产品、物资是否构成生产、销售伪劣产品罪，主要从三个方面进行考察：一是行为主体是疫情防治、防护产品和物资的生产者和销售者；二是客观行为表现为在生产、销售防治、防护产品和物资时掺杂掺假、以假充真、以次充好、以不合格产品冒充合格产品，并且销售金额达到 5 万元以上；三是行为人主观上具有生产、销售伪劣产品的故意，一般具有营利目的。上述解释均强调了"从严""从重"处罚的要求，体现了刑法量刑与社会形势之间的动态关系。在特殊时期犯罪分子不顾社会稳定大局，肆意犯罪，应当依法对其施以更重的刑罚。

在这次新冠肺炎疫情中，也涌现出一部分这样的案例，例如"浙江义乌邵某等涉嫌销售伪劣产品案"。2020 年 1 月 25 日，邵某先后两次从田某处购置劣质仿冒"3M"口罩共计 2 万个，并销售给毛某，销售金额达 18 万余元。毛某通过微信又将该批口罩出售给他人，销售金额 20 余万元。涉案口罩在运输途中被截获，经检验系不合格产品。1 月 27 日公安机关对犯罪嫌疑人邵某等人刑事拘留。义乌市人民检察院对该案进行审查并提起公诉。该案系全国首例防疫期间"问题口罩"批捕案件，其所体现的法律要旨为在疫情防控期间，生产、销售伪劣的防治、防护产品、物资，符合《刑法》第 140 条的规定，以生产、销售伪劣产品罪定罪处罚。

85 疫情防控期间，在微信群、QQ 群等网络平台造谣传谣，造成社会恐慌等严重扰乱社会秩序的行为，会构成犯罪吗？

【专家解读】

依照我国《刑法》第 291 条之一的规定，编造爆炸威胁、生化威胁、放射威胁等恐怖信息，或者明知是编造的恐怖信息而故意传播，严重扰乱社会秩序的，构成编造、传播虚假恐怖信息罪；编造虚假的险情、疫情、灾情、警情，在信息网络或者其他媒体上传播，或者明知是上述虚假信息，故意在信息网络或者其他媒体上传播，严重扰乱社会秩序的，构成编造、故意传播虚假信息罪。2020 年两高两部《疫情防控犯罪意见》第 2 条第 6 项规定，编造虚假的疫情信息，在信息网络或者其他媒体上传播，或者明知是虚假疫情信息，故意在信息网络或者其他媒体上传播，严重扰乱社会秩序的，依照《刑法》第 291 条之一第 2 款的规定，以编造、故意传播虚假信息罪定罪处罚。《最高人民法院、最高人民检察院关于办理妨害预防、控制突发传染病疫情等灾害的刑事案件具体应用法律若干问题的解释》第 10 条规定，编造与突发传染病疫情等灾害有关的恐怖信息，或者明知是编造的此类恐怖信息而故意传播，严重扰乱社会秩序的，依照《刑法》第 291 条之一的规定，以编造、故意传播虚假恐怖信息罪定罪处罚。

编造、故意传播虚假恐怖信息罪是指行为人故意编造爆炸威胁、生化威胁、放射威胁等恐怖信息，或者明知是编造的恐怖信息而故意传播，严重扰乱社会秩序的行为。编造、故意传播虚假信息罪指的是行为人编造虚假的险情、疫情、灾情、警情，在信息网络或其他媒体上传播，或者明知是上述虚假信息，故意在信息网络或者其他媒体上传播，严重扰乱社会秩序的行为。两种犯罪行为侵犯的客体均是社会公共安全秩序。涉疫情的编造、故意传播虚假信息罪或编造、故意传播虚假恐怖信息罪的认定要把握以下几个方面：首先，行为人客观上实施了编造虚假的新冠肺炎疫情发生或蔓延情况的虚假信息、编造了与新冠肺炎疫情有关的恐怖信息，或者明知是虚假的上述信息而故意传播；其次，对于编造虚假的涉疫情信息或涉疫情恐怖信息要作实质性的理解，行为人私下里书写涉疫情恐怖信息并不成立本罪，只有当行为人将编造的涉疫情虚假信息或恐怖信息通过网络或其他途径传达给他人时才可能成立本罪；最后，涉疫情的编造、故意传播虚假信息罪或编造、故意传播虚假恐怖信息罪的成立需要以发生严重扰乱社会秩序的结果为要件。

根据最高人民检察院有关部门负责人介绍，新冠肺炎疫情发生以来，截至 2020 年 2 月 18 日，全国检察机关介入、办理涉疫情编造、故意传播虚假信息罪案件共 22 件 22 人。根据《北青社区报》的报道，2020 年 1 月 23 日，吴某在微信朋友圈散布北京市顺义区某医院出现首例新冠肺炎患者的虚假信息，随后被公安机关刑事拘留。在新冠肺炎疫情严峻的情况下，吴某编造、散布某医院出现首例新冠肺炎，属于散布"重大疫情"的虚假恐怖信息，导致住院患者人心惶惶，人民群众远离该医院，并且导致医院及有关部门需要安排人力排查和核实情况，严重扰乱社会秩序，构成编造、故意传播虚假恐怖信息罪。公安机关于 2020 年 1 月 24 日以涉嫌"编造、故意传播虚假恐怖信息罪"将吴某刑事拘留。

86 疫情防控期间，假借研制、生产或者销售疫情防控物品的名义骗取公私财物，或者捏造事实骗取公众捐赠款物的，会触犯何种罪名？

【专家解读】

依照我国《刑法》第 266 条的规定，行为人以非法占有为目的，实施骗取较大数额公私财物的行为即构成诈骗罪。2020 年两高两部《疫情防控犯罪意见》第 2 条第 5 项规定，在疫情防控期间，假借研制、生产或者销售用于疫情防控的物品的名义骗取公私财物，或者捏造事实骗取公众捐赠款物，数额较大的，依照《刑法》第 266 条的规定，以诈骗罪定罪处罚。根据《最高人民法院、最高人民检察院关于办理诈骗刑事案件具体应用法律若干问题的解释》第 2 条第 2 项、第 3 项的规定，诈骗救灾、抢险、防汛、优抚、扶贫、移民、救济、医疗款物的或者以赈灾募捐名义实施诈骗的，依照《刑法》第 266 条的规定酌情从严处罚。《最高人民法院、最高人民检察院关于办理妨害预防、控制突发传染病疫情等灾害的刑事案件具体应用法律若干问题的解释》第 7 条规定，在预防、控制突发传染病疫情等灾害期间，假借研制、生产或者销售用于预防、控制突发传染病疫情等灾害用品的名义，诈骗公私财物数额较大的，依照刑法有关诈骗罪的规定定罪，依法从重处罚。

在新冠肺炎疫情防控的特殊时期，少数不法分子利用疫情名义实施诈骗活动，性质十分恶劣。涉疫情诈骗罪的认定通常从三个方面分析：一是实施诈骗行为的主体为具有刑事责任能力的自然人；二是行为人的主观方面为直接故意，并且具有非法占有公私财物的目的；三是行为人采取虚构事实或隐瞒真相的方式实施了骗取数额较大公私财物的诈骗行为。目前，司法实践中发生的涉疫情诈骗案件主要包括以下几种类型：一是不法分子冒充慈善或民政部门，向用户发送防控疫情"献爱心"的虚假信息，或搭建虚假官方网站，利用群众的同情心骗取捐款；二是不法分子谎称可以代购或者囤有医用口罩，当受害人付费购买后，不法分子找各种理由拒不发货或"拉黑"；三是盗取他人 QQ、微信账号，冒充受害者熟人实施诈骗，不法分子潜入 QQ、微信群，以防控新冠肺炎疫情为由，冒充群内成员骗取钱财。

截至 2020 年 2 月 14 日，全国公安机关共破获涉疫情诈骗案件 3600 起，抓获犯罪嫌疑人 1373 名，涉案金额 6691 万元。2020 年 2 月 6 日，山东省菏泽市郓城县居民郑某到公安局报案称，1 月 29 日他在微信上添加了一个名字为苏某的好友，自称有卖口罩的渠道。2 月 1 日至 2 月 6 日，郑某通过支付宝和微信给苏某打款共计 59 370 元，但一直未收到货，且苏某已将郑某"拉黑"，联系不上。办案人员于 2 月 14 日将苏某抓获归案。经审讯，苏某对犯罪事实供认不讳。本案中，苏某的行为符合《刑法》第 266 条的规定，应以诈骗罪定罪处罚，疫情期间实施诈骗行为，依法可以从重处罚。

87 疫情防控期间，强拿硬要或者任意损毁、占用公私财物，需要承担什么刑事责任？

【专家解读】

我国《刑法》第 293 条规定，有下列寻衅滋事行为之一，破坏社会秩序的，处 5 年以下有期徒刑、拘役或者管制：（1）随意殴打他人，情节恶劣的；（2）追逐、拦截、辱骂、恐吓他人，情节恶劣的；（3）强拿硬要或者任意损毁、占用公私财物，情节严重的；（4）在公共场所起哄闹事，造成公共场所秩序严重混乱的。纠集他人多次实施前款行为，严重破坏社会秩序的，处 5 年以上 10 年以下有期徒刑，可以并处罚金。2003 年《最高人民法院、最高人民检察院关于办理妨害预防、控制突发传染病疫情等灾害的刑事案件具体应用法律若干问题的解释》第 11 条规定，在预防、控制突发传染病疫情等灾害期间，强拿硬要或者任意损毁、占用公私财物情节严重，或者在公共场所起哄闹事，造成公共场所秩序严重混乱的，依照《刑法》第 293 条的规定，以寻衅滋事罪定罪，依法从重处罚。

疫情防控间，应当从两个方面考量强拿硬要或者任意损毁、占用公私财物的行为是否构成寻衅滋事罪。一是主观方面为故意，行为人通常出于寻求刺激、发泄情绪、逞强耍横、无事生非或借故生非等动机。二是客观方面，强拿硬要或者任意损毁、占用公私财物须达到情节严重的程度。2013年《最高人民法院、最高人民检察院关于办理寻衅滋事刑事案件适用法律若干问题的解释》第4条规定了情节严重的认定标准：（1）强拿硬要公私财物价值1000元以上，或者任意损毁、占用公私财物价值2000元以上的；（2）多次强拿硬要或者任意损毁、占用公私财物，造成恶劣社会影响的；（3）强拿硬要或者任意损毁、占用精神病人、残疾人、流浪乞讨人员、老年人、孕妇、未成年人的财物，造成恶劣社会影响的；（4）引起他人精神失常、自杀等严重后果的；（5）严重影响他人的工作、生活、生产、经营的；（6）其他情节严重的情形。考虑到疫情防控的特殊性，此类寻衅滋事行为严重扰乱社会公共秩序，挑战社会公众底线，司法解释还特别提出了从重处罚的要求，以维护社会秩序稳定。

在本次疫情防控过程中，也出现了许多类似案例。例如，2020年2月1日，江西省兴国县某村村民谢某某驾驶皮卡车经过临时检查点时，因未按防控要求佩戴口罩且拒绝下车，继续驾车慢行，工作人员将用于防控宣传的车辆开至路中间，防止谢某某逃避检查。谢某某为发泄心中不满，驾驶皮卡车连续三次撞击防控宣传车，导致防控宣传车严重受损。经鉴定，防控宣传车受损价值达9623元人民币。本案中谢某某出于泄愤心理，驾驶机动车撞击用于疫情防控的车辆，达到了情节严重程度，依法构成寻衅滋事罪。兴国县人民法院据此判处谢某某有期徒刑11个月。

88 疫情防控期间，利用公众对相关药品的巨大需求量生产、销售用于防治新冠肺炎的假药、劣药的，需要承担什么刑事责任？

【专家解读】

我国《刑法》第141条规定，生产、销售假药的，处3年以下有期徒刑或者拘役，并处罚金；对人体健康造成严重危害或者有其他严重情节的，处3年以上10年以下有期徒刑，并处罚金；致人死亡或者有其他特别严重情节的，处 10 年以上有期徒刑、无期徒刑或者死刑，并处罚金或者没收财产。《刑法》第 142 条规定，生产、销售劣药，对人体健康造成严重危害的，处 3 年以上 10 年以下有期徒刑，并处销售金额 50% 以上 2 倍以下罚金；后果特别严重的，处 10 年以上有期徒刑或者无期徒刑，并处销售金额 50% 以上 2 倍以下罚金或者没收财产。

根据 2020 年两高两部《疫情防控犯罪意见》第 2 条第 3 项依法严惩制假售假犯罪的规定，在疫情防控期间生产、销售用于防治新型冠状病毒感染肺炎的假药、劣药，符合《刑法》第 141 条、第 142 条规定的，以生产、销售假药罪或者生产、销售劣药罪定罪处罚。2003 年《最高人民法院、最高人民检察院关于办理妨害预防、控制突发传染病疫情等灾害的刑事案件具体应用法律若干问题的解释》第 2 条规定，在预防、控制突发传染病疫情等灾害期间，生产、销售用于防治传染病的假药、劣药，构成犯罪的，分别依照《刑法》第 141 条、第 142 条的规定以生产、销售假药罪或者生产、销售劣药罪定罪，依法从重处罚。

判断行为是否构成生产、销售假药罪，主要从三个方面考察：一是行为主体为生产、销售防治新冠肺炎药品的自然人或单位；二是行为人主观上具有生产、销售假药的故意；三是客观行为表现为生产、销售防治新冠肺炎的假药。"假药"，根据《药品管理法》第 98 条的规定，包括：（1）药品所含成份与国家药品标准规定的成份不符；（2）以非药品冒充药品或者以他种药品冒充此种药品；（3）变质的药品；（4）药品所标明的适应症或者功能主治超出规定范围。

判断行为是否构成生产、销售劣药罪，主要从三个方面考察：一是行为主体为生产、销售防治新冠肺炎药品的自然人或单位；二是行为人主观上具有生产、销售劣药的故意；三是客观行为表现为生产、销售防治新冠肺炎的劣药，且对人体健康造成了严重危害。"劣药"，根据《药品管理法》第 98 条的规定，包括：（1）药品成份的含量不符合国家药品标准；（2）被污染的药品；（3）未标明或者更改有效期的药品；（4）未注明或者更改产品批号的药品；（5）超过有效期的药品；（6）擅自添加防腐剂、辅料的药品；（7）其他不符合药品标准的药品。

在疫情防控的特殊时期，防治新冠肺炎的药品为战胜疫情提供了重要的保障。现行法律法规和司法解释一方面为特殊时期的执法司法提供了法律依据，另一方面也体现了从严惩处生产、销售用于防治新冠肺炎的假药、劣药的行为，达到预防药品犯罪的目的。

89 疫情防控期间，隐瞒疫源地旅居史或者病情，不服从隔离管理，引起新冠病毒传播或者有传播严重危险的，会受到什么刑事处罚？

【专家解读】

我国《刑法》第 114 条、第 115 条规定了以危险方法危害公共安全罪，《刑法》第 330 条规定了妨害传染病防治罪，即违反《传染病防治法》的规定，有下列情形之一，引起甲类传染病传播或者有传播严重危险的，处 3 年以下有期徒刑或者拘役；后果特别严重的，处 3 年以上 7 年以下有期徒刑：（1）供水单位供应的饮用水不符合国家规定的卫生标准的；（2）拒绝按照卫生防疫机构提出的卫生要求，对传染病病原体污染的污水、污物、粪便进行消毒处理的；（3）准许或者纵容传染病病人、病原携带者和疑似传染病病人从事国务院卫生行政部门规定禁止从事的易使该传染病扩散的工作的；（4）拒绝执行卫生防疫机构依照传染病防治法提出的预防、控制措施的。2020 年 1 月 20 日，国家卫生健康委员会第 1 号公告将新冠肺炎纳入法定传染病乙类管理，采取甲类传染病的预防、控制措施。由此，新冠肺炎也被纳入妨害传染病防治罪中传染病的范围之内。

疫情防控期间，隐瞒疫源地旅居史或者病情，不服从隔离管理，可能触犯以危险方法危害公共安全罪或妨害传染病防治罪。根据 2020 年两高两部《疫情防控犯罪意见》第 2 条第 1 项规定，有两种情形可以危险方法危害公共安全罪定罪处罚：一是已经被确诊的新冠肺炎病人、病原携带者，拒绝隔离治疗或者隔离期未满擅自脱离隔离治疗，并进入公共场所或者公共交通工具的；二是新冠肺炎疑似病人有上述行为，造成新冠病毒传播的。除这两种情形之外，其他拒绝执行卫生防疫机构依照传染病防治法提出的防控措施，引起新冠病毒传播或者有传播严重危险的，以妨害传染病防治罪定罪处罚。

在这次新冠肺炎疫情中，故意隐瞒旅居史，不服从隔离管理的案件并不少见。例如，李某系湖北省广水市人，在上海有住所。2020 年 1 月 23 日，已在武汉居住 3 日的李某得知武汉市将于当日 10 时施行"封城"的管理措施后，改签车票经南昌于 24 日返回上海。因担心自己感染新冠病毒传染家人，遂隐瞒武汉旅行史入住上海市松江区某酒店，次日独居在其金山区家中，并于 1 月 25 日至 30 日多次出入超市、水果店、便利店等公共场所。1 月 26 日至 30 日，李某出现咳嗽、胃口差、乏力、胸闷等症状后，搭乘公交车、出租车至上海市第六人民医院金山分院就诊，在历次就诊期间违反疫情防控措施有关规定，未如实陈述，隐瞒武汉旅行史。2 月 4 日，李某被确诊为新冠肺炎患者，与其密切接触的 100 余人被隔离观察。2 月 10 日，李某因涉嫌妨害传染病防治罪被立案侦查。

90 在疫情防控期间，商家哄抬物价趁机发"疫情财"，会受到刑事制裁吗？

【专家解读】

依据我国《刑法》第 225 条，违反国家规定，有下列非法经营行为之一，扰乱市场秩序，情节严重的，处 5 年以下有期徒刑或者拘役，并处或者单处违法所得 1 倍以上 5 倍以下罚金；情节特别严重的，处 5 年以上有期徒刑，并处违法所得 1 倍以上 5 倍以下罚金或者没收财产：（1）未经许可经营法律、行政法规规定的专营、专卖物品或者其他限制买卖的物品的；（2）买卖进出口许可证、进出口原产地证明以及其他法律、行政法规规定的经营许可证或者批准文件的；（3）未经国家有关主管部门批准非法经营证券、期货、保险业务的，或者非法从事资金支付结算业务的；（4）其他严重扰乱市场秩序的非法经营行为。2020 年两高两部《疫情防控犯罪意见》规定依法严惩哄抬物价犯罪：在疫情防控期间，违反国家有关市场经营、价格管理等规定，囤积居奇，哄抬疫情防控急需的口罩、护目镜、防护服、消毒液等防护用品、药品或者其他涉及民生的物品价格，牟取暴利，违法所得数额较大或者有其他严重情节，严重扰乱市场秩序的，依照《刑法》第225条第4项的规定，以非法经营罪定罪处罚。2003年《最高人民法院、最高人民检察院关于办理妨害预防、控制突发传染病疫情等灾害的刑事案件具体应用法律若干问题的解释》第6条规定，违反国家在预防、控制突发传染病疫情等灾害期间有关市场经营、价格管理等规定，哄抬物价、牟取暴利，严重扰乱市场秩序，违法所得数额较大或者有其他严重情节的，依照《刑法》第225条第4项的规定，以非法经营罪定罪，依法从重处罚。

判断疫情防控期间商家哄抬物价趁机发"疫情财"的行为是否构成非法经营罪，主要从以下两个方面考察：一是客观方面表现为违反国家疫情防控期间有关市场经营、价格管理等方面的规定，哄抬疫情防控急需的口罩、防护服等用品、药品或者其他涉及民生的物品价格，违法所得数额较大或者有其他严重情节，严重扰乱市场秩序的；二是主观方面表现为故意进行上述行为，并具有营利的目的。

在疫情防控的特殊时期，出现了一些商家哄抬物价趁机发"疫情财"的案例，如广东廉江谭某经营的医疗器械有限公司在天猫平台将平时销售价格为50元人民币一盒（50个独立包装）的一次性医疗口罩，提高销售价格至600元人民币一盒。经审查，谭某违反国家在预防、控制突发传染病疫情等灾害期间有关市场经营、价格管理等规定，哄抬物价、牟取暴利，严重扰乱市场秩序，情节严重（销售金额为65 300元人民币），涉嫌非法经营罪犯罪。2020年2月6日，廉江市人民检察院对犯罪嫌疑人谭某作出批准逮捕决定。该案体现的法律要旨为在疫情防控期间，违反国家有关市场经营、价格管理等规定，囤积居奇，哄抬疫情防控急需的口罩等防护用品价格，牟取暴利，违法所得数额较大，严重扰乱市场秩序的，以非法经营罪定罪处罚。

91　以暴力、威胁的方法阻碍国家机关工作人员依法履行为防控疫情而采取的防疫、检疫、强制隔离、隔离治疗等措施的，会受到什么刑事处罚？

【专家解读】

此类行为可构成妨害公务罪。依据我国《刑法》第277条的规定，以暴力、威胁的方法阻碍国家机关工作人员依法执行职务的，处3年以下有期徒刑、拘役、管制或者罚金。在自然灾害和突发事件中，以暴力、威胁的方法阻碍红十字会工作人员依法履行职责的，依照第一款的规定处罚。暴力袭击正在依法执行职务的人民警察的，依照第一款的规定从重处罚。妨害公务罪侵犯的对象必须具备两个条件：一是正在执行公务；二是必须为国家机关工作人员。需注意的是，根据2020年两高两部《疫情防控犯罪意见》的规定，国家机关工作人员除一般理解意义上的各级国家权力机关、行政机关、司法机关和军事机关中从事公务的人员以外，还包含依照法律、法规规定行使国家有关疫情防控行政管理职权的组织中从事公务的人员，在受国家机关委托代表国家机关行使疫情防控职权的组织中从事公务的人员，虽未列入国家机关人员编制但在国家机关中从事疫情防控公务的人员。

妨害公务罪的客观方面表现为行为人以暴力、威胁的方法阻碍上述人员依法执行职务。首先，危害行为的对象必须是在"依法"履行职责，倘若上述工作人员并未依法履行相应职责，人民群众有权制止。例如，负责疫情防控工作的国家机关工作人员在执行职务时态度生硬、方法粗暴等，那么群众采取相应的制止行为，不应被视为妨害公务。其次，危害行为只能发生在上述主体执行公务期间，在事前或事中对有关人员进行阻碍的不能以本罪论处，如果符合故意伤害罪构成要件的，则按照故意伤害罪定罪处罚。最后，行为方式是暴力、威胁方法。所谓暴力是针对执行公务人员及其设备实施的足以干扰和破坏公务活动正常进行的强制力量。威胁是指以侵犯人身权、财产权、名誉权等为内容进行精神强制，使上述人员产生畏惧感，不敢依法执行公务活动。在此次疫情防控期间主要表现为行为人对禁止进入的隔离区域强行冲撞，殴打依法履行防控措施的工作人员等。

在这次新冠肺炎疫情中，也出现了一些妨害公务的案例。例如，2020年2月3日，山东省济南市某食品有限公司工人邓某某不配合公司疫情防控工作，未佩戴口罩强行进入公司，并殴打疫情防控人员。在派出所民警赶到现场后，邓某某仍然拒不服从民警执法，并殴打民警徐某，造成其执法记录仪滑落。在民警徐某将执法记录仪转交辅警时，邓某某再次殴打民警徐某。济南市莱芜区人民法院经审理认为，被告人邓某某不服从公司疫情防控人员劝阻，未佩戴口罩强行进入公司并对防控人员实施殴打，且暴力袭击出警警察，依法应按照妨害公务罪从重处罚，鉴于其认罪认罚，最终对其判处有期徒刑10个月。

92 疫情防控期间，非法猎捕、杀害或非法收购、运输、出售国家重点保护的珍贵、濒危野生动物及其制品的，会承担刑事责任吗？

【专家解读】

此行为可能构成非法猎捕、杀害珍贵、濒危野生动物罪或非法收购、运输、出售珍贵、濒危野生动物、珍贵、濒危野生动物制品罪。我国《刑法》第341条第1款规定，非法猎捕、杀害国家重点保护的珍贵、濒危野生动物的，或者非法收购、运输、出售国家重点保护的珍贵、濒危野生动物及其制品的，处5年以下有期徒刑或者拘役，并处罚金；情节严重的，处5年以上10年以下有期徒刑，并处罚金；情节特别严重的，处10年以上有期徒刑，并处罚金或者没收财产。2020年两高两部《疫情防控犯罪意见》规定，对于非法猎捕、杀害国家重点保护的珍贵、濒危野生动物的，或者非法收购、运输、出售国家重点保护的珍贵、濒危野生动物及其制品的，依照《刑法》第341条第1款的规定，以非法猎捕、杀害珍贵、濒危野生动物罪或者非法收购、运输、出售珍贵、濒危野生动物制品罪定罪处罚。

疫情防控期间，非法猎捕、杀害或非法收购、运输、出售国家重点保护的珍贵、濒危野生动物及其制品的行为侵犯了国家对野生动物资源的管理秩序。主观方面表现为故意，行为人可能基于出卖牟利、自食自用、馈赠亲友的目的。非法猎捕、杀害珍贵、濒危野生动物罪的犯罪对象仅指珍贵、濒危野生动物，而后者还包括珍贵、濒危野生动物制品。"野生动物"根据《野生动物保护法》的规定，是指珍贵、濒危的陆生、水生野生动物和有重要生态、科学、社会价值的陆生野生动物，其中包括"驯养"繁殖的野生动物。所谓"制品"是指对捕获或得到的珍贵、濒危野生动物通过某种加工手段而获得的成品和半成品，如标本、皮张和其他有极高经济价值的动物部位、肉食等。

在此次新冠肺炎疫情期间，出现了一些构成非法收购珍贵、濒危野生动物罪的案件。2020 年 1 月 29 日，广东省韶关市曲江区市场监管局工作人员在曲江区罗坑镇"火头军农场"进行检查时，发现厨房冰柜内有 2 只疑似野生动物白鹇的死体。经询问，刘某某称其于 2019 年 12 月 20 日左右，向曲江区罗坑镇瑶族村村民邓某某收购 2 只白鹇死体的事实。"火头军农场"经营者刘某某存在非法收购珍贵、濒危野生动物白鹇的嫌疑。2020 年 1 月 29 日，韶关市曲江区公安分局对刘某某涉嫌非法收购珍贵、濒危野生动物案立案侦查，并于 2020 年 1 月 30 日将嫌疑人刘某某刑事拘留，2 月 5 日提请曲江区人民检察院对其批准逮捕。

93 为防止新冠肺炎疫情蔓延，未经批准擅自设卡拦截、断路堵路、阻断交通等行为，会构成犯罪吗？

【专家解读】

依据我国《刑法》第 117 条的规定，破坏交通设施罪是指故意破坏轨道、桥梁、隧道、公路、机场、航道、灯塔、标志或者进行其他破坏活动，足以使火车、汽车、电车、船只、航空器发生倾覆、毁坏危险，危害公共安全的行为。这是一种以交通设备为特定破坏对象的危害公共安全犯罪。需注意的是，刑法中的"破坏"并不需要对路面造成实际的损害，只要达到

"足以使火车、汽车、电车、船只、航空器发生倾覆、毁坏危险的"都属于损害。

根据国务院办公厅印发的《关于做好公路交通保通保畅工作确保人员车辆正常通行的通知》，为进一步做好公路交通保通保畅工作，确保人员车辆正常通行，切实维护经济社会正常秩序，严禁擅自封闭高速公路出入口，严禁阻断国省干线公路，严禁硬隔离或挖断农村公路，严禁阻碍应急运输车辆通行，严禁擅自在高速公路服务区和收费站、省界和国省干线公路设置疫情防控检查点或检测站，已违法违规设置的要坚决撤销。据此可以看到，防控措施只能由政府及其相关部门依法实施，其他单位和个人未经批准不得擅自采取设卡拦截、断路堵路、阻断交通等行为。若以防控疫情为名，挖沟断路、私自破坏闸桥合一交通水利设施、破坏堤防防洪设施，阻断交通，导致消防车、救护车无法通行，致使危急重症患者无法得到及时救治的，可能会构成破坏交通设施罪。

在此次抗击新冠肺炎疫情过程中，网上曝光了一些城镇、村庄自行封锁、限制居民出行的不法现象，未经人民政府批准擅自设置路障，以堆石头、泥土、挖掘损毁道路等方式断路、堵路。针对此类封路乱象，交通运输部副部长在新闻发布会上明确回应，"公路交通网络不能断"；公安部要求各地公安机关会同交通运输部门，加大对随意采取设卡、封路、拦截、劝返等阻断交通违法违规行为的查纠力度，发现一起、处理一起；情节严重的，约谈曝光，依法依规追究有关地方、单位和人员的法律责任。

94 发生撕扯医务人员防护服、向医务人员吐口水等暴力伤医行为，行为人将承担什么刑事责任？

【专家解读】

在新冠肺炎疫情防控期间，医护人员不顾个人安危，奋战在抗击新冠肺炎疫情第一线，他们冒着生命危险守护人民群众的生命安全和身体健康，其工作不仅应当得到应有的尊重，更应受到法律的保护。根据《传染病防治法》的规定，新冠肺炎感染者、疑似感染者、密切接触者及家属都有义务配合医务人员的工作进行治疗或隔离观察。在诊疗过程中，"撕扯医务人员防护服""向医务人员吐口水"等暴力伤医行为，严重扰乱了医院的诊疗秩序，不仅是对医务人员合法权益的一种侵犯，更是对他人生命健康权和人格尊严的一种践踏。只有为广大医务人员提供安全的执业环境，才能切实有效地维护患者的利益。因此，司法机关在惩治疫情防控违法犯罪的意见中特别强调要严惩暴力伤医犯罪。

2020 年两高两部《疫情防控犯罪意见》明确规定，依法严惩暴力伤医犯罪，在疫情防控期间，故意伤害医务人员造成轻伤以上的严重后果，或者对医务人员实施撕扯防护装备、吐口水等行为，致使医务人员感染新冠病毒的，以故意伤害罪定罪处罚；随意殴打医务人员，情节恶劣的，以寻衅滋事罪定罪处罚。采取暴力或者其他方法公然侮辱、恐吓医务人员，以侮辱罪或者寻衅滋事罪定罪处罚。以不准离开工作场所等方式非法限制医务人员人身自由，以非法拘禁罪定罪处罚。根据我国《刑法》第 234 条、第 238 条、第 246 条与第 293 条的规定，构成故意伤害罪的，最高可判处死刑；构成寻衅滋事罪，最高可判处 10 年有期徒刑；构成非法拘禁罪，则面临最高 10 年至 15 年有期徒刑；即使量刑中最低的侮辱罪，也将面临 3 年以下有期徒刑。

尽管暴力伤医行为面临如此严重的刑法惩罚，在本次疫情防控期间，还是出现了多起暴力伤医案件，其中以湖北柯某某暴力伤医案尤为典型，该案也被纳入最高人民检察院公布的第一批妨害新冠肺炎疫情防控犯罪典型案例。2020 年 1 月 27 日，犯罪嫌疑人柯某某的岳父田某某，因疑似新冠肺炎入住湖北省武汉市第四医院。1 月 29 日，田某某由于肺部感染导致呼吸衰竭，经抢救无效死亡。随后，柯某某及田某某的女儿到隔离区内护士站找到正在填写病历的医生高某，田某某的女儿将高某拉出护士站后，柯某某随即用拳头殴打高某的头部、颈部，并拉扯高某的防护服、口罩、防护镜等，致高某颈部被抓伤，防护服、口罩、护目镜等被撕破、脱落。双方在拉扯过程中致一名前来劝阻的护士手套脱落。被害人高某经两次核酸检测为阴性，其伤情经法医鉴定为轻微伤。当日，柯某某被公安机关刑事拘留。本案中，犯罪嫌疑人柯某某采取暴力方法公然随意殴打疫情防控医务人员，扰乱医院正常秩序，并致一名医务人员轻微伤，其行为完全符合寻衅滋事罪的构成要件，应当以寻衅滋事罪依法追究其刑事责任。

95 疫情防控期间，没有取得医师执业资格开展诊疗活动，会受到刑事处罚吗？

【专家解读】

我国《刑法》第 336 条规定，未取得医生执业资格的人非法行医，情节严重的，处 3 年以下有期徒刑、拘役或者管制，并处或者单处罚金；严重损害就诊人身体健康的，处 3 年以上 10 年以下有期徒刑，并处罚金；造成就诊人死亡的，处 10 年以上有期徒刑，并处罚金。2003 年《最高人民法院、最高人民检察院关于办理妨害预防、控制突发传染病疫情等灾害的刑事案件具体应用法律若干问题的解释》第 12 条规定，未取得医师执业资格非法行医，具有造成突发传染病病人、病原携带者、疑似突发传染病病人贻误诊治或者造成交叉感染等严重情节的，依照《刑法》第 336 条第 1 款的规定，以非法行医罪定罪，依法从重处罚。在我国，不论是医师执业还是开设医疗机构，均实行医师执业注册制度。根据《执业医师法》《医疗机构管理条例》的有关规定，未经医师注册取得执业证书，不得从事医师执业活动。单位或者个人设置医疗机构，必须经县级以上地方人民政府卫生行政部门审查批准，并取得《医疗执业机构许可证》。

未取得医师执业许可证或医疗执业机构许可证，擅自开展诊疗活动，将会给人民群众的身体健康造成极大伤害。特别是在新冠肺炎疫情防控期间，非法行医的诊疗行为，不仅危害群众健康，也给疫情防控工作带来巨大风险，主要有两个方面：一是错误诊断会加重患者病情，延误抢救时机。由于新冠肺炎具有一定的隐蔽性，在正规医院诊断中尚需多次检测才能确诊。非法行医的黑诊所及其人员，由于不具备相应的检测手段，医疗技术水平相对较低，因而极易出现误诊，延误患者病情，甚至危及生命。二是可能造成疫情的传播。非法行医的黑诊所及其人员，由于缺乏基本的消毒、隔离、防护设施，患者在就诊过程中，极易发生交叉感染，可能引发疫情扩散、蔓延。正是因为非法行医行为在疫情防控中的极大的危害性，对突发传染病防治期间的非法行医行为应依法从重处罚。

在本次疫情防控中也出现了这样的案例。例如，山东费县的祝某某在未取得《医师资格证》《医师执业证书》，其诊疗场所未取得《医疗机构执业许可证》的情况下，在某村其家中从事诊疗活动。疫情发生后，祝某某在已经因非法行医被 2 次行政处罚的情况下，继续违反规定非法营业，诊疗过程中，在没有采取佩戴口罩、场所消毒等必要防护措施的情况下，为有咳嗽、发烧等症状的患病群众非法诊疗。2020 年 2 月 18 日，费县人民法院以祝某某犯非法行医罪判处其有期徒刑 1 年，缓刑 1 年，并处罚金 5000 元。该案也被列入山东省涉疫情防控十大典型案例。

96 贪污、侵占用于预防、控制新冠肺炎的款物或者挪用此类款物归个人使用的，会受到什么刑事处罚？

【专家解读】

依据我国《刑法》第 382 条、第 384 条、第 271 条、第 272 条、第 273 条的规定，贪污、侵占用于预防、控制新冠肺炎疫情的款物或者挪用此类款物归个人使用的，可能构成贪污罪、挪用公款罪、职务侵占罪、挪用资金罪或挪用特定款物罪。2020 年两高两部《疫情防控犯罪意见》第 2 条第 7 项明确规定，国家工作人员，受委托管理国有财产的人员，公司、企业或者其他单位的人员，利用职务便利，侵吞、截留或者以其他手段非法占有用于防控新冠肺炎的款物，或者挪用上述款物归个人使用，符合《刑法》第 382 条、第 383 条、第 271 条、第 384 条、第 272 条规定的，以贪污罪、职务侵占罪、挪用公款罪、挪用资金罪定罪处罚。挪用用于防控新冠肺炎的救灾、优抚、救济等款物，符合《刑法》第 273 条规定的，对直接责任人员，以挪用特定款物罪定罪处罚。

贪污、侵占用于预防、控制新冠肺炎疫情的款物或者挪用归个人使用的行为侵犯到国家工作人员职务的廉洁性、公共财产所有权或特定款物专款专用的财经管理制度。在贪污救灾救济款物案件中，不需要贪污数额达到 3 万元"数额较大"的标准，只要 1 万元以上即属于《刑法》第 383 条第 1 款规定的"其他较重情节"，依法可判处 3 年以下有期徒刑或者拘役，并处罚金。国家工作人员利用职务上的便利，挪用疫情防控资金归个人使用，数额在 3 万元以上的，构成挪用公款罪。不具有国家工作人员身份的公司、企业或者其他单位的工作人员，利用职务上的便利，挪用疫情防控资金归个人使用，数额在 6 万元以上的，构成挪用资金罪，若利用主管、管理、经手疫情防控款物的职务便利，将财物非法占为己有的，数额达到 6 万元以上的，构成职务侵占罪。需注意的是，对于同样的贪污、侵占、挪用数额，如果款物属于疫情防控等特殊款物的，应当依法从重处罚。

97 负有疫情防控职责的国家机关工作人员，在工作中严重不负责任，致使疫情扩散，应承担什么刑事责任？

【专家解读】

我国《刑法》第 397 条规定，国家机关工作人员滥用职权或者玩忽职守，致使公共财产、国家和人民利益遭受重大损失的，处 3 年以下有期徒刑或者拘役；情节特别严重的，处 3 年以上 7 年以下有期徒刑。2003 年《最高人民法院、最高人民检察院关于办理妨害预防、控制突发传染病疫情等灾害的刑事案件具体应用法律若干问题的解释》第 15 条规定，在预防、控制突发传染病疫情等灾害的工作中，负有组织、协调、指挥、灾害调查、控制、医疗救治、信息传递、交通运输、物资保障等职责的国家机关工作人员，滥用职权或者玩忽职守，致使公共财产、国家和人民利益遭受重大损失的，依照《刑法》第 397 条的规定，以滥用职权罪或者玩忽职守罪定罪处罚。2020 年两高两部《疫情防控犯罪意见》第 2 条第 7 项就失职渎职行为的惩处作出与上述 2003 年司法解释相同的规定。

在新冠肺炎疫情防控期间，各省、自治区、直辖市均曾启动了国家突发公共卫生事件一级响应机制，对突发新冠肺炎疫情采取了多项预防、控制措施。具有传染病防治职责的国家工作人员，应当及时采取应对措施，如对感染新冠肺炎的病人、病原携带者、疑似病人，应当按照预防、控制突发传染病疫情等灾害工作规范的要求，做好防疫、检疫、隔离、防护、救治等工作；不能隐瞒、缓报、谎报或者授意、指使、强令他人隐瞒、缓报、谎报疫情、灾情；必须执行突发传染病疫情等灾害应急处理指挥机构的决定、命令。如果在疫情防控工作中严重不负责任，不履职或者不正确履职，采取应对措施不当，防控失职失责，造成疫情扩散，致使公共财产、国家和人民利益遭受重大损失的，应当承担玩忽职守罪或滥用职权罪的刑事责任。

98 政府卫生行政部门工作人员不履行或不认真履行疫情防控监管职责，导致新冠肺炎传播的，构成犯罪吗？

【专家解读】

根据《刑法》第409条的规定，从事传染病防治的政府卫生行政部门的工作人员严重不负责任，导致传染病传播或者流行，情节严重的，构成传染病防治失职罪。《传染病防治法》第53条明文规定了县级以上人民政府卫生行政部门对传染病防治工作需要履行的职责，第65条至第77条也即本法第八章法律责任部分，明确规定了从事传染病防治工作的卫生行政部门工作人员工作失职可能承担的法律责任。2003年《最高人民法院、最高人民检察院关于办理妨害预防、控制突发传染病疫情等灾害的刑事案件具体应用法律若干问题的解释》第16条规定，在预防、控制突发传染病疫情等灾害期间，从事传染病防治的政府卫生行政部门的工作人员，或者在受政府卫生行政部门委托代表政府卫生行政部门行使职权的组织中从事公务的人员，或者虽未列入政府卫生行政部门人员编制但在政府卫生行政部门从事公务的人员，在代表政府卫生行政部门行使职权时，严重不负责任，导致传染病传播或者流行，情节严重的，依照《刑法》第409条的规定，以传染病防治失职罪定罪处罚。2020 年两高两部《疫情防控犯罪意见》第 2 条第 7 项规定，卫生行政部门的工作人员严重不负责任，不履行或者不认真履行防治监管职责，导致新冠肺炎传播或者流行，情节严重的，依照《刑法》第 409 条的规定，以传染病防治失职罪定罪处罚。

传染病防治失职罪指的是从事传染病防治的政府卫生行政部门的工作人员严重不负责任，导致传染病传播或者流行，情节严重的行为。本罪的主体为特殊主体，即从事传染病防治的政府卫生行政部门工作人员，根据 2003 年司法解释的规定，在受政府卫生行政部门委托代表政府卫生行政部门行使职权的组织中从事公务的人员，或者虽未列入政府卫生行政部门人员编制但在政府卫生行政部门从事公务的人员，在代表政府卫生行政部门行使职权时，也符合本罪的主体要件。本罪在主观方面只能是过失，即行为人应当知道自己严重不负责任的行为，可能导致传染病传播或者流行，但疏忽大意没有预见，或者虽已预见但轻信可以避免，以致发生了造成严重损失的危害结果。本罪侵犯的客体是国家对传染病防治的管理制度，客观方面表现为从事传染病防治工作的政府卫生行政部门工作人员严重不负责任，导致传染病传播或者流行，情节严重的行为。

2020 年 1 月 24 日，国务院办公厅发布《关于征集新型冠状病毒感染的肺炎疫情防控工作问题线索及意见建议的公告》，对涉及缓报、瞒报、漏报疫情，落实防控措施不力，导致疫情扩散等严重后果的重要问题线索，国务院办公厅督查室将直接派员进行督查。从事传染病防治工作的政府卫生行政部门工作人员，若严重不负责任，导致发生传染病传播或者流行，可构成犯罪。连日来，全国各地各级纪委监委相继发布了新冠肺炎疫情防控工作监督执纪问责等通知，问责不仅仅是行政层面，对于其中可能构成传染病防治失职罪的行为，将依法追究刑事责任。

【参考文献与拓展阅读】

1. 王作富主编:《刑法分则实务研究》(上、下册),中国方正出版社 2010 年版。

2. 张明楷:《刑法分则的解释原理》(上、下册),中国人民大学出版社 2011 年版。

3. 陈兴良主编:《刑法各论精释》(上、下册),人民法院出版社 2015 年版。

4. 朗胜主编:《中华人民共和国刑法释义》,法律出版社 2015 年版。

5. 谢杰:"妨害新冠肺炎疫情防控犯罪问题的刑法分析",载《民主与法制时报》2020 年 2 月 11 日,第 3 版。

6. 田宏杰:"拒不履行防疫义务的刑法治理",载《检察日报》2020 年 2 月 3 日,第 3 版。

专题七　公共卫生法

　　新冠肺炎疫情不仅考验了我国当代治理体系和治理能力的现代化水平，而且考验了我国公共卫生法律体系和应急法律体系的完善程度。我国《传染病防治法》《突发事件应对法》《突发公共卫生事件应急条例》等法律法规对突发公共卫生事件应急响应制度，传染病分类管理制度，疫情预警制度，疫情报告制度，疫情信息公布制度，不同主体的权利（力）、义务、职责以及法律责任等均做了相关规定。当疫情来临时，我们需要坚持三个方面的辩证思维：一是在党和政府的领导下，秉持全国"一盘棋"的思想，充分调动各方积极性，既要重视城市社区，也要关注农村基层，努力做到联防联控，群防群控；二是既要重视救治，更要强调预防，做到防中有治，治中有防，以防促治，以治促防，防治结合，优势互补；三是既要坚持传统技术手段，也要与时俱进，充分发挥人工智能等高新技术在咨询、就诊、检测、筛查等方面的独特优势。

99 新冠肺炎疫情发生后，各省陆续启动突发公共卫生事件一级响应，这意味着什么？

【专家解读】

《国家突发公共卫生事件应急预案》是国务院依据《传染病防治法》等法律法规于 2006 年 2 月 26 日发布的行政法规，具有法律强制力。根据《国家突发公共卫生事件应急预案》第 1.3 条的规定，我国将突发公共卫生事件划分为特别重大（Ⅰ级）、重大（Ⅱ级）、较大（Ⅲ级）和一般（Ⅳ级）四级。突发公共卫生事件一级响应是最高级别的响应。《国家突发公共卫生事件应急预案》第 4.2 条详细规定了各级人民政府、卫生行政部门、医疗机构、疾病预防控制机构、卫生监督机构和出入境检验检疫机构在启动突发公共卫生事件应急预案后的应急处理职责。

各级人民政府的具体职责包括：组织协调有关部门参与突发公共卫生事件的处理；根据需要，调集本行政区域内各类人员、物资、交通工具等参加应急处理工作；划定控制区域；采取疫情控制措施；实施流动人口管理、交通卫生检疫；及时主动进行信息公布；开展群防群治；维护社会稳定。卫生行政部门需组织开展突发公共卫生事件的调查与处理；采取应急控制措施；进行督导检查；国家卫生行政部门或经授权的省级卫生行政部门及时进行信息的发布与通报；组织力量制定技术标准和规范；有针对性地普及卫生知识；组织专家对突发公共卫生事件进行评估。医疗机构开展病人接诊、收治和转运工作，实行重症和普通病人分开管理，对疑似病人及时排除或确诊；协助疾控机构人员开展标本的采集、流行病学调查工作；做好防控院内交叉感染和污染的工作；做好传染病人的报告；开展科研与国际交流工作。疾病预防控制机构做好疫情信息收集、报告与分析工作；积极开展流行病学调

141

查；进行实验室检测工作；开展科研与国际交流；协助卫生行政部门制定相关技术标准和规范；开展技术培训工作。卫生监督机构开展应急处理各项措施落实情况的督导、检查；围绕新冠肺炎应急处理工作，开展相关卫生监督和执法稽查；协助卫生行政部门调查处理应急工作中的违法行为。出入境检验检疫机构调动出入境检验检疫机构技术力量，配合当地卫生行政部门做好口岸的应急处理工作；及时上报口岸疫情信息和情况变化。

本次新冠肺炎疫情暴发后，各省陆续启动突发公共卫生事件一级响应，各级政府、各相关部门应该按照《传染病防治法》《突发事件应对法》《突发公共卫生事件应急条例》《国家突发公共卫生事件应急预案》等规定，履行各自的具体职责。如果未按照法律规定严格履行法律职责，导致疫情防控不利的，需按照法律规定承担行政、刑事责任。各单位及相关人员需遵守相关法律，积极配合、遵守各地的防控要求。

100 新冠肺炎在《传染病防治法》上属于何种类型的传染病？应采取何种控制措施？

【专家解读】

依据国家卫生健康委员会 2020 年第 1 号公告，经国务院批准，将"新冠肺炎"纳入《传染病防治法》规定的乙类传染病，并采取甲类传染病的预防、控制措施。依据《传染病防治法》第 39 条、第 42 条、第 43 条的规定，对于新冠肺炎应采取以下控制措施：对病人、病原携带者，予以隔离治疗；对疑似病人，确诊前在指定场所单独隔离治疗；对医疗机构内的病人、病原携带者、疑似病人的密切接触者，在指定场所进行医学观察和采取其他必要的预防措施。拒绝隔离治疗或者隔离期未满擅自脱离隔离治疗的，可以由公安机关协助医疗机构采取强制隔离治疗措施。县级以上地方人民政府必要时，报经上一级人民政府决定，可以采取限制或者停止集市、影剧院演出或者其他人群聚集的活动；停工、停业、停课；控制或者扑杀染疫野生动物、家畜家禽；封闭可能造成传染病扩散的场所等控制措施。

　　《传染病防治法》把传染病分为甲类、乙类、丙类三类，各自有法定的管理措施。但在新的传染性疾病暴发时，由于医学界无法在短时间内完全了解和认识新病毒，很难在短时间内有效控制疫情，所以在新型传染病暴发的特定时期，为了使其得到更好的防控，会提高类防护级别进行管理。再加上，我国已有 2003 年"非典"时期提升级别抗疫的成功经验，所以，根据《传染病防治法》的规定，国家卫生行政部门按照传染病暴发、流行情况和危害程度，决定将新冠肺炎增至乙类传染病，并报经国务院批准后采取甲类防控措施。这为国家、各级政府、医疗机构针对新冠肺炎疫情迅速采取果断的防控措施提供了法律依据和支撑。

101 疾病预防控制机构发现疫情或者接到疫情报告时，应当及时采取哪些措施？

【专家解读】

　　《传染病防治法》第 33 条规定，疾病预防控制机构接到甲类、乙类传染病疫情报告或者发现传染病暴发、流行时，应当立即报告当地卫生行政部门。第 40 条规定，疾病预防控制机构发现传染病疫情或者接到传染病疫情报告时，应当及时对传染病疫情进行流行病学调查，根据调查情况提出划定疫点、疫区的建议，对被污染的场所进行卫生处理，对密切接触者，在指定场所进行医学观察和采取其他必要的预防措施，并向卫生行政部门提出疫情控制方案；传染病暴发、流行时，对疫点、疫区进行卫生处理，向卫生行政部门提出疫情控制方案，并按照卫生行政部门的要求采取措施；指导下级疾病预防控制机构实施传染病预防、控制措施，组织、指导有关单位对传染病疫情的处理。

　　我国的疾病预防控制机构的性质是各级卫生健康委直属事业单位，是承担疾病预防控制与公共卫生技术管理和服务的公益事业单位。《传染病防治法》《突发公共卫生事件应急条例》《国家突发公共卫生事件应急预案》等法律法规对疾病预防控制机构在发现疫情或者接到疫情报告后的具体职责，有明确的规定。科研工作也是抗击疫情的一部分,通过尽快取得科研成果并转化为有效控制措施,同样是疾病预防控制机构的职责所在。当然,在疫情正在暴发的关键时刻,疾病预防控制机构必然要把主要精力放在抗击疫情工作第一线上,按照法律的规定和国家的要求严格履职和采取各项管控措施。

102 接到疫情报告后,政府和卫生行政部门应当如何依法履行 自己的报告义务?

【专家解读】

《传染病防治法》第33条规定,卫生行政部门接到疫情报告后,需立即报告当地人民政府,同时报告上级卫生行政部门和国务院卫生行政部门。依据《突发公共卫生事件应急条例》第20条,接到疫情报告后,卫生行政主管部门应当在2小时内向本级人民政府报告,并同时向上级人民政府卫生行政主管部门和国务院卫生行政主管部门报告。第19条规定,省、自治区、直辖市人民政府应当在接到发生或者可能发生传染病暴发、流行的报告1小时内,向国务院卫生行政主管部门报告。国务院卫生行政主管部门对可能造成重大社会影响的突发事件,应当立即向国务院报告。

传染病疫情的报告对于疫情的防控至关重要。我国《传染病防治法》规定了疫情报告制度,《突发公共卫生事件应急条例》明确了各级政府、各个部门的报告职责和报告时限。《传染病防治法》《突发公共卫生事件应急条例》均强调负有报告职责的机构及工作人员,不得隐瞒、谎报、缓报传染病疫情,并规定了相应的法律责任。如果相关部门未按照法律的规定履行报告义务,需要承担相应的法律责任。

政府和卫生行政部门的报告义务是法定义务。我国坚持依法治国,"法大于权"是依法治国的基本要求,公权力必须接受法律的规范和约束。因此,如果法律规定的报告义务和来自个别上级领导的要求不一致时,当负有报告义务的主体受到个别上级的压力时,负有报告义务的主体必须厘清"法"与"权"的关系,必须按照法律的规定履行相应的报告义务,任何主体违反法定义务都将受到法律的追究，承担法律责任，这一责任绝不因任何非法的权力介入而有所不同。

另外，在抗疫的特殊时期，更应该坚持法治原则。行政机关采取的所有防控措施都需要有法律依据，防止因"一刀切"的应急措施侵犯公民的合法权益。司法机构应严格依照法律开展司法工作。特殊时期坚持法治，能够确保防控方向的正确性。这是因为，法治的一个重要功能就在于尽可能地为人们提供一种相对确定感，让人们不至于陷入无序的恐慌之中。

103　疫情发生后，谁有权对外公布疫情？

【专家解读】

我国《传染病防治法》建立了传染病疫情信息公布制度。国务院卫生行政部门定期公布全国传染病疫情信息。省、自治区、直辖市人民政府卫生行政部门定期公布本行政区域的传染病疫情信息。传染病暴发、流行时，国务院卫生行政部门负责向社会公布传染病疫情信息，并可以授权省、自治区、直辖市人民政府卫生行政部门向社会公布本行政区域的传染病疫情信息。公布传染病疫情信息应当及时、准确。

事实上，我国原卫生部曾于 2006 年 3 月 3 日公布了《卫生部法定传染病疫情和突发公共卫生事件信息发布方案》，该方案明确指出：各省、自治区、直辖市卫生行政部门应按照《传染病防治法》第 38 条第 2 款的规定，定期发布本行政区域的传染病疫情信息。按照《传染病防治法》第 38 条第 3 款和《突发公共卫生事件应急条例》第 25 条第 2 款的规定，卫生部授权各省、自治区、直辖市卫生行政部门在本行政区域内发生传染病暴发、流行以及发生其他突发公共卫生事件时，及时、准确地发布辖区内的法定传染病疫情和突发公共卫生事件信息。

由此可见，疫情的发布主体仅限于国家卫生行政部门和省级卫生行政部门。换言之，依照现行法律规定，新冠肺炎疫情发生后，武汉市人民政府及其卫生行政部门没有疫情发布权。不过，作为县级以上人民政府，其有义务按照《突发事件应对法》《突发公共卫生事件应急条例》的规定，指令其卫生行政主管部门，具体负责组织突发事件的调查、控制和医疗救治工作，并在自己的职责范围内做好突发事件应急处理的有关工作。也就是说，在面对传染病暴发或者突发公共卫生事件时，政府的责任不仅仅是信息披露，还包括按照预防和控制预案进行防控，组织好救治和物资储备等工作。

104 疫情发生后，检验检疫机构有哪些职责？

【专家解读】

《传染病防治法》第32条规定，港口、机场、铁路疾病预防控制机构以及国境卫生检疫机关发现甲类传染病病人、病原携带者、疑似传染病病人时，应当按照国家有关规定立即向国境口岸所在地的疾病预防控制机构或者所在地县级以上地方人民政府卫生行政部门报告并互相通报。第36条规定，动物防疫机构和疾病预防控制机构，应当及时互相通报动物间和人间发生的人畜共患传染病疫情以及相关信息。第79条规定，传染病防治中有关食品、药品、血液、水、医疗废物和病原微生物的管理以及动物防疫和国境卫生检疫，本法未规定的，分别适用其他有关法律、行政法规的规定。

《国境卫生检疫法》对国境卫生检疫作出专门规定，国境卫生检疫机关实施传染病检疫、监测和卫生监督。在传染病检疫方面，国境卫生检疫机关需要对出、入境的交通工具和人员进行检疫，依据检疫结果，对未染有检疫传染病或者已实施卫生处理的交通工具，签发入境检疫证或者出境检疫证，对检疫传染病染疫人必须将其隔离，对检疫传染病染疫嫌疑人应当留验；对接受入境检疫的交通工具在规定情况下实施卫生处理，对特殊情况的物品进行卫生检查，实施卫生处理。在传染病监测方面，国境卫生检疫机关实施传染病监测，采取必要的预防、控制措施，有权要求出、入境人员填写健康申明卡，出示某种传染病的预防接种证书、健康证明或者其他有关证件；对符合相应情形的人员区别情况，发给就诊方便卡，实施留验或采取其他预防、控制措施，并及时通知当地卫生行政部门。在卫生监督方面，国境卫生检疫机关根据国家规定的卫生标准，对国境口岸的卫生状况和停留在国境口岸的入境、出境的交通工具的卫生状况实施卫生监督。

新冠肺炎疫情防控期间，检验检疫机构在发现病原携带者、疑似传染病病人时，需要及时向当地人民政府的卫生行政部门报告。检验检疫在预防、控制、监测传染病方面意义重大，并且所涉及的范围较广，如食品、水、病原微生物的管理，以及动物防疫和国境卫生检疫。在出、入境检疫方面，国境卫生检疫机关是防止传染病向其他国家扩散或者向我国扩散的主要检疫机构。

2020年1月23日，在福建长乐机场一对来自武汉的情侣转机准备出国，其中男士被查出发烧37.4度，疑似新冠肺炎患者，检验检疫机构工作人员当即用隔离箱将其隔离，并通过救护车送往医院，积极履行了报告和通报的法定义务，有效阻断了疫情通过交通枢纽传播的风险。

另外，日本"钻石公主号"事件也引发全球关注。日本政府对该邮轮采取的措施也引起外界的巨大讨论。不同于"钻石公主号"事件，面对船上不安的乘客，"歌诗达赛琳娜号"邮轮在我国天津市得到了迅速又完美的解决。接到天津市指挥部发出的工作指令后，东疆海关迅速研究形成邮轮应急处置预案，严格落实疫情防控举措，临时组成疫情应急处置小组。一是对发热旅客开展体温监测、流调、医学排查和采样。二是开展医学巡查，重点关注湖北籍旅客。在严格有序的指挥调控下，中国速度尽显。

105 疫情发生后，村委会、社区负有何种职责？

【专家解读】

《传染病防治法》第9条规定，居民委员会、村民委员会应当组织居民、村民参与社区、农村的传染病预防与控制活动。《突发事件应对法》第29条规定，居民委员会、村民委员会、企业事业单位应当根据所在地人民政府的要求，结合各自的实际情况，开展有关突发事件应急知识的宣传普及活动和必要的应急演练。该法第55条规定，突发事件发生地的居民委员会、村民委员会和其他组织应当按照当地人民政府的决定、命令，进行宣传动员，组织群众开展自救和互救，协助维护社会秩序。《城市居民委员会组织法》第3条第5项规定，居民委员会的任务之一是协助人民政府或者它的派出机关做好与居民利益有关的公共卫生、计划生育、优抚救济、青少年教育等项工作。《村民委员会组织法》规定，村民委员会协助乡、民族乡、镇的人民政府开展工作，开展公共卫生工作，宣传宪法、法律、法规和国家的政策。

新冠肺炎疫情构成重大公共卫生事件，关系到整个国家的发展，举国关注。村委会、社区作为基层群众自治组织，在防控疫情期间起到积极作用，是疫情联防联控的第一线，也是重大疫情应急防控与治理体系的基石。依据法律规定，村委会、社区协助政府落实疫情时期的公共卫生政策。例如，村委会、社区组织从湖北回乡的人员到医院做健康检查，按照当地政府作出的决定、命令进行宣传动员，组织志愿者参加防疫工作，调动群众力量。为了更快战胜疫情，特殊时期采取特别办法，村委会、社区通过广播宣传、拉横幅、设卡点等方式应对新冠肺炎疫情，接地气的宣传标语、乡土化的战"疫"方式，被称为"硬核防疫"。但是也存在极少数村委会、社区采取非理性的方式开展疫情防控工作的情形。例如，2020年2月13日，湖北孝感一家三口人在家中打麻将，结果被防疫工作人员粗暴扇耳光，还砸毁麻将机，现场视频曝光后引发巨大争议。该事件发生后，为了在疫情防控期间切实保障公民的基本人权，维护法治秩序，湖北省孝感市新型冠状病毒肺炎防控指挥部发布了《关于文明规范严守法律 制止妨害疫情防控行为的通知》。该通知称，越是疫情防控的关键时期，越要坚持在法治轨道上推进各项工作。工作中，因方式简单粗暴造成严重负面影响的，严肃问责。该举措也为疫情防控时期该地区村委会和社区坚持职权法定和依法履职提供了严格的规范。

106 疫情暴发、流行时，政府可以采取哪些紧急措施？应采取何种法定形式进行？

【专家解读】

依据《突发事件应对法》第 49 条的相关规定，自然灾害、事故灾难或者公共卫生事件发生后，履行统一领导职责的人民政府可以采取下列一项或者多项应急处置措施：（1）组织营救和救治受害人员，疏散、撤离并妥善安置受到威胁的人员以及采取其他救助措施；（2）迅速控制危险源，标明危险区域，封锁危险场所，划定警戒区，实行交通管制以及其他控制措施；（3）立即抢修被损坏的交通、通信、供水、排水、供电、供气、供热等公共设施，向受到危害的人员提供避难场所和生活必需品，实施医疗救护和卫生防疫以及其他保障措施；（4）禁止或者限制使用有关设备、设施，关闭或者限制使用有关场所，中止人员密集的活动或者可能导致危害扩大的生产经营活动以及采取其他保护措施；（5）启用本级人民政府设置的财政预备费和储备的应急救援物资，必要时调用其他急需物资、设备、设施、工具；（6）组织公民参加应急救援和处置工作，要求具有特定专长的人员提供服务；（7）保障食品、饮用水、燃料等基本生活必需品的供应；（8）依法从严惩处囤积居奇、哄抬物价、制假售假等扰乱市场秩序的行为，稳定市场价格，维护市场秩序；（9）依法从严惩处哄抢财物、干扰破坏应急处置工作等扰乱社会秩序的行为，维护社会治安；（10）采取防止发生次生、衍生事件的必要措施。

《传染病防治法》第 42 条规定，传染病暴发、流行时，县级以上地方人民政府应当立即组织力量，按照预防、控制预案进行防治，切断传染病的传播途径，必要时，报经上一级人民政府决定，可以采取下列紧急措施并予以公告：（1）限制或者停止集市、影剧院演出或者其他人群聚集的活动；（2）停工、停业、停课；（3）封闭或者封存被传染病病原体污染的公共饮用水源、食品以及相关物品；（4）控制或者扑杀染疫野生动物、家畜家禽；（5）封闭可能造成传染病扩散的场所。依据《传染病防治法》第 4 条规定，对乙类传染病中传染性非典型肺炎、炭疽中的肺炭疽和人感染高致病性禽流感，采取本法所称甲类传染病的预防、控制措施。其他乙类传染病和突发原因不明的传染病需要采取本法所称甲类传染病的预防、控制措施的，由国务院卫生行政部门及时报经国务院批准后予以公布、实施。需要解除依照前款规定采取的甲类传染病预防、控制措施的，由国务院卫生行政部门报经国务院批准后予以公布。省、自治区、直辖市人民政府对本行政区域内常见、多发的其他地方性传染病，可以根据情况决定按照乙类或者丙类传染病管理并予以公布，报国务院卫生行政部门备案。

在本次疫情发展过程中，国家卫生健康委员会发布 2020 年第 1 号公告，将新冠肺炎纳入《传染病防治法》规定的乙类传染病，但采取甲类传染病的预防、控制措施，同时将其纳入检疫传染病管理，进而依法采取一系列紧急措施，以应对瞬息万变的新冠肺炎疫情。

107 疫情发生后，如果需要宣布封锁疫区，谁有权决定？

【专家解读】

依据《传染病防治法》第 43 条规定，甲类、乙类传染病暴发、流行时，县级以上地方人民政府报经上一级人民政府决定，可以宣布本行政区域部分或者全部为疫区；国务院可以决定并宣布跨省、自治区、直辖市的疫区。依据《突发公共卫生事件应急条例》第 33 条的相关规定，根据突发事件应急处理的需要，突发事件应急处理指挥部有权紧急调集人员、储备的物资、交通工具以及相关设施、设备；必要时，对人员进行疏散或者隔离，并可以依法对传染病疫区实行封锁。

在我国应对突发公共事件的实践中，一旦发生突发公共卫生事件，政府及相关应急管理机构必须及时高效应对，迅速作出反应，指定专人成立应急指挥机构负责处理，并协调相关专业队伍和力量提供支持。我国的应急管理指挥机构在发生突发公共卫生事件时发挥着应急指挥功能，全国突发公共卫生事件应急指挥部负责对特别重大突发公共卫生事件的统一领导、统一指挥，作出处理突发公共卫生事件的重大决策。

2020 年 1 月 23 日，武汉市新冠肺炎疫情防控指挥部发布了《武汉市新型冠状病毒感染的肺炎疫情防控指挥部通告》（第 1 号），其明确指出，为全力做好新冠肺炎疫情防控工作，有效切断病毒传播途径，坚决遏制疫情蔓延势头，确保人民群众生命安全和身体健康，自 2020 年 1 月 23 日 10 时起，武汉全市城市公交、地铁、轮渡、长途客运暂停运营；无特殊原因，市民不要离开武汉；机场、火车站离汉通道暂时关闭。其他各省市地区也及时进行联防联控，"外防输入，内防扩散"，控制人员流动，防控疫情的进一步发展。

108 疫情暴发、流行时，谁有权紧急调集人员或者调用储备物资，临时征用房屋、交通工具以及相关设施、设备？应当遵守什么规则？

【专家解读】

根据《传染病防治法》第 45 条和《突发公共卫生事件应急条例》第 33 条的相关规定，传染病暴发、流行时，根据传染病疫情控制的需要，国务院有权在全国范围或者跨省、自治区、直辖市范围内，县级以上地方人民政府有权在本行政区域内紧急调集人员或者调用储备物资，临时征用房屋、交通工具以及相关设施、设备。紧急调集人员的，应当按照规定给予合理报酬。临时征用房屋、交通工具以及相关设施、设备的，应当依法给予补偿；能返还的，应当及时返还。

因疫情防控关系到社会稳定及公众健康，用最短的时间控制、消灭疫情和保护人民的生命健康，是一切应对措施的首要目标。在此目标之下，紧急调集调用所有能动员的人员及资源进行集中，则是必须的保障措施。但国家在使用公权力的同时，应注意对公民私权的保障与平衡，保持必要的限度以及合理的补偿。

大灾大疫面前，在保持大局观、采取大动作的同时，也应临危不乱，注意具体细节的落实，将"大事办好、好事做细"。2020 年 2 月 7 日，武汉市新冠肺炎疫情防控指挥部发布通知，需要征用部分高校学生宿舍用于防疫工作。被紧急征用的高校中，武汉某职业学院被征用部分宿舍作为新冠肺炎疫情医护隔离点。学校第一时间行动，向所有学生发出《告学子书》，呼吁学生的理解和支持，并承诺将妥善安置学生的私人物品。当日，学校的教职工和志愿者连夜进行空间整理。然而，从2月8日被媒体曝光的现场照片可见，学生的私人物品被随意处置，有的被当成垃圾丢到楼下，还有某些工作人员对学生的私人物品拍照取乐，讨论学生的私人物品清单，甚至毫无顾忌地公布当事人的宿舍号。学生们对配合疫情防控需要而征用宿舍表示理解，但对于私人物品被粗暴对待表示不满，对某些工作人员侵犯其隐私权的做法更是予以谴责。2月9日，该职业学院发布致歉信，承认在整理过程中确实出现个别人员为赶进度，整理不细致、处置不当的情况，学校深表歉意，同时郑重承诺，所有学生的物品若有损失，开学后学校将在核实的基础上予以赔偿（补偿）。当然，如何核实损失，又是摆在面前的一道现实难题。相比之下，武汉其他几所被征用宿舍的高校的做法就令人感到慰藉。他们有条不紊地将学生们的物品打包收纳，就连"追星"同学的小立牌和应援棒都包好。每一位同学的物品都被编码打包，分类封存。等疫情结束后，学生返校会进行全方位的消毒后归还学生。

109 疫情暴发后，县级人民政府是否有权限制或者制止人群聚集（聚会、聚餐等）的活动？不听规劝的人，需要承担法律责任吗？

【专家解读】

根据《传染病防治法》第42条和《突发公共卫生事件应急条例》第33条的规定，传染病暴发、流行时，县级以上地方人民政府应当立即组织力量，按照预防、控制预案进行防治，切断传染病的传播途径，必要时，报经上一级人民政府决定，可以采取限制或者停止集市、影剧院演出或者其他人群聚集的活动等紧急措施并予以公告。上级人民政府接到下级人民政府关于采取紧急措施的报告时，应当即时作出决定。紧急措施的解除，由原决定机关决定并宣布。在领域内的一切单位和个人，应当根据《传染病防治法》第12条的规定，必须接受疾病预防控制机构、医疗机构有关传染病的预防、控制措施。而拒绝执行卫生防疫机构依照《传染病防治法》提出的防控措施的行为，根据《关于依法惩治妨害新型冠状病毒感染肺炎疫情防控违法犯罪的意见》和《关于做好新型冠状病毒肺炎疫情防控期间保障医务人员安全维护良好医疗秩序的通知》，引起新冠病毒传播或者有传播严重危险的，依照《刑法》第330条的规定，以妨害传染病防治罪定罪处罚；不构成犯罪的，依照《治安管理处罚法》第23条规定，以扰乱公共秩序、扰乱公共场所秩序予以治安管理处罚。同时依据《传染病防治法》第77条规定，导致传染病传播、流行，给他人人身、财产造成损害的，应当依法承担民事责任。

新冠肺炎疫情防控期间，根据其疾病传播途径的特点，国家暂时性采取限制或停止人员聚集的活动，其目的是避免疫情的进一步扩大。以个体为中心的人权，在与社会公共利益相抵触时，应为了保障人群健康而采取必要的强制性手段。《公民权利和政治权利国际公约》允许缔约国在正式宣告发生威胁国家生存的紧急公共卫生事件情况下，剥夺其他人的公民权利和政治权利（如和平集会、行动自由等），并且仅以"危机情势绝对必要"为限，即"锡拉库萨原则"（the Siracusa Principles）。国家在运用公权力时，必须平衡公共利益和公民自由，遵守合法程序，确保对自由的限制具备正当性及严格的保障措施。

2020年2月12日21时许，海南省海口市美兰区大致坡派出所联合大致坡镇政府工作人员开展防疫防控巡查宣传工作时发现，某夜宵店包厢内有人在聚餐，属于疫情期间非法聚集的行为。美兰区大致坡派出所对非法聚集人员进行当场训诫，责令其佩戴口罩回家，并依法将该夜宵店经营者潘某传唤到派出所接受调查。经调查，潘某在疫情期间违规聚集，美兰区大致坡派出所依据《治安管理处罚法》第50条规定对其处以行政处罚200元，并责令其停止营业。

110 疫情发生后，如果患者死亡，尸体应当如何处理？

【专家解读】

根据《传染病防治法》第46条，《医疗废物管理条例》第55条，《传染病防治法实施办法》第55条，《国务院办公厅关于加强传染病防治人员安全防护的意见》《国家卫生健康委员会医疗机构内新型冠状病毒感染预防与控制技术指南》以及《新型冠状病毒感染的肺炎患者遗体处置工作指引（试行）》的规定，对于死亡的新冠肺炎患者、疑似新冠肺炎患者（包括采用隔离观察等防控措施的人员）的尸体，由治疗病人的医疗单位负责立即进行消毒处理，用双层布单包裹尸体，装入双层尸体袋中密封，密封后严禁打开。医疗机构应当在开具死亡证明、联系亲属同意火化后，第一时间联系殡仪馆尽快上门接运遗体，并在遗体交接单中注明已进行卫生防疫处理和立即火化意见，由专用车辆直接送至指定地点火化。对新冠肺炎患者亲属拒不到场或拒不移送遗体的，由医疗机构、殡仪馆进行劝说，劝说无效的，由医疗机构签字后，将遗体交由殡仪馆直接火化，辖区公安机关配合做好相关工作。遗体不得存放、探视，不得举行遗体告别仪式和利用遗体进行其他形式的丧葬活动。

医疗机构若存在新冠肺炎患者尸体处置不当行为的，根据《传染病防治法》第69条和《医疗废物管理条例》第47条的规定，由县级以上人民政府卫生行政部门责令限期改正，通报批评，给予警告，并处5000元以上1万元以下的罚款；逾期不改正的，处1万元以上3万元以下的罚款；造成传染病传播、流行或者其他严重后果的，对负有责任的主管人员和其他直接责任人员，依法给予降级、撤职、开除的处分，并可以依法吊销有关责任人员的执业证书，由原发证部门暂扣或者吊销医疗机构执业许可证件；构成犯罪的，依法追究刑事责任。阻碍医疗卫生机构依法处置新冠肺炎患者尸体的行为人，根据《关于依法惩治妨害新型冠状病毒感染肺炎疫情防控违法犯罪的意见》和《关于做好新型冠状病毒肺炎疫情防控期间保障医务人员安全维护良好医疗秩序的通知》，引起新冠病毒传播或者有传播严重危险的，依照《刑法》第330条的规定，以妨害传染病防治罪定罪处罚；不构成犯罪的，依照《治安管理处罚法》第23条，以扰乱单位秩序予以治安管理处罚。同时依据《传染病防治法》第77条，导致传染病传播、流行，给他人人身、财产造成损害的，应当依法承担民事责任。

虽然我国自古以来重视死者的殡葬，但对罹患传染病的死者遗体处理，则要以维护人民整体的生命健康、防止疫情进一步扩散为首要考虑。此时对具有传染性的遗体进行特殊处理，也是个人利益与公众利益权衡的必然选择。

111 疫情发生后，医疗机构及其医务人员可否不听从政府、卫生行政部门的安排与调度？

【专家解读】

根据《执业医师法》第28条、《医疗机构管理条例》第39条、《护士条例》第19条、《突发公共卫生事件应急条例》第31条与第33条的规定，遇有自然灾害、传染病流行、突发重大伤亡事故及其他严重威胁人民生命健康的紧急情况时，医疗机构及其卫生技术人员必须服从县级以上人民政府卫生行政部门的调遣。若医疗机构及其医务人员不服从调遣，根据《执业医师法》第37条、《护士条例》第31条、《传染病防治法实施办法》第70条和《突发公共卫生事件应急条例》第50条的规定，医疗机构由卫生行政主管部门责令改正、通报批评、给予警告；情节严重的，吊销《医疗机构执业许可证》；对主要负责人、负有责任的主管人员和其他直接责任人员依法给予降级或者撤职的纪律处分和行政处分；造成传染病传播、流行或者对社会公众健康造成其他严重危害后果，构成犯罪的，依法追究刑事责任。医师由县级以上人民政府卫生行政部门给予警告或者责令暂停6个月以上1年以下执业活动；情节严重的，吊销其执业证书；构成犯罪的，依法追究刑事责任。护士由县级以上地方人民政府卫生行政主管部门依据职责分工责令改正，给予警告；情节严重的，暂停其 6 个月以上 1 年以下执业活动，直至由原发证部门吊销其护士执业证书。

救死扶伤是医疗机构和医务人员的神圣职责。尤其是当疫情来临之时，医疗机构和医务人员服从上级卫生行政部门的调遣更是责无旁贷，这是其职业本身赋予的光荣和使命，是迎难而上的"逆行者"。每一名医者在入行之时，均会宣誓西医的"希波克拉底誓言"或是中医的"大医精诚"。尤其是"大医精诚"中所言，"若有疾厄来求救者，不得问其贵贱贫富，长幼妍媸，怨亲善友，华夷愚智，普同一等，皆如至亲之想，亦不得瞻前顾后，自虑吉凶，护惜身命"，更是把医务人员奋不顾身、挺身而出的精神内涵，传承了千百年。相反，若拒绝履行该义务，拒不服从调遣，则也会承担相应的法律责任。

2020 年 1 月 25 日疫情防控期间，海南省人民政府启动了突发公共卫生事件一级应急响应。海南省某医院按照新冠肺炎疫情防控工作部署，需要选派医师参加发热门诊以及隔离病区的值班工作。在医院组织选派过程中，医师朱某拒不服从医院安排，经医院领导反复劝导教育，无正当理由强烈提出辞职，拒绝履行医师义务。2020 年 1 月 26 日，该医院发布文件明确指出，朱某作为一名医师，拒绝履行医师义务的行为，严重违反了重大疫情防控的工作纪律，其情节非常恶劣，依据《执业医师法》第 37 条以及《传染病防治法》等相关规定，经医院党组会议讨论，决定给予医师朱某开除职务的处分，并上报上级主管部门吊销其执业医师资格。

112 疫情发生后，学校应当如何做好防控工作?

【专家解读】

根据《传染病防治法》的有关规定，各级各类学校应当对学生进行健康知识和传染病预防知识的教育。医学院校应当加强预防医学教育和科学研究，对在校学生以及其他与传染病防治相关人员进行预防医学教育和培训，为传染病防治工作提供技术支持。但是，《传染病防治法》《传染病防治法实施办法》《突发公共卫生事件应急条例》《突发公共卫生事件与传染病疫情监测信息报告管理办法》等均未规定相应的罚则。《国家突发公共卫生事件应急预案》规定，"国务院有关部门和地方各级人民政府及有关部门对在学校、区域性或全国性重要活动期间等发生的突发公共卫生事件，要高度重视，可相应提高报告和反应级别，确保迅速、有效控制突发公共卫生事件，维护社会稳定"。《学校卫生工作条例》第2条明确规定，学校卫生工作的主要任务是加强对传染病、学生常见病的预防和治疗，但也没有规定具体的责任。

针对新冠肺炎突发疫情，临床医学界和公共卫生界不懈探索与研究，逐步厘清了病原体的部分特性以及该病的一些规律，最新的成果与共识体现在新冠肺炎的诊疗方案上。自2020年1月16日国家卫生健康委员会发布《新型冠状病毒感染肺炎诊疗方案（试行）》，到2月19日《新型冠状病毒肺炎诊疗方案（试行第六版）》，约1个月的时间里更新到第七个版本。在此基础上，有关各方齐心协力，针对学校防控，教育部官网开通《教育系统全力做好新冠肺炎疫情防控工作专题》，指导各级各类学校的具体防控工作。

小学开学前，按有关操作规范对校园环境进行预防性消毒，做好开学准备；开学当日，对教职员工、学生要监测体温和健康状况，填写健康卡，不允许带病或未解除医学观察人员上班、上学，进入校内的所有人员，均须佩戴口罩；开学后，在校门以及图书室、教室、宿舍等人员密集场所入口处设置手持式红外额温仪，有条件的学校可在校门入口处设置红外热成像仪，对进入人员进行体温检测，对教职员工、学生需每日两次测量体温。

中学（中职学校）开学前，对本校教职员工和学生进行全覆盖排查，实行"日报告、零报告"制度，精准掌握每位教职员工、学生返校前14天的身体健康状况；开学当日，教职员工和学生在教学、办公、生活区域内应佩戴口罩，并保持一定距离，避免近距离接触，接触水龙头、扶手、门把手、电梯按键、柜台、话筒等物品后，应及时洗手消毒；开学后，学校应保持教学区域环境整洁，对教室、宿舍、图书馆、活动中心、食堂、礼堂、教师办公室、洗手间、电梯等公共活动区域，应加强通风（每日通风至少2次，每次30分钟以上，通风时注意保暖）、清洁、消毒，配备洗手液、手消毒剂等。

高等学校开学前，学校应全面摸排、摸清本校学生实习实训的地点、时间安排、工作生活环境、疫情防护措施等具体情况；返校时，学生要尽量减少乘坐公共交通工具，返校途中做好健康监测，避免与可疑症状人员近距离接触；开学后，学校食堂、超市进货严格落实索证索票，不得使用来源不明的家禽家畜，严禁采购食用野生动物，餐具用品须按照《食（饮）具消毒卫生标准》进行高温消毒。

为贯彻落实国务院应对新型冠状病毒肺炎疫情联防联控机制印发的《关于科学防治精准施策分区分级做好新冠肺炎疫情防控工作的指导意见》，进一步提高新冠肺炎疫情防控工作的科学性、精准性，国家卫生健康委员会于2020年2月25日发布了《关于依法科学精准做好新冠肺炎疫情防控工作的通知》，要求落实院校防控责任。各地根据疫情发展情况确定开学时间，严禁学生提前返校。院校开学前做好预案和监测设备准备、隔离空间预备、环境卫生改善等工作。开学后学校医务室加强监测，对来自疫情防控重点地区、与确诊病人有过接触以及有相应症状的学生，采取单独隔离措施。开展"晨午晚检"，实行"日报告""零报告"制度，加强因病缺勤管理，对因病缺勤学生和教职员工及时追访和上报。校园实行封闭管理，禁止校外人员进入，不组织大型集体活动。学生和教职员工如出现发热、乏力、干咳等可疑症状，应当及时隔离并安排就近就医，发现病例的院校，要及时向辖区疾控机构或医疗机构上报，积极配合做好流行病学调查，以班级为单位，确定防控管理场所，排查甄别密切接触人员，严格采取消毒隔离等有针对性的防控措施。

113 疫情发生时，作为公民的主要义务是什么？如果违反这种义务，可能会有什么后果？

【专家解读】

疫情防控是一场人民战争，是一场总体战、阻击战。战斗的胜利，每一步都离不开单位和公民这些单一个体的积极参与、坚定支持与密切配合。我国《传染病防治法》《突发公共卫生事件应急条例》明确规定，当传染病疫情发生时，公民的主要义务包括两项：一是如实报告义务，二是配合义务。

就如实报告义务而言，当公民个人发现传染病病人或者疑似传染病病人时，应当及时向附近的疾病预防控制机构或者医疗机构报告，不得隐瞒、缓报、谎报或者授意他人隐瞒、缓报、谎报。当公民个人罹患某种传染病时，也应如实报告。如果隐瞒病情导致传染病传播、流行，给他人人身、财产造成损害的，应当依法承担民事责任。

就配合义务而言，当疾病预防控制机构、医疗机构开展有关传染病的调查、检验、采集样本、隔离治疗等预防、控制措施时，公民应当予以配合，并如实提供有关情况；如果公民个人与患者密切接触，医疗卫生机构对其采取医学观察措施，公民个人也应当予以配合。如果不配合，可以对该公民给予行政处分或者纪律处分。如果其行为涉嫌触犯我国《治安管理处罚法》的相关规定，则可能面临公安机关的行政处罚。如果其行为涉嫌触犯《刑法》的有关规定构成犯罪的，则有可能面临刑事追责。

除如实报告义务和配合义务之外，公民还负有尊重他人生命权、健康权等义务。例如，公民应当主动采取防护措施，如果有相似症状，应当主动前往医疗机构就诊，不得前往公共场所，主动做到不聚集、不聚餐、不聚会；同时，按照我国《网络安全法》《治安管理处罚法》等规定，公民个人应当不信谣、不传谣、不造谣。

如果公民个人在疫情期间不配合传染病防控工作，那么将依法承担法律责任，受到法律的惩处。2020年1月30日，陵水县公安局本号派出所接到报警称，某村发现多人聚集且拒不听劝，并与村干部发生争执。派出所随即派出民警赶赴现场。经核实，2020年1月30日16时许，该村组织村"两委"干部开展疫情防控宣传工作，发现当事人杨某的小卖部多人聚集，便劝说不要多人聚集，共同预防疫情传播蔓延。但个别村民以村委会不配发口罩为由，起哄并与村干部发生争执，不配合疫情防控工作开展。最终，因涉及拒不执行紧急状态下人民政府的决定、命令，陵水县公安局本号派出所于2020年2月2日依法对杨某、黎某2人处行政拘留10日。

114 疫情发生后，如果政府未依法履行报告职责或者隐瞒、谎报、缓报传染病疫情，应当承担何种法律责任？

【专家解读】

根据《传染病防治法》的相关规定，对已经发生甲类传染病病例的场所或者该场所内特定区域的人员，所在地的县级以上地方人民政府可以实施隔离措施，并同时向上一级人民政府报告；传染病暴发、流行时，县级以上地方人民政府必要时报经上一级人民政府决定，可以采取系列紧急措施并予以公告；甲类、乙类传染病暴发、流行时，县级以上地方人民政府报经上一级人民政府决定，可以宣布本行政区域部分或者全部为疫区。该法第 65 条规定："地方各级人民政府未依照本法的规定履行报告职责，或者隐瞒、谎报、缓报传染病疫情，或者在传染病暴发、流行时，未及时组织救治、采取控制措施的，由上级人民政府责令改正，通报批评；造成传染病传播、流行或者其他严重后果的，对负有责任的主管人员，依法给予行政处分；构成犯罪的，依法追究刑事责任。"《突发公共卫生事件应急条例》第 19 条第 3 款、第 20 条第 2 款规定了省、自治区、直辖市人民政府，县级人民政府和设区的市级人民政府的报告责任。第 45 条规定："县级以上地方人民政府……未依照本条例的规定履行报告职责，对突发事件隐瞒、缓报、谎报或者授意他人隐瞒、缓报、谎报的，对政府主要领导人……依法给予降级或者撤职的行政处分；造成传染病传播、流行或者对社会公众健康造成其他严重危害后果的，依法给予开除的行政处分；构成犯罪的，依法追究刑事责任。"第 46 条规定："国务院有关部门、县级以上地方人民政府及其有关部门未依照本条例的规定，完成突发事件应急处理所需要的设施、设备、药品和医疗器械等物资的生产、供应、运输和储备的，对政府主要领导人和政府部门主要负责人依法给予降级或者撤职的行政处分；造成传染病传播、流行或者对社会公众健康造成其他严重危害后果的，依法给予开除的行政处分；构成犯罪的，依法追究刑事责任。"

　　十八届四中全会提出依法治国的战略方针后，建设法治政府、依法行政、依法履职已成为各级政府的重要施政原则，也成为社会监督的主要内容。这次新冠肺炎疫情暴发后，对于事发地政府履职的质疑，尤其是履行报告职责与疫情信息公布职责的质疑与讨论，持续成为舆情焦点。2020年1月24日起，国务院"互联网+督查"平台面向社会征集有关地方和部门在疫情防控工作中责任落实不到位、防控不力、推诿扯皮、敷衍塞责等问题的线索。国务院办公厅将对收到的问题线索和意见建议进行汇总整理，督促有关地方、部门及时处理。对涉及缓报、瞒报、漏报疫情，落实防控措施不力，导致疫情扩散等严重后果的重要问题线索，国务院办公厅督查室将直接派员进行督查。经查证属实的，将依法依规严肃处理。

115　疫情发生后，政府有关部门未依法履行传染病防治和保障职责时，应当承担何种法律责任？

【专家解读】

　　《传染病防治法》明确规定，人民政府有关部门不得隐瞒、谎报、缓报传染病疫情。第67条规定："县级以上人民政府有关部门未依照本法的规定履行传染病防治和保障职责的，由本级人民政府或者上级人民政府有关部门责令改正，通报批评；造成传染病传播、流行或者其他严重后果的，对负有责任的主管人员和其他直接责任人员，依法给予行政处分；构成犯罪的，依法追究刑事责任。"

　　《突发公共卫生事件应急条例》第31条、第32条规定，县级以上各级人民政府有关部门应当做好应急处理准备，应当根据预案规定的职责要求，服从突发事件应急处理指挥部的统一指挥；保证突发事件应急处理所需的医疗救护设备、救治药品、医疗器械等物资的生产、供应；铁路、交通、民用航空行政主管部门应当保证及时运送。该条例第46条规定："国务院有关部门、县级以上地方人民政府及其有关部门未依照本条例的规定，完成突发事件应急处理所需要的设施、设备、药品和医疗器械等物资的生产、供应、运输和储备的，对政府主要领导人和政府部门主要负责人依法给予降级或者撤职的行政处分；造成传染病传播、流行或者对社会公众健康造成其他严重危害后果的，依法给予开除的行政处分；构成犯罪的，依法追究刑事责任。"第48条规定："县级以上各级人民政府卫生行政主管部门和其他有关部门在突发事件调查、控制、医疗救治工作中玩忽职守、失职、渎职的，由本级人民政府或者上级人民政府有关部门责令改正、通报批评、给予警告；对主要负责人、负有责任的主管人员和其他责任人员依法给予降级、撤职的行政处分；造成传染病传播、流行或者对社会公众健康造成其他严重危害后果的，依法给予开除的行政处分；构成犯罪的，依法追究刑事责任。"第49条规定："县级以上各级人民政府有关部门拒不履行应急处理职责的，由同级人民政府或者上级人民政府有关部门责令改正、通报批评、给予警告；对主要负责人、负有责任的主管人员和其他责任人员依法给予降级、撤职的行政处分；造成传染病传播、流行或者对社会公众健康造成其他严重危害后果的，依法给予开除的行政处分；构成犯罪的，依法追究刑事责任。"

在全国疫情防控之际，有关媒体报道了武汉女子监狱刑满释放人员黄某某感染新冠肺炎离汉进京事件。2020年2月26日，经中央政法委批准，司法部牵头，会同中央政法委、最高人民检察院、公安部组成联合调查组。3月2日，联合调查组公布调查结果："黄某某事件"是一起因失职渎职导致的严重事件，性质恶劣，影响极坏，给首都疫情防控工作带来了极大隐患。联合调查组认为，湖北省司法厅领导不力，政治意识、责任意识淡薄，对党中央的决策部署理解不深不透，对湖北省监狱局的管理流于形式。对于"黄某某事件"，湖北省司法厅负领导责任，湖北省监狱局负主要责任，武汉女子监狱负直接责任，武汉市东西湖区公安分局履行查控职责不到位，应依法依规依纪严肃追究相关人员责任。联合调查组将调查发现问题转湖北省有关方面依法依规依纪处理。

116 疫情期间，疾病预防控制机构未依法履行传染病疫情报告、通报职责，或者隐瞒、谎报、缓报传染病疫情的，应当承担何种法律责任？

【专家解读】

根据《传染病防治法》的有关规定，各级疾病预防控制机构承担传染病监测、预测、流行病学调查、疫情报告以及其他预防、控制工作；疾病预防控制机构发现本法规定的传染病疫情或者发现其他传染病暴发、流行以及突发原因不明的传染病时，应当遵循疫情报告属地管理原则，按规定的内容、程序、方式和时限报告；接到甲类、乙类传染病疫情报告或者发现传染病暴发、流行时，应当立即报告当地卫生行政部门，同时报告上级卫生行政部门和国务院卫生行政部门；依照本法的规定负有传染病疫情报告职责的疾病预防控制机构不得隐瞒、谎报、缓报传染病疫情。《传染病防治法》第68条规定："疾病预防控制机构违反本法规定，有下列情形之一的，由县级以上人民政府卫生行政部门责令限期改正，通报批评，给予警告；对负有责任的主管人员和其他直接责任人员，依法给予降级、撤职、开除的处分，并可以依法吊销有关责任人员的执业证书；构成犯罪的，依法追究刑事责任：……（二）未依法履行传染病疫情报告、通报职责，或者隐瞒、谎报、缓报传染病疫情的……"《突发公共卫生事件与传染病疫情监测信息报告管理办法》规定，各级疾病预防控制机构按照专业分工，承担责任范围内突发公共卫生事件和传染病疫情监测、信息报告与管理工作；各级疾病预防控制机构均为责任报告单位，必须按照传染病防治法的规定进行疫情报告，履行法律规定的义务；各级疾病预防控制机构应当按照国家公共卫生监测体系网络系统平台的要求，充分利用报告的信息资料，建立突发公共卫生事件和传染病疫情定期分析通报制度，常规监测时每月不少于3次疫情分析与通报，紧急情况下需每日进行疫情分析与通报。该管理办法第39条规定："疾病预防控制机构有下列行为之一的，由县级以上地方卫生行政部门责令改正、通报批评、给予警告；对主要负责人、负有责任的主管人员和其他责任人员依法给予降级、撤职的行政处分；造成传染病传播、流行或者对社会公众健康造成其它严重危害后果，构成犯罪的，依法追究刑事责任：（一）瞒报、缓报、谎报发现的传染病病人、病原携带者、疑似病人的……"

专业的疾控机构在疫情报告、通报的履职方面具有天然的敏感性，鲜见误事渎职。但是，发现传染病疫情或者接到传染病疫情报告时能否做到《传染病防治法》第40条规定的根据调查情况提出划定疫点、疫区的建议，并向卫生行政部门提出疫情控制方案，这是值得全国各地各级疾控机构反思的问题。当然，疾控机构"提出划定疫点、疫区的建议"如何提出，向谁提出，提出后，本级卫生行政部门或者政府应如何回应，目前尚欠缺详实的规范，有待《传染病防治法》等法律法规在修订时予以明晰。

117 疫情发生后，如果国境卫生检疫机关未依法履行传染病疫情通报职责，应当承担何种法律责任？

【专家解读】

《传染病防治法》明文规定，国境卫生检疫机关发现甲类传染病病人、病原携带者、疑似传染病病人时，应当按照国家有关规定立即向国境口岸所在地的疾病预防控制机构或者所在地县级以上地方人民政府卫生行政部门报告并互相通报。《传染病防治法实施办法》亦规定，国境口岸所在地卫生行政部门指定的卫生防疫机构和港口、机场、铁路卫生防疫机构和国境卫生检疫机关在发现国境卫生检疫法规定的检疫传染病时，应当互相通报疫情。《突发公共卫生事件与传染病疫情监测信息报告管理办法》同样作出规定。

《传染病防治法》第71条规定："国境卫生检疫机关、动物防疫机构未依法履行传染病疫情通报职责的，由有关部门在各自职责范围内责令改正，通报批评；造成传染病传播、流行或者其他严重后果的，对负有责任的主管人员和其他直接责任人员，依法给予降级、撤职、开除的处分；构成犯罪的，依法追究刑事责任。"此条可以理解为主要针对的是"国境卫生检疫机关"的法律责任，其次是"对负有责任的主管人员和其他直接责任人员"

依法惩处。针对国境卫生检疫机关，我国还有一部专门性法律《国境卫生检疫法》予以规制，其"法律责任"一章有4条，其中3条针对相对人，只有1条对"行政主体"，该法第23条规定："国境卫生检疫机关工作人员，应当秉公执法，忠于职守，对入境、出境的交通工具和人员，及时进行检疫；违法失职的，给予行政处分，情节严重构成犯罪的，依法追究刑事责任。"此条规定直接针对的就是"国境卫生检疫机关工作人员"，且在罚则之前把"秉公执法，忠于职守"从职业道德层面上升为法律规制。

118 疫情发生后，人工智能等新技术如何提升防控工作效能？

【专家解读】

我国《传染病防治法》第8条第1款规定，国家发展现代医学和中医药等传统医学，支持和鼓励开展传染病防治的科学研究，提高传染病防治的科学技术水平。我国《突发公共卫生事件应急条例》第18条规定，县级以上地方人民政府卫生行政主管部门，应当定期对医疗卫生机构和人员开展突发事件应急处理相关知识、技能的培训，定期组织医疗卫生机构进行突发事件应急演练，推广最新知识和先进技术。由此可见，新技术在传染病防控工作中占有重要地位。

1956年达特茅斯会议上，人工智能（Artificial Intelligence）技术概念第一次被提出。迄今为止，人工智能技术已经发展了60余年。美国、加拿大、印度、德国等先后将其上升为国家发展战略。我国同样重视人工智能的发展，早在2016年10月26日中共中央、国务院印发的《"健康中国2030"规划纲要》中，就明确提出探索和推进智能健康电子产品的发展；2017年7月8日，国务院出台的《新一代人工智能发展规划》对未来人工智能的总体发展、战略目标和主要任务等进行了规划和部署；2018年4月28日，国务院办公厅印发的《关于促进"互联网+医疗健康"发展的意见》从健康体系发展要求的角度鼓励医学人工智能的应用。

2020 年 2 月 4 日,一套用于发热及潜在被感染对象识别、筛查与分析的新系统应用于北京市海淀区牡丹园地铁站。乘客进站无需停留,红外设备可自动检测体温,每分钟测试数量达 300 人。一旦发现乘客体温超标,即便因佩戴口罩遮挡了面部,也能通过"升级版"的人脸识别技术精准锁定,并提示工作人员进行二次检查,可有效筛查疑似高热人员。这项人工智能技术的应用,不仅解决了传统体温检测人工成本大的问题,也有效降低了滞留感染的风险。

【参考文献与拓展阅读】

1. 王岳主编:《医事法》,人民卫生出版社 2019 年版。

2. 吴崇其主编:《卫生法学》,法律出版社 2005 年版。

3. 郭明华、刘运喜:《中国医院感染管理与法律》,中国协和医科大学出版社 2014 年版。

4. [美] Lawrence O. Gostin:《全球卫生法》,翟宏丽、张立新主译,元照出版公司 2017 年版。

5. 腾讯研究院、中国信息通信研究院互联网法律研究中心等:《人工智能:国家人工智能战略行动抓手》,中国人民大学出版社 2017 年版。

6. 刘炫麟:《互联网医药法律问题研究》,中国政法大学出版社 2017 年版。

7. [美] Stuart J. Russell,Peter Norvig:《人工智能:一种现代的方法》,殷建平、祝恩、刘越等译,清华大学出版社 2013 年版。

8. [美] John Frank Weaver:《机器人也是人:人工智能时代的法律》,郑志峰译,元照出版公司 2018 年版。

专题八　医疗法

　　新冠肺炎患者从发现、治疗到痊愈享有哪些权利、需要履行哪些义务，是每一位患者都特别关心的话题。在防治过程中，疑似患者和密切接触者是重点被监测的人群，在依法履行其法定义务的同时，亦享有法律所规定的权利，以避免受到伤害，特别是其隐私、信息应受法律的严格保护。在防疫期间，患者的知情同意权也应该得到保障，但为了维护社会公共利益，该权利亦会受到一定限制。广大医疗机构及医务人员奋斗在疫情防护第一线，在履行相关法定职责的同时，其合法权益也应当受到保障。对于医务人员的职业暴露风险的防范，国家在法律制度上提供了全方面的保障，同时各种商业保险和基金也对风险防范提供了补充，进一步化解医务人员的安全风险。在尽可能避免人与人直接接触以预防疫情传播方面，远程医疗等先进医疗技术可发挥重要作用。最后，无论是机构还是个人，无论是政府工作人员还是普通民众，不遵守法律规定都要承担相应的责任。

119 新冠肺炎患者享有哪些法定权利？

【专家解读】

　　新冠肺炎患者依法享有得到及时救治的权利，在隔离期间得到生活保障的权利和不受歧视的权利。《传染病防治法》第 16 条第 1 款规定："国家和社会应当关心、帮助传染病病人、病原携带者和疑似传染病病人，使其得到及时救治。任何单位和个人不得歧视传染病病人、病原携带者和疑似传染病病人。"第 52 条第 1 款规定："医疗机构应当对传染病病人或者疑似传染病病人提供医疗救护、现场救援和接诊治疗，书写病历记录以及其他有关资料，并妥善保管。"第 41 条第 2 款规定："在隔离期间，实施隔离措施的人民政府应当对被隔离人员提供生活保障……"

　　给予新冠肺炎患者及时治疗，不仅是政府为保障人民健康所应尽的职责，也是医疗机构救治患者的义务。由于新冠肺炎患者被强制隔离，其行动受到限制，其基本生活物资无法自行补给，隔离期间政府应当为患者提供生活保障。无论是在医院隔离还是居家隔离，都应当对其生活基本所需物资予以保障。

　　疫情的感染不能归咎于感染者自身的过错，对感染者进行歧视缺乏任何理由。在这次新冠肺炎疫情中，湖北成为疫情的重灾区，在另外一些地方就出现湖北的车牌号不允许通行，在湖北的打工人员不允许返乡，湖北的身份证号不允许入住酒店，还有多地武汉返乡人员的个人信息（包括姓名、家庭住址、电话、身份证号码、返回车次甚至高考成绩等信息）被泄露的现象。对于新冠肺炎患者、疑似患者和接触者，我们都不应对他们抱有偏见。

　　在新冠肺炎疫情防控期间，对隔离者生活保障不到位的现象偶有发生。例如，2020 年 2 月 21 日广西河池市都安县根据新冠肺炎疫情防控工作的需要，将都安县职教中心的学生宿舍楼设为新冠肺炎密切接触者集中隔离医学观察点，由于工作人员工作失职导致集中隔离医学观察点卫生状况较差和相关物资配备不到位，纪委已对相关责任人给予党纪立案审查。

120 新冠肺炎患者应当履行哪些法定义务？

【专家解读】

新冠肺炎可以人传人，传染源是新冠病毒的患者和无症状的感染者，经呼吸道飞沫和密切接触是主要的传播途径，在相对封闭的环境中长时间暴露于高浓度气溶胶的情况下存在经气溶胶传播的可能，人群普遍易感。将传染病病人、病原携带者隔离就是控制传染源的主要手段。经确诊为新冠肺炎的患者，要及时送至定点医疗机构隔离治疗，隔离期限根据患者的治疗情况而定，治愈出院后仍应到指定场所实施为期14天的康复隔离和医学观察。新冠肺炎患者依法应当严格履行隔离义务，并在治愈前不得从事易使传染病扩散的工作。

新冠肺炎被定为乙类传染病，但由于其传染性特别强被要求按甲类传染病采取预防、控制措施。依据《传染病防治法》第39条规定，医疗机构发现甲类传染病时，对病人、病原携带者予以隔离治疗，隔离期限根据医学检查结果确定。拒绝隔离治疗或者隔离期未满擅自脱离隔离治疗的，可以由公安机关协助医疗机构采取强制隔离治疗措施。第77条规定，单位和个人违反本法规定，导致传染病传播、流行，给他人人身、财产造成损害的，应当依法承担民事责任。《突发事件应对法》第66条规定，单位或者个人违反本法规定，不服从所在地人民政府及其有关部门发布的决定、命令或者不配合其依法采取的措施，构成违反治安管理行为的，由公安机关依法给予处罚。《关于依法惩治妨害新型冠状病毒感染肺炎疫情防控违法犯罪的意见》规定，已经确诊的新型冠状病毒感染肺炎病人、病原携带者，拒绝隔离治疗或者隔离期未满擅自脱离隔离治疗，并进入公共场所或者公共交通工具的，以以危险方法危害公共安全罪定罪处罚。《传染病防治法》第16条规定，传染病病人、病原携带者在治愈前，不得从事法律、行政法规和国务院卫生行政部门规定禁止从事的易使该传染病扩散的工作。

在新冠肺炎疫情防控过程中，就发生多起新冠肺炎确诊患者因拒绝隔离治疗而被追究刑事责任的案例。例如，2020 年 1 月 22 日，云南省景洪市郦某确诊后被转运至西双版纳传染病医院隔离治疗，该患者趁医务人员不备逃离医院，后经多方查找确定患者去了其妹妹家。医务人员和公安民警对患者进行反复劝说后，将其及其亲属等 4 人安置到传染病医院住院观察。郦某涉嫌以危险方法危害公共安全罪被公安机关立案侦查。

121 新冠肺炎疑似患者享有哪些权利和义务？

【专家解读】

新冠肺炎疑似患者是指具有新冠肺炎疫区旅行史或感染者的接触史并表现出新冠肺炎临床症状尚有待确诊的患者。新冠肺炎疑似患者享有接受及时治疗、隔离期间得到生活保障和不受歧视的权利，同时应当履行及时报告疫情、如实陈述病史、接受指定场所隔离治疗和排除嫌疑前禁止从事扩散疫情工作的义务。《传染病防治法》第 12 条规定："在中华人民共和国领域内的一切单位和个人，必须接受疾病预防控制机构、医疗机构有关传染病的调查、检验、采集样本、隔离治疗等预防、控制措施，如实提供有关情况……"第16 条规定："国家和社会应当关心、帮助传染病病人、病原携带者和疑似传染病病人，使其得到及时救治。任何单位和个人不得歧视传染病病人、病原携带者和疑似传染病病人。传染病病人、病原携带者和疑似传染病病人，在治愈前或者在排除传染病嫌疑前，不得从事法律、行政法规和国务院卫生行政部门规定禁止从事的易使该传染病扩散的工作。"第 31 条规定："任何单位和个人发现传染病病人或者疑似传染病病人时，应当及时向附近的疾病预防控制机构或者医疗机构报告。"第 39 条规定，医疗机构发现甲类传染病时，对疑似病人，确诊前在指定场所单独隔离治疗。拒绝隔离治疗或者隔离期未满擅自脱离隔离治疗的，可以由公安机关协助医疗机构采取强制隔离治疗措施。第 41 条第 2 款规定,"在隔离期间,实施隔离措施的人民政府应当对被隔离人员提供生活保障"。第 52 条第 1 款规定:"医疗机构应当对传染病病人或者疑似传染病病人提供医疗救护、现场救援和接诊治疗,书写病历记录以及其他有关资料,并妥善保管。"《关于依法惩治妨害新型冠状病毒感染肺炎疫情防控违法犯罪的意见》规定,新型冠状病毒感染肺炎疑似病人拒绝隔离治疗或者隔离期未满擅自脱离隔离治疗,并进入公共场所或者公共交通工具,造成新型冠状病毒传播的,以以危险方法危害公共安全罪定罪处罚。

对于新冠肺炎疑似患者,医疗机构应当及时收治予以隔离观察和确诊。对于隔离治疗或观察的患者应予提供生活保障,并不得歧视。防控传染病是国家、社会和个人的共同责任。作为新冠肺炎疑似患者,首先,自己应当主动向疾病预防控制机构或医疗机构报告,主动就医明确是否患有新冠肺炎,以免传染他人。其次,在疾病预防控制机构、医疗机构采取调查、检验、采集样本、隔离治疗等预防、控制措施时,如实提供有关情况。任何隐瞒或不如实提供疫区的旅游史、居住史和接触史导致他人感染等严重后果的,都应追究其刑事责任。最后,在指定地点进行隔离治疗或观察。对于新冠肺炎疑似重症患者,应予收住院进行隔离治疗;对新冠肺炎疑似患者、轻症患者可以在设有发热门诊的医疗机构周边就近选择场所作为首诊隔离点进行隔离观察。

在新冠肺炎疫情防控过程中,隐瞒与疫区人员接触史导致疫情扩散的现象并不少见。例如,广西玉林感染者薛某某于 2020 年 1 月 15 日在外出旅游时出现低热,返回玉林后,到相关医院就诊过程中,隐瞒与重点疫区人员接触史,且拒不执行卫生防疫机构提出的预防控制措施,在没有采取足够防护措施的情况下擅自与他人接触,导致其感染的新冠病毒存在传播的严重危险。1 月 31 日,薛某某被确诊感染新冠肺炎。2020 年 2 月 1 日,薛某某被公安机关依法以涉嫌以危险方法危害公共安全罪立案侦查。

122 新冠肺炎密切接触者享有哪些权利和义务？

【专家解读】

新冠肺炎密切接触者是指与新冠肺炎疑似病例、确诊病例、轻症病例发病后、无症状感染者检测阳性后有密切接触未采取有效防护者。新冠肺炎密切接触者享有隐私权，同时应当履行如实提供接触史及接受医学观察和采取必要的预防措施的义务。《传染病防治法》第 12 条第 1 款规定："在中华人民共和国领域内的一切单位和个人，必须接受疾病预防控制机构、医疗机构有关传染病的调查、检验、采集样本、隔离治疗等预防、控制措施，如实提供有关情况。疾病预防控制机构、医疗机构不得泄露涉及个人隐私的有关信息、资料。"第 39 条规定，对医疗机构内的病人、病原携带者、疑似病人的密切接触者，在指定场所进行医学观察和采取其他必要的预防措施。

新冠肺炎密切接触者在接受疾病预防控制机构的调查时应当如实提供接触史并自觉进行隔离医学观察。对新冠肺炎密切接触者一般采取居家隔离医学观察，无法居家隔离医学观察者，可安排集中隔离观察。医学观察期限为自最后一次与病例、感染者发生无有效防护的接触后 14 天。居家或集中医学观察对象应相对独立居住，尽可能减少与共同居住人员的接触，观察期间不得外出，如果必须外出，经医学观察管理人员批准后方可，并做好防护措施。

新冠肺炎密切接触者享有隐私权。但在疫情防控过程中，多次出现泄露新冠肺炎密切接触者个人信息的现象。例如，江西抚州一副镇长就因泄露 29 名新冠肺炎密切接触者的隐私被通报批评。2020 年 1 月 29 日上午，鹤城镇分管卫生工作的副镇长曹某将与新冠肺炎确诊病例陈某密切接触的 29 人的个人信息，梳理制作成电子表格后，发给疫情防控相关责任人员和鹤城镇某村民兵连长周某。1 月 30 日下午，周某擅自将该表转发至名为"川西坝子火锅"的个人微信群（群成员 196 人）和魏某、陈某。不久，该信息被迅速转发传播。曹某等人将涉及多人隐私的内部材料转发给无关人员，侵犯了密切接触者的隐私权。该县纪委经研究决定，对曹某在全县范围内通报批评，由鹤城镇纪委对周某给予诫勉谈话，并要求其作出深刻检查。

123 新冠肺炎患者在医疗救助方面享有哪些权利?

【专家解读】

根据国家医疗保障局、财政部发布的《关于做好新型冠状病毒感染的肺炎疫情医疗保障的通知》规定，确保患者不因费用问题影响就医。一是对于确诊新冠肺炎患者发生的医疗费用，在基本医保、大病保险、医疗救助等按规定支付后，个人负担部分由财政给予补助，实施综合保障。二是对于确诊新冠肺炎的异地就医患者，先救治后结算，报销不执行异地转外就医支付比例调减规定。三是确诊新冠肺炎患者使用的药品和医疗服务项目，符合卫生健康部门制订的新冠肺炎诊疗方案的，可临时性纳入医保基金支付范围。

一个国家的治理水平不仅体现在正常时期的安定有序，更体现在大战大灾大疫面前的指挥有序和保障有力。对于新冠肺炎患者的治疗不仅要提供充足的医疗资源，还要避免因医疗费用问题耽搁救治。为做好新冠肺炎患者的医疗救治工作，国家财政部、国家卫生健康委员会和国家医疗保障局明确提出要确保患者不因费用问题影响就医和确保收治医院不因支付政策影响救治。对于卫生健康部门认定的确诊和疑似患者，无论是本地的还是异地的患者都实行先救治后结算。在基本医保、大病保险、医疗救助等按规定支付后个人负担部分由财政给予补助。异地就医医保支付的费用由就医地的医保部门先行垫付，疫情结束后全国统一组织清算。动态调整医保的支付范围，将国家卫生健康委员会诊疗方案中涉及的药品和诊疗项目临时纳入医保支付，从而打消患者和医疗机构的顾虑。

124　在新冠肺炎患者的治疗过程中，如何保护其隐私和个人信息权益?

【专家解读】

《侵权责任法》第 62 条规定，"医疗机构及其医务人员应当对患者的隐私保密。泄露患者隐私或者未经患者同意公开其病历资料，造成患者损害的，应当承担侵权责任"。《传染病防治法》第 12 条第 1 款规定，"在中华人民共和国领域内的一切单位和个人，必须接受疾病预防控制机构、医疗机构有关传染病的调查、检验、采集样本、隔离治疗等预防、控制措施，如实提供有关情况。疾病预防控制机构、医疗机构不得泄露涉及个人隐私的有关信息、资料"。《民法总则》第 111 条规定，"自然人的个人信息受法律保护。任何组织和个人需要获取他人个人信息的，应当依法取得并确保信息安全，不得非法收集、使用、加工、传输他人个人信息，不得非法买卖、提供或者公开他人个人信息"。

隐私权是自然人享有的与公共利益无关的个人信息、私人活动和私有领域进行支配的一种人格权，即他人不得非法侵扰、知悉、收集、利用和公开个人隐私。在新冠肺炎疫情防控过程中，医疗机构及其他有权机关在履行职务过程中，频繁接触到自然人隐私和个人信息。相关单位和人员在依法收集、利用、公开个人信息时，需依法进行并履行保密义务，违反者将承担侵权责任。具体来说，下列信息属于隐私和个人信息的范畴：（1）各级政府及派出机构依法收集的居民外出史、接触史、疾病史等信息；（2）各级政府及派出机构依法收集的患者、密切接触者及家属等人的姓名、家庭住址、身份证号、手机号码等个人信息；（3）医疗机构及医务人员收集的患者病因、病史、不良习惯、病理生理状况、诊疗情况等个人信息；（4）医务人员可以接触的患者隐私部位。国家有义务公开疫情信息，媒体有报道的义务。在履行上述职责的过程中，除非权利人明确同意，否则公开者应采取必要的技术措施处理涉及的个人隐私及信息，如采用匿名或者化名，不能公开详细家庭住址、身份证号码、手机号码等，以使对权利人可能造成的损害降到最低。

新冠肺炎疫情暴发以来，已经发生了多起侵犯患者隐私及他人个人信息的事件。2020年1月28日，某居民被确诊为新冠肺炎。得知确诊信息后，该居民家人积极配合防疫工作，居家隔离。1月31日，政府相关部门工作人员采集密切接触者信息，共有11名亲属的信息被采集，包括姓名、身份证号码、详细地址、手机号码等。采集信息时，工作人员还明确表示不会泄露。2020年2月1日上午，密切接触者的手机就受到信息轰炸和电话骚扰，所在小区的业主群内，他们的个人信息被以WORD文档或者截图的形式上传和转发，并有人在下面发表辱骂性言论。这给该患者及密切接触者带来了极大的精神痛苦。现阶段，该患者和密切接触者只希望大家能理解，并未要求相关责任人承担法律责任。然而在疫情过后，受害人可依法请求泄露个人信息和隐私的责任人承担民事责任，责任人还可能会因此承担行政责任。

125 在新冠肺炎患者的治疗过程中，如何理解患者享有的知情同意权利与接受强制医疗义务的冲突？

【专家解读】

《侵权责任法》第55条规定了患者享有知情同意的权利。该条款规定，"医务人员在诊疗活动中应当向患者说明病情和医疗措施。需要实施手术、特殊检查、特殊治疗的，医务人员应当及时向患者说明医疗风险、替代医疗方案等情况，并取得其书面同意"。《传染病防治法》第12条第1款规定："在中华人民共和国领域内的一切单位和个人，必须接受疾病预防控制机构、医疗机构有关传染病的调查、检验、采集样本、隔离治疗等预防、控制措施，如实提供有关情况……"该法第39条第2款规定："拒绝隔离治疗或者隔离期未满擅自脱离隔离治疗的，可以由公安机关协助医疗机构采取强制隔离治疗措施。"《突发事件应对法》第66条规定："单位或者个人违反本法规定，不服从所在地人民政府及其有关部门发布的决定、命令或者不配合其依法采取的措施，构成违反治安管理行为的，由公安机关依法给予处罚。"

《治安管理处罚法》第 50 条规定："有下列行为之一的，处警告或者 200 元以下罚款；情节严重的，处 5 日以上 10 日以下拘留，可以并处 500 元以下罚款：（一）拒不执行人民政府在紧急状态情况下依法发布的决定、命令的；（二）阻碍国家机关工作人员依法执行职务的；……"2020 年两高两部《疫情防控犯罪意见》规定，具有下列情形之一的，以以危险方法危害公共安全罪定罪处罚：已经确诊的新冠肺炎病人、病原携带者，拒绝隔离治疗或隔离期未满擅自脱离隔离治疗，并进入公共场所或公共交通工具的；新冠肺炎疑似病人拒绝隔离治疗或隔离期未满擅自脱离隔离治疗，并进入公共场所或公共交通工具，造成新型冠状病毒传播的。

知情同意权是患者享有的一项最重要的权利。原则上，患者有权决定是否接受诊疗服务、接受哪种诊疗措施。但在传染病疫情发生后，为了保护广大公众的健康权益、防止传染病暴发流行，患者的知情同意权受到极大限制，无论患者同意与否，其均有义务接受诊疗服务。拒不接受的，由公安机关协助医疗机构强制患者接受，在强制医疗结束后，公安机关可按照扰乱社会管理秩序对行为人处以罚款、警告甚至拘留。符合法定条件的，还可能被判处以危险方法危害公共安全罪，处以 3 年以上有期徒刑、无期徒刑甚至死刑。

例如，孙某系疑似新冠病毒感染者，医院决定对其隔离治疗。但孙某悄悄逃离医院，并乘坐客车返回某镇，车上接触多人。当日下午，孙某被强制隔离治疗。隔离之后，孙某仍隐瞒真实行程和活动轨迹，导致疾控部门无法及时开展防控工作，大量接触人员未能及时发现，导致 20 余人被隔离观察。目前当地检察机关已立案侦查，拟追究孙某的刑事责任。未来，孙某很可能因以危险方法危害公共安全罪被判处 3 年以上有期徒刑。

126　在新冠肺炎患者的治疗过程中，如何理解医疗水平原则？

【专家解读】

《侵权责任法》第 57 条规定，"医务人员在诊疗活动中未尽到与当时的医疗水平相应的诊疗义务，造成患者损害的，医疗机构应当承担赔偿责任"。医疗水平是指一个具有通常技能的医生行使合理的注意而应达到的标准，"医师成员之平均、通常具备之技术为标准"。在司法实践中，诊疗行为是否达到了医疗水平，通常从以下两个方面进行判断：首先考察医疗机构及其医务人员在医疗活动中有无违反医疗卫生管理法律、行政法规、部门规章和诊疗护理规范、常规的行为，如果有，则可认定其行为未达到医疗水平。其次以职业者的合理技能与注意为主要标准，所谓"合理技能与注意"是指根据事实判断医疗机构及其医务人员在对患者进行诊疗活动时，是否已经尽到符合其相应专业要求的注意、学识及技能标准。在认定医务人员是否尽到合理技能与注意时，还要参考患者病情的紧急程度、患者个体差异、当地的医疗水平、医疗机构与医务人员资质等因素。

以新冠肺炎的诊疗为例，诊疗行为是否达到了医疗水平，需要按照以下步骤分别考察。其一，考察诊疗行为的提供者是否有违反法律、法规的规定，如诊疗机构及医务人员是否具有相应的资质，采取试验性诊疗是否履行了法定审批程序等。其二，是否根据诊疗方案提供诊疗服务。目前，最新版诊疗方案是 2020 年 2 月 19 日国家卫生健康委员会发布的第七版《新型冠状病毒肺炎诊疗方案（试行）》，涵盖了流行病学特点、临床特点、诊断标准、临床分型、治疗（包括中医治疗）、解除隔离和出院后注意事项等内容，医务人员应据此提供诊断、治疗、出院指导等服务。其三，在诊疗方案没有规定的领域，医务人员的诊疗服务应达到合格医务人员的水平。其四，考虑到新冠肺炎危重症者以高龄、有基础疾患者为主，且是新发现的病毒，诊疗方法尚处于摸索阶段，因此，在符合法定条件的情况下，允许医务人员创新诊疗方法。

127 在新冠肺炎患者的治疗过程中，如何开展临床药物试验？

【专家解读】

《药品管理法》第 19 条规定，"开展药物临床试验，应当按照国务院药品监督管理部门的规定如实报送研制方法、质量指标、药理及毒理试验结果等有关数据、资料和样品，经国务院药品监督管理部门批准"，"开展药物临床试验，应当在具备相应条件的临床试验机构进行"。第 20 条第 1 款规定："开展药物临床试验，应当符合伦理原则，制定临床试验方案，经伦理委员会审查同意。"第 21 条规定："实施药物临床试验，应当向受试者或者其监护人如实说明和解释临床试验的目的和风险等详细情况，取得受试者或者其监护人自愿签署的知情同意书，并采取有效措施保护受试者合法权益。"第 23 条规定："对正在开展临床试验的用于治疗严重危及生命且尚无有效治疗手段的疾病的药物，经医学观察可能获益，并且符合伦理原则的，经审查、知情同意后可以在开展临床试验的机构内用于其他病情相同的患者。"

自新冠肺炎疫情暴发以来，上百种药品被进行了体外实验，十数种药品进入临床试验阶段，其中较受关注的是瑞德西韦。瑞德西韦是由美国吉利德公司开发的一种广谱抗病毒药物。这款在研药物原本是针对埃博拉病毒研发的，但疗效有限，体外和体内动物实验证明，瑞德西韦对 MERS 和 SARS 病毒有效。MERS、SARS 同为冠状病毒，其结构与新冠病毒类似，专家推测瑞德西韦可能会对新冠肺炎有效，遂申请开展药物临床试验。国家药品监督管理局经绿色通道迅速签发了《药物临床试验批件》，开展临床试验的医疗机构伦理委员会均快速批准。随后，开展试验的医疗机构征得受试者同意并签署了知情同意书，药物临床试验正式开始，不久将会取得初步研究成果。

一般来说，药物临床试验审批流程复杂，需耗费较多时日。但新冠肺炎传染性、致病性均较强，属烈性传染病，且人类对新冠病毒认知有限。在病情危急又无药可用的情况下，医务人员经评估后猜测某些抗病毒药物可能有效。经初步临床试验证明有效的药物，均纳入了诊疗方案。随着对新冠病毒的了解，国家已发布了七版新冠肺炎诊疗方案，临床上可以选用的药物在不断增加。严格来说，目前已纳入诊疗方案的抗病毒药物仍处于"试验"阶段，医务人员应履行告知该类药物的相关信息、征得患者有效同意后选用药物的义务。

128 在新冠肺炎疫情防控过程中，医疗机构应当履行哪些职责？

【专家解读】

《传染病防治法》第 7 条、第 30 条、第 39 条、第 52 条等规定，医疗机构承担传染病的救治工作和预防工作，发现疫情应当按照规定的内容、程序、方式和时限报告，对甲类传染病采取患者隔离治疗、疑似病人单独隔离治疗等。医疗机构应当对传染病病人、疑似传染病病人引导至相对隔离的分诊点进行初诊。医疗机构不具备相应救治能力的，应当将患者及其病历记录复印件一并转至具备相应救治能力的医疗机构。《传染病防治法实施办法》第 13 条规定，医疗机构承担的具体职责包括：（1）传染病疫情报告和管理；（2）传染病预防和控制工作；（3）卫生行政部门指定的卫生防疫机构交付的传染病防治和监测任务。《医疗机构管理条例》第 39 条规定，发生重大灾害、事故、疾病流行或者其他意外情况时，医疗机构及其卫生技术人员必须服从县级以上人民政府卫生行政部门的调遣。

新冠肺炎已经被国家确定为乙类传染病，但按甲类传染病进行防控和救治。医疗机构在新冠肺炎防治过程中，除了对患者进行救治之外，还需要履行预防、报告、管理、控制传播、预诊、分诊、检测、服从调遣等职责。医疗机构发现相关病例后应当及时上报；如果救治能力不足，还需要进行分诊或转诊，将患者和患者病历资料复印件转诊到具备救治能力的医疗机构。在治疗患者的同时，医疗机构还需要持续对病例进行检测、管理、报告，对确诊和疑似患者进行统一的管理，以达到控制病毒传播的目的。对于重点疫区医疗救助力量不足的情况，医疗机构还需要服从政府调遣，对重点疫区进行医疗支援。作为医疗机构，在新冠肺炎疫情防控过程中，不仅承担着严格的救治职责，按照国家统一安排收治新冠肺炎患者，还要对发现的新冠肺炎患者按照程序进行上报，仔细了解其活动路线和接触人员等，以便相关部门采取适当措施防止疫情进一步扩大。

在新冠肺炎疫情防控过程中，根据国务院的统一部署，我国各省、自治区、直辖市等卫生健康行政部门陆续调遣医务人员支援武汉等湖北省的城市。2020 年 3 月 8 日 15 时，国务院联防联控机制召开新闻发布会，国家卫生健康委员会在会上介绍，疫情发生以来，全国卫生系统医务人员奋不顾身、义无反顾地冲在抗疫工作第一线，截至目前，全国已经有 346 支医疗队 4.26 万名医务人员抵达武汉和湖北其他城市，与当地的医务人员一起并肩作战，全力开展医疗救治工作。其中重症专业的医务人员达到 1.9 万人，是其中的一支重要力量。

129　在新冠肺炎疫情防控过程中，医务人员应当履行哪些职责？

[专家解读]

《执业医师法》第 28 条、第 29 条规定，遇有传染病流行时，医师应当服从县级以上人民政府卫生行政部门的调遣；医师发现传染病疫情时，应当按照有关规定及时向所在机构或者卫生行政部门报告。《护士条例》第 19 条规定，护士有义务参与公共卫生和疾病预防控制工作。发生公共卫生事件时，护士应当服从县级以上人民政府卫生主管部门或者所在医疗卫生机构的安排，参加医疗救护。《传染病防治法》第 30 条规定，医务人员发现本法规定的传染病疫情时，应当按照规定的内容、程序、方式和时限报告。《传染病防治法实施办法》第 13 条、第 34 条还规定了医务人员应承担的具体职责。

在新冠肺炎疫情防治过程中，医务人员是中坚力量，不仅承担着患者的救治职责，而且还承担着预防、报告、管理、控制传播、监测等职责。同时，医务人员还扮演着"责任疫情报告人"的重要角色。在实践中，医务人员是最先接触到患者的专业人员，也是具有初步判断能力的"第一人"。尽管医务人员面对患者承担的首要任务是救治，但从公众利益角度，其首要任务则是上报，将发现的新冠肺炎疫情相关信息如实进行报告。

除了救治和报告之外，作为专业医疗人员，医务人员还需向社会传播疾病防护知识，达到预防的效果；听从政府行政部门和医疗机构的调遣，对

"一线"进行支援。在此次新冠肺炎疫情防治过程中，医务人员积极冲锋在一线，在需要支援一线的时候，主动请缨，涌现出一批积极履行职责的医务人员。例如，2020年2月6日，湖北省人力资源和社会保障厅、省卫生健康委员会发布《关于给予张定宇和张继先同志记大功奖励的决定》。该表彰决定指出，张定宇，男，中共党员，临床医学博士，主任医师，现任武汉市金银潭医院（武汉市传染病医院）党委副书记、院长。张定宇同志长期从事医疗一线工作，面对此次新冠肺炎疫情，在身患重疾的情况下冲锋在前，身先士卒，团结带领全院干部职工夜以继日战斗在抗击疫病最前沿，始终坚守在急难险重岗位上，以实际行动书写了对党和人民的忠诚。张继先，女，中共党员，主任医师，教授，中华医学会呼吸分会湖北省、武汉市委员，湖北省职业病尘肺病鉴定专家，现任湖北省中西医结合医院呼吸内科主任，内科党支部书记。张继先同志以超强的专业敏感意识，最早判断并坚持上报新冠肺炎疫情，第一个为疫情防控工作拉响警报，是医院救治一线的"带头人"。

130 在新冠肺炎疫情防控过程中，如何保护医务人员的合法权益？

【专家解读】

《基本医疗卫生与健康促进法》第55条规定，对从事传染病防治的医疗卫生人员，应当按照国家规定给予适当的津贴。《突发事件应对法》第61条、《传染病防治法》第11条、《突发公共卫生事件应急条例》第9条规定，县级以上人民政府对在传染病防治工作中致病、致残、死亡的人员依法给予相应的补助和抚恤。《烈士褒扬条例》《关于妥善做好新冠肺炎疫情防控牺牲人员烈士褒扬工作的通知》《关于加强传染病防治人员安全保护的意见》《国务院应对新型冠状病毒肺炎疫情联防联控机制关于全力做好一线医务人员及其家属保障工作的通知》《关于因履行工作职责感染新型冠状病毒肺炎的医护及相关工作人员有关保障问题的通知》《关于做好新型冠状病毒肺炎疫情防控期间保障医务人员安全维护良好医疗秩序的通知》等文件，给予医务人员在工伤、烈士等方面更为切实的保障。《妇女权益保障法》第 26 条、《人口与计划生育法》第 26 条第 1 款规定，妇女在经期、孕期、产期、哺乳期按照国家有关规定享受特殊劳动保护并可以获得帮助和补偿。《女职工劳动保护特别规定》从女职工禁忌从事的劳动范围、产假假期和产假待遇、工作时间上进行了全面细化的规定。

做好职业防护，能够有效降低医务人员在诊断、治疗、运送、检查、消毒等场合的暴露风险。除此之外，在抚恤等方面同样也需要保障，落实医疗费用和工伤保障；在外部杜绝伤医等医闹行为的发生。在履职过程中不幸感染新冠病毒而死亡的，要按照规定评定为烈士。对于女性医务人员，还要按照相关规定落实特殊保护，对处于经期、孕期、产期、哺乳期的医务人员尽量避免延长劳动时间或者安排夜班，处于孕期和哺乳期的医务人员尽量不使其到一线去。如果因防疫需要安排到一线的，也应该落实保护措施。

在新冠肺炎疫情防控过程中，还应当特别注意保护医务人员的人身权益不受非法侵害，严厉打击各类涉医违法犯罪行为。

131 在新冠肺炎疫情防控过程中，医务人员的职业风险应当如何化解？

【专家解读】

《基本医疗卫生与健康促进法》第 47 条、《医疗纠纷预防和处理条例》第 7 条规定，国家鼓励医疗机构参加医疗责任保险或者建立医疗风险基金。《关于加强医疗责任保险工作的意见》《关于支持社会力量提供多层次多样化医疗服务的意见》《医疗质量管理办法》等提出加快发展医疗责任保险、医疗意外保险，提高医疗责任保险参保率和医疗责任保险服务水平。《关于加强传染病防治人员安全防护的意见》提出将诊断标准明确、因果关系明晰的职业行为导致的传染病，纳入职业病分类和目录。将重大传染病防治一线人员，纳入高危职业人群进行管理。这是国家给予医务人员的保障，以降低医务人员的职业风险。

国家在医务人员职业风险化解中承担着重要职责。首先，国家从立法方面予以充分保障，除了在《侵权责任法》中体现出来的用工单位责任之外，还从多方面完善风险分担机制，鼓励医疗机构参加医疗责任保险或者建立医疗风险基金，以此来降低医务人员在执业中所遭遇的风险。其次，国家在实务操作层面对医务人员职业风险化解亦予以充分保障。再次，国家亦鼓励社会力量积极参与医务人员职业风险化解。在新冠肺炎疫情防控过程中，社会力量的介入也不容忽视，一些企业投入数亿元资金为医务人员提供商业保险上的保障。商业保险的参与能够更好地化解医务人员在感染新冠肺炎后的各项风险。同时，相关基金的设立，对于感染新冠肺炎的医务人员可以定向救助，特别是对于缺少商业保险的医务人员，在感染新冠肺炎后可以更好地弥补国家力量之外的需求。由此可见，国家和社会力量在医务人员职业风险的化解方面，可以提供全方位的保障。

例如，李文亮医生在新冠肺炎疫情防治中不幸感染病毒，并且最后因为救治无效而牺牲。2020 年 2 月 7 日，国家认定李文亮医生符合工伤，为其提供了工伤保险待遇，包括一次性工亡补助金、丧葬补助金等。中国平安保险公司履行了此前无偿对疾控和医护人员的专属保险责任承诺，为李文亮医生的家属送上 50 万元救助金；北京字节跳动网络技术有限公司通过"字节跳动医务人道救助基金"向李文亮医生的家属捐赠 100 万元人民币；爱尔眼科医院集团股份有限公司作为其爱人工作单位，也将支付其两个子女生活津贴及学费直至大学毕业。

132 在新冠肺炎疫情防控过程中，远程医疗、互联网医疗等新技术如何发挥作用？

【专家解读】

我国《传染病防治法》《突发公共卫生事件应急条例》等法律法规一直强调，要不断提高传染病防治的科学技术水平，推广最新知识和先进技术。1988 年，解放军总医院通过卫星与德国一家医院进行了神经外科远程病例讨论，开启了我国远程医疗的先河。互联网医疗是在远程医疗的基础上借助互联网的兴起而逐步发展起来的。近年来，无论远程医疗还是互联网医疗，国家均给予了多层次、全方位的政策支持和立法规制，使其在确保患者安全的基础上积极发挥作用。

远程医疗、互联网医疗等先进技术不仅可适用于常态下的医疗，更能适用于诸如新冠肺炎疫情这样的非常态下医疗，发挥"面对面"线下诊疗方式不具备的优势。不过，需要注意的是，国家卫生健康委员会和国家中医药管理局曾在2018年7月17日联合发布了《互联网诊疗管理办法（试行）》这一部门规章，对"互联网诊疗"的执业规则作出一定的限制，最为重要的就是不得对首诊患者开展互联网诊疗活动。因此，对于疫情中的首诊患者，目前互联网医院和其他有关互联网医疗的公司，只能做线上健康咨询，而不是诊疗，但并不妨碍其功用的发挥。

新冠肺炎的主要传播途径是经呼吸道飞沫传播，亦可通过接触传播。如果能够发挥好"互联网诊疗"和"互联网健康咨询"的双重作用，患者在寻求医疗帮助时，可以通过互联网联系到医务人员并进行沟通，可以有效分流患者，减少人员聚集，并掌握传染源信息，进而第一时间控制传染源。同时，对于其他患者，也可以引导其有序就诊，避免与新冠肺炎患者交叉感染。

2020年2月14日，海南省卫生健康委员会官网发布文件，正式开通"海南省互联网医院新冠肺炎诊疗服务平台"。该平台作为全省互联网诊疗服务平台，整合海南省16家互联网医院约20万名医生在线诊疗资源，借助海南省生态软件园和海南搜狗智慧互联网医院的技术支持，充分利用大数据、人工智能等现代化信息技术手段，在疫情防控期间，7×24小时在线面向公众提供不间断地疫情披露及在线问诊服务，取得了良好的社会效果。

133 在新冠肺炎疫情防控过程中，违法者可能承担哪些法律责任？

【专家解读】

《民法总则》《侵权责任法》规定，民事主体要按照法律规定和当事人约定承担民事责任；在诊疗活动中，医疗机构及其医务人员有过错的，由医疗机构承担赔偿责任。我国法律还规定了不可抗力等情形以及承担民事责任的方式。《突发事件应对法》第 67 条、《传染病防治法》第 77 条规定，违反规定，导致传染病传播、流行，给他人人身、财产造成损害的，应当依法承担民事责任。《传染病防治法》第八章，《突发事件应对法》第 63 条、第 65 条、第 66 条规定了违法者应承担的行政法律责任。《治安管理处罚法》第 23 条、第 50 条等规定，对扰乱公共秩序的、拒不执行政府在紧急状态下发布的命令、决定的，可以进行警告、罚款、行政拘留等措施。

在新冠肺炎疫情防控过程中，违法者可能承担的法律责任包括民事责任、行政责任、刑事责任三类。民事责任主要包括侵权责任和违约责任，最典型的是医疗损害责任，但对新冠肺炎而言，因存在不可抗力等特殊情况，且诊疗规范在救治中也不断进行更新，所以对于医务人员没有明显过错的诊疗行为，不应该轻易认定构成医疗损害。其他侵权责任主要是涉及隐私权、荣誉权方面的侵权责任。关于违约责任，请参考本书相关章节。

行政责任主要包括行政处罚和行政处分。对于政府工作人员，要做好疫情防控的监督指导工作，如果存在失职、履职不力、落实不力等情形，可能会受到包括但不限于停职、免职、记过等处分。对于普通民众，其违法行为主要表现为不配合相关部门的传染病防治措施等，会受到包括但不限于行政拘留、罚款等处罚。

例如，2020 年 2 月 11 日，吉林市某派出所接到报警称，有人不配合卡点执勤人员工作，拒不出示通行证件、强行闯卡。接警后，该所民警第一时间到达事发地点了解情况。经询问，秦某对其违法行为供认不讳，如实陈述了其于 2020 年 2 月 9 日、10 日、11 日在商城小区二号执勤卡点，多次在明知需登记出入信息的情况下，拒不向工作人员出示通行证、身份证，并于2020 年 2 月 11 日侮辱执勤工作人员是"土匪"的违法事实。鉴于秦某的行为已构成拒不执行紧急状态下的决定、命令，根据《治安管理处罚法》第50 条第 1 款第 1 项之规定，该派出所于 2020 年 2 月 14 日决定对违法行为人秦某处以行政拘留 9 日的行政处罚。

【参考文献与拓展阅读】

1. 王岳主编：《医事法》，人民卫生出版社 2019 年版。

2. 杨立新主编：《最高人民法院关于医疗损害责任纠纷案件司法解释理解运用与案例解读》，中国法制出版社 2018 年版。

3. 刘炫麟主编：《互联网医药法律问题研究》，中国政法大学出版社 2017 年版。

4. 杨立新："医疗损害责任概念研究"，载《政治与法律》2009 年第 3 期。

5. 刘炫麟、刘思伽："远程医疗及其法律规制研究"，载《中国医学伦理学》2017 年第 11 期。

6. 文丹枫、韦绍锋：《互联网+医疗：移动互联网时代的医疗健康革命》，中国经济出版社 2015 年版。

专题九 野生动物保护与生物安全法

　　新冠肺炎疫情暴发以来，对疫情源头和疫情防控措施的讨论指向野生动物保护和国家生物安全风险的防控和治理。习近平总书记针对疫情防控的讲话中多次强调要强化公共卫生法治，建立系统的疫情防控法律体系，2020年2月14日在中央全面深化改革委员会第十二次会议上明确指出，要"认真评估《传染病防治法》《野生动物保护法》等法律的修改完善"，"要尽快推动出台生物安全法，加快构建国家生物安全法律法规体系、制度保障体系"。野生动物保护与生物安全的制度完善，有助于提高各部门和公众对野生动物保护和生物风险的认识，关注与防范疫病传播，有效预防和遏止潜在病毒暴发，从制度上保障公共卫生安全。本专题探讨了禁食野生动物及禁食目录、对野生动物实施的违法行为监管等，以及新冠肺炎感染性医疗废物的处理、新冠病毒毒株的保藏、实验室研究限制及泄露的责任问题等。我国现阶段有关野生动物保护和生物安全立法主要为国务院行政法规和部门规章，亟待从法律层面予以全面规范，以防范和控制重大传染病疫情的发生和传播。

134 交易和食用蝙蝠等 "野味"，法律允许吗？

新冠肺炎疫情发生后，中国科学院武汉病毒所通过对新冠病毒基因组序列的比对，显示蝙蝠最有可能是新冠病毒的天然宿主。最后，有关部门将目标锁定在武汉华南海鲜市场。中国疾病预防控制中心病毒所检测了 585 份华南海鲜市场及武汉多家生鲜市场的环境标本及动物标本，其中 33 份新冠病毒阳性，其中 31 份来自经营野生动物的西区。这份数据提示，此次疫情可能与野生动物交易有关。与此几乎同时，世界卫生组织的研究报告显示，新冠病毒和在蝙蝠中传播的冠状病毒（CoV）之间存在密切联系。

我国现行《野生动物保护法》关于禁食的法律规范限于国家重点保护野生动物和没有合法来源、未经检疫合格的其他保护类野生动物，对 "三有" 类野生动物（"有重要生态、科学、社会价值的陆生野生动物"）和其他非保护类陆生野生动物是否禁止食用，该法和其他法律并未明确规定，这可以说是一个立法漏洞。换言之，由于该法保护范围较窄，导致对很多野生动物不能通过该法进行管控和保护，其中就包括绝大多数类型的蝙蝠在内。对于这些传播疫病较高的风险物种，无论是猎捕，还是人工饲养，或者是利用，也不能依《野生动物保护法》进行规制和调整，于是成为疫病产生的一大风险隐患。

2020 年 1 月 26 日，为了严防新冠肺炎疫情蔓延，迅速阻断可能的传染源和传播途径，同时弥补《野生动物保护法》的立法漏洞，国家市场监管总局、农业农村部、国家林草局联合发布了《关于禁止野生动物交易的公告》，该公告明确要求，对各地饲养繁育野生动物的场所实施隔离，严禁野生动物对外扩散和转运贩卖。同时，严禁各地农（集）贸市场、超市、餐饮单位、电商平台等经营场所任何形式的野生动物交易活动。

2020 年 2 月 24 日，十三届全国人大常委会第十六次会议表决通过了《全国人民代表大会常务委员会关于全面禁止非法野生动物交易、革除滥食野生动物陋习、切实保障人民群众生命健康安全的决定》。该决定明确规定，凡是《野生动物保护法》和其他有关法律明确禁止食用野生动物的，必须严格禁止；全面禁止食用国家保护的"有重要生态、科学、社会价值的陆生野生动物"以及其他陆生野生动物，包括人工繁育、人工饲养的陆生野生动物；全面禁止以食用为目的猎捕、交易、运输在野外环境自然生长繁殖的陆生野生动物。

《关于禁止野生动物交易的公告》《全国人民代表大会常务委员会关于全面禁止非法野生动物交易、革除滥食野生动物陋习、切实保障人民群众生命健康安全的决定》的出台，大大拓展了野生动物的保护范围，如果交易和食用蝙蝠等野生动物，将构成违法行为，并有可能面临加重处罚。国家通过全面禁止非法野生动物交易和革除滥食野生动物陋习，可以有效防范重大公共卫生风险，切实保障人民群众生命健康安全，加强生态文明建设，促进人与自然和谐共生。

135 疫情发生后，是否应当全面禁食野生动物？

【专家解读】

在新冠肺炎疫情发生后、《全国人民代表大会常务委员会关于全面禁止非法野生动物交易、革除滥食野生动物陋习、切实保障人民群众生命健康安全的决定》出台前，社会公众曾进行了一场是否应当全面禁食野生动物的大讨论。

支持全面禁食野生动物的一方认为，无论是 2003 年发生的"非典"疫情，还是 2019 年年底发生的新冠肺炎疫情，均与食用果子狸、蝙蝠等"野味"密切相关，这不仅给人们的生命和健康带来了威胁和损害，也给国家和社会造成了无法估量的经济损失，我们不能总是在同一个地方跌倒，而应当从这些重大疫情事件中吸取深刻的经验教训。此外，当前我国《野生动物保护法》存在一定的漏洞，野生动物保护的范围过窄，为了实现国家治理体系和治理能力现代化，也应当通过修法来弥补法律的漏洞与滞后。

反对全面禁食野生动物的一方认为，法律是各方利益的平衡器，在立法决策时没有必要"一刀切"。我国《野生动物保护法》应树立公共卫生安全的立法理念，在扩大野生动物保护范围的同时，明确禁食蝙蝠这类有证据证明极有可能有食用风险的野生动物。同时，我国《动物防疫法》也应当积极发挥作用，不管是合法还是非法捕获的动物，只要在市面上出售，都要进行检疫。此外，发展野生动物养殖是一些地方脱贫致富的重要产业，人工饲养的梅花鹿、鸵鸟等不应该归入野生动物的管理范围，只要养殖技术成熟、检疫标准完善，它们完全可以作为家禽家畜饲养，以满足市场的需求。

由此可见，无论是支持全面禁食野生动物的一方，还是支持限食野生动物的一方，均提出了各自的理由，这为国家立法、修法提供了非常好的参考。当前，有的省市已经启动了相关立法。例如，2020 年 2 月 11 日，广东省十三届人大常委会第十八次会议审议通过了《广东省人民代表大会常务委员会关于依法防控新型冠状病毒肺炎疫情切实保障人民群众生命健康安全的决定》，该决定自发布时生效。其第 4 条规定，严禁农贸市场、餐饮单位、商场超市、电商平台等交易、消费场所开展野生动物交易、消费活动。其第 5 条第 1 款第 5 项规定，要革除滥食野生动物的陋习，不得滥食野生动物，养成文明、卫生的饮食习惯。其第 6 条第 2 款第 7 项列举了出售、购买、利用、运输、携带、寄递野生动物及其制品，为出售、购买野生动物及其制品发布广告及提供交易服务，滥食野生动物的违法行为。应当说，立法的速度和管控的强度非常大。

2020 年 2 月 24 日，《全国人民代表大会常务委员会关于全面禁止非法野生动物交易、革除滥食野生动物陋习、切实保障人民群众生命健康安全的决定》的出台，暂时平息了这场激烈的争论。

136 为了更好地防控疫情的发生，未来能否制定野生动物禁食目录?

【专家解读】

新冠肺炎疫情的暴发，既让我们思考当前立法的不足，也让我们考虑应当以何种方式预防和控制风险，有无具体的举措。有人认为，我国应当建立野生动物的禁食目录，通过"黑名单"和"白名单"制度，公众一目了然，很容易知道哪些野生动物可以食用，哪些野生动物不可以食用。如果发生食用"黑名单"上的野生动物的行为，则需按照相关的规定进行惩处。但也有人指出，要想制定一份科学、规范的野生动物禁食目录谈何容易！尽管从"应然性"的角度应该制定野生动物禁食目录，但在"实然性"上可操作性不强。

法律的相关规定是建立在科学的基础上的，至少有以下三个方面是制定禁食野生动物目录时需要重点考量的：一是综合考虑野生动物的种群；二是考虑生态功能；三是考虑野生动物本身的疫源疫病风险。具体而言，国家重点保护动物、地方重点保护动物和具有重要的科研、经济和社会价值的动物，以及一些疫源动物，均应当纳入禁食目录的范围。当然，这个禁食目录不是固定不变的，理应建立一整套动态的调整机制，即如果确有证据证明某野生动物具有疫源疫病风险，那么应当将其及时补充到禁食名录之中，以克服其指定后带来的滞后性。

随着我国经济和社会发展水平的不断提高，我国已经进入生态文明体制改革和制度建设的攻坚期和关键期，到了与野生动物保持适当距离，培育生态文明型和环境友好型生活方式的窗口期，从发展态势上应当建立禁食野生动物的名录制度，强制全民形成对国家和社会负责的环境友好型饮食方式，自觉培育公民保护野生动物的意识，促进人与自然和谐发展。但是由于难度较高，2020年2月24日出台的《全国人民代表大会常务委员会关于全面禁止非法野生动物交易、革除滥食野生动物陋习、切实保障人民群众生命健康安全的决定》采取全面禁食的原则，目的就是从源头上防范和控制重大公共卫生安全风险。

对于《全国人民代表大会常务委员会关于全面禁止非法野生动物交易、革除滥食野生动物陋习、切实保障人民群众生命健康安全的决定》，如果只从名称上看，容易给一部分社会公众造成一定的担忧甚至误解，猪、牛、羊、鸭、鹅、鱼等是否在禁止之列？为此，全国人大常委会法工委经济法室副主任杨合庆进行了解释：（1）捕捞鱼类等天然渔业资源是一种重要的农业生产方式，也是国际通行做法，《渔业法》等已对此作了规范，根据各方面的一致意见，按照决定的有关规定，鱼类等水生野生动物不列入禁食范围。（2）比较常见的家畜家禽（如猪、牛、羊、鸡、鸭、鹅等），是主要供食用的动物，依照《畜牧法》《动物防疫法》等法律法规管理。还有一些动物（如兔、鸽等）的人工养殖利用时间长、技术成熟，人民群众已广泛接受，所形成的产值、从业人员具有一定规模，有些在脱贫攻坚中发挥着重要的作用。按照该决定的规定，这些列入《畜牧法》规定的"畜禽遗传资源目录"的动物，也属于家畜家禽，对其养殖利用包括食用等，依照《畜牧法》的规定进行管理，并进行严格检疫。国务院畜牧兽医行政主管部门依法制定并公布畜禽遗传资源目录，家畜家禽的具体范围按照国家公布的目录执行。

137 从预防疫情的角度出发，我国应当如何加强对违法出售、购买、利用野生动物的监管？

【专家解读】

我国《野生动物保护法》第4条明文规定，国家对野生动物采取保护优先、规范利用、严格监管的原则。第27条规定，禁止出售、购买、利用国家重点保护野生动物及其制品。因科学研究、人工繁育、公众展示展演、文物保护或者其他特殊情况，需要出售、购买、利用国家重点保护野生动物及其制品的，应当经省、自治区、直辖市人民政府野生动物保护主管部门批准，并按照规定取得和使用专用标识，保证可追溯，同时依法附有检疫证明。但国务院对批准机关另有规定的除外。实行国家重点保护野生动物及其制品专用标识的范围和管理办法，由国务院野生动物保护主管部门规定。出售、利用非国家重点保护野生动物的，应当提供狩猎、进出口等合法来源证明，出售本条第二款、第四款规定的野生动物的，还应当依法附有检疫证明。

对于违法出售、购买、利用野生动物的监管，未来应当从以下两个方面进一步提高：一是严格执法。例如，如果发现有人以收容救护为名买卖野生动物及其制品的，那么县级以上人民政府野生动物保护主管部门应当没收该野生动物及其制品和违法所得，并处野生动物及其制品价值 2 倍以上 10 倍以下的罚款，将有关违法信息记入社会诚信档案，向社会公布；构成犯罪的，依法追究刑事责任。二是对于有关部门或者机关接到违法行为的举报不查处或者不依法查处，对于有责任的主管人员和直接责任人员应当依法予以行政处罚，情节严重者，还有可能构成滥用职权罪。按照我国《刑法》第 397 条的规定，犯本罪的，处 3 年以下有期徒刑或者拘役；情节特别严重的，处 3 年以上 7 年以下有期徒刑。

138 疫情发生后，我国应当采取何种措施加强对野生动物的保护?

【专家解读】

新冠肺炎疫情让我们重新思考人类与野生动物的关系。我们究竟应当如何保护野生动物以实现两者的和平共处，和谐共生。归纳起来，主要包括完善立法、严格执法和加强宣传三个方面。

第一，完善立法。2019 年 10 月 31 日，党中央通过了《中共中央关于坚持和完善中国特色社会主义制度推进国家治理体系和治理能力现代化若干重大问题的决定》。该决定明确指出，要坚持科学立法、民主立法、依法立法，坚持立改废释并举，不断提高立法质量和效率。此次新冠肺炎疫情催促我们对《野生动物保护法》《动物防疫法》《传染病防治法》等与野生动物保护紧密相关的法律进行修改，尤其是要吸收《全国人民代表大会常务委员会关于全面禁止非法野生动物交易、革除滥食野生动物陋习、切实保障人民群众生命健康安全的决定》中的相关内容和借鉴成熟的地方立法经验，以适应当前社会发展的需要。

第二，严格执法。市场监管、公路、邮政、铁路、民航、航运和海关等有关部门应当密切配合，建立健全野生动植物保护监管联动机制和长效机制。在各自的职权和管理范围内，对违法行为及时处罚，而不应仅仅依赖专项行动的威慑。公安机关要结合"扫黑除恶"专项斗争，清理非法持有的猎枪及弹药，坚决打击猎杀、破坏野生保护动物资源的违法犯罪行为。对于疫情期间的违法行为，应当从重处罚。例如，2020年2月13日，浙江省绍兴市上虞区人民法院利用远程视频方式审理了疫情期间非法猎捕野生动物的案件，以非法狩猎罪判处被告人庄某有期徒刑6个月。

第三，加强宣传。保护野生动物就是保护人类赖以生存的生态环境，就是维护生物多样性和促进社会的良性发展。我们的立法尽管还有一些疏漏，但是已经初步形成了一套法律与政策体系，然而许多法律和政策的内容还没有完全走进每一位民众的心中，这需要我们通过各种形式、不同渠道的法治宣传教育，切实开展野生动物保护工作。

139 我国对处理新冠肺炎疫情有关的医疗感染性废物和人体病理性废物，有何法律规定？

【专家解读】

疫情暴发期间，与新冠肺炎相关的医疗废物的科学处理直接影响到疫情的有效防控。根据《传染病防治法》《固体废物污染环境防治法》《医疗废物管理条例》《医疗卫生机构医疗废物管理办法》《医疗废物分类目录》的规定，对与传染病相关的医疗废物包括医疗感染性废物和人体病理性废物采取的控制处理措施包括：一是传染病病人和疑似传染病病人的生活垃圾按医疗废物管理；二是与传染病相关的医疗废物与其他医疗废物分类处理；三是传染病病人和疑似传染病病人的排泄物必须经过严格消毒达到国家排放标准，才能排放到污水处理系统。在2003年原国家环保总局发布的《医疗废物集中处置技术规范》第六章专章规定了重大传染病疫情期间医疗废物处置特殊要求，要求处置人员一级防护、分类收集、专人管理、高温焚烧、迅速处理（不超过 12 小时）。

法国有关传染性和病理性医疗废物集中处置的相关规定中，有些内容值得我们借鉴：一是建立跟踪清单制度，由医疗机构签发"分类处置有传染性危险的医疗废弃物"清单，此清单自始至终跟随废弃物处理全过程，直到最终处置结束，然后自收到跟踪清单之后的 1 个月之内将跟踪清单复印件邮寄给医疗机构；二是要求所有人体病理性废弃物在匿名的情况下进行鉴定，鉴定报告附在跟踪清单中，并最终寄回医疗机构；三是要求医疗废弃物处理单位通过购买保险来承担民事责任。此规定可以促进传染性医疗废弃物清晰溯源、严格按规范处理，并有助于厘定责任。

新冠肺炎疫情暴发后，有专家研究团队从新冠肺炎患者的尿液和粪便中分离出活病毒毒株，显示感染者的排泄物可能导致传染病扩散。但现有法律并未对传染病人和疑似传染病人居家隔离和生活时的排泄物消毒排放予以规定，临时建立的方舱医院、临时隔离点的感染者的排泄物的消毒排放亦很难遵照医疗机构医疗废物的消毒排放方式。为使疫情得到有效控制，我国法律应当对此予以明确规范。

140 疫情发生后，我国法律是否允许保存新冠病毒毒株？

【专家解读】

依据《传染病防治法》《中国微生物菌种保藏管理条例》《人间传染的病原微生物菌（毒）种保藏机构管理办法》《病原微生物实验室生物安全管理条例》的规定，保存新冠病毒毒株是合法的，但必须保存在国家卫生行政主管部门指定的保藏中心或专业实验室，予以登记并开具接收证明。

我国法律明确规定，对于人间传染的病毒、细菌、真菌、放射菌、立克次体、衣原体、支原体、螺旋体等可培养的、具有保存价值的菌（毒）种，以及病原微生物样本、可导致人类传染的不同感染时期的寄生虫虫体、虫卵或样本，编码产物或其衍生物对人体有直接或潜在危害的基因（或片段）

均可经保藏机构认定保藏于国家卫生行政主管部门指定的保藏机构中。《人间传染的病原微生物菌（毒）种保藏机构管理办法》第 11 条第 1 项规定，我国境内未曾发现的高致病性病原微生物菌（毒）种或样本和已经消灭的病原微生物菌（毒）种或样本由国家级保藏中心或专业实验室进行保藏。新冠病毒属于人间传染的、我国以前未曾感染人类的高致病性病原微生物毒种，需依法保藏于特定机构之中。

世界各国法律均允许将高致病性病原微生物毒种保存于特定机构，包括已经消灭的、仍然存在的、他国存在但本国未曾出现的（如埃博拉病毒）、新近出现的新型病原微生物菌（毒）种等。天花于 1980 年被世界卫生组织宣布消灭，但病原体仍被保存于俄罗斯新西伯利亚国家病毒和生物技术中心，以及美国的疾病预防与控制中心。2011 年被宣布消灭的第二种疫病牛瘟，病毒毒株亦被国际组织授权的国家实验室包括中国的实验室保存。"非典"暴发之后，SARS 病毒也被我国保存于国家卫生行政主管部门指定的 6 个实验室中。各国法律允许保存高致病性病原微生物毒种的目的在于进行疫苗研制，加强传染病防疫，战胜对人类造成极大损害的烈性传染性疾病。

141　疫情发生后，法律规定如何防止实验室新冠病毒等重大传染性病毒毒株泄漏等事件发生？

【专家解读】

生物安全的概念最早就是关于病原微生物安全的。美国疾病控制中心指出，生物安全是指"研究和使用具有潜在感染性的微生物时，实验室操作、程序、试验设施和仪器设备的安全性"。根据我国《病原微生物实验室生物安全管理条例》第 7 条和《人间传染的高致病性病原微生物实验室和实验活动生物安全审批管理办法》第 3 条的规定，为了防控生物安全，我国对从事传染性病原微生物研究的人员进行严格限定，对病原微生物实行分类管理，对实验室实行分级管理。

我国根据病原微生物的传染性、感染后的危害程度将其分为四类，第一类、第二类属于高致病性病原微生物。凡我国尚未发现或已消灭的，以及能引起人类或动物非常严重疾病的微生物属于第一类病原微生物；比较容易直接或间接在人与人、动物与人、动物与动物之间传播的引起人类或动物严重疾病的微生物属于第二类病原微生物。为了保证高致病性病原微生物的管理安全，我国原卫生部和农业部批准设立了符合生物安全的三级和四级生物实验室，第一类、第二类高致病性病原微生物可在三级、四级生物实验室进行研究。我国目前已建成50多个三级生物安全实验室，2个四级生物实验室分别是中法合作建立的中国科学院武汉国家安全生物实验室、中国农业科学院哈尔滨兽医研究所的国家动物疫病防控高级别生物安全实验室，但哈尔滨国家动物疫病防控高级别生物安全实验室主要研究动物疫病。卫生主管部门公布了《人间传染的病原微生物名录》，原农业部公布了《动物病原微生物分类名录》，SARS冠状病毒属于第二类，与之类似的新冠病毒亦应属于第二类，对其研究只能在三级以上实验室进行。

为了防止实验室病原微生物泄漏和感染，法律要求实验室在明显位置标示符合主管部门要求的生物安全实验室级别标志和生物危险标识，并规定了实验室审批、事故报告制度。但报告制度中规定实验室出现泄漏或感染事故时，仅向实验室所在地的县级卫生行政部门报告，并无向省级或国家级卫生行政主管部门报告的要求，这不利于烈性传染病的防控。相关规定均为国务院行政法规和部门规章，效力等级较低，在保障实验室生物安全、公共卫生安全和公众知情权方面尚显不足。

142 疫情之后，若保藏的新冠病毒导致他人感染，如何认定法律责任？

【专家解读】

根据《传染病防治法》《侵权责任法》《病原微生物实验室生物安全管理条例》的规定，若保藏的高致病性病毒毒株出现感染事故，被感染者享有及时获得医治权、损害赔偿请求权。若被感染者为实验室工作人员，依据

《职业病防治法》，被认定为职业病的可依法认定为工伤，享受工伤待遇的相关权利。

　　"非典"疫情之后，SARS 病毒毒株被保存在国家指定的包括中国疾病预防控制中心在内的 6 所指定实验室中。2004 年 3 月，某大学研究生宋某在中国疾病预防控制中心病毒预防控制所腹泻实验室实习后发烧不适，到北京健宫医院以肺炎就诊入院。护理过宋某的护士也出现类似症状进入北京大学人民医院重症监护室治疗。同年 4 月宋某返回安徽治疗，其母也出现发热以病毒性肺炎入院治疗，后经抢救无效死亡。而早在 2004 年 2 月该研究所两位研究人员就出现感染，经检查 SARS 抗体阳性。后来成立了 3 个调查组，原卫生部、军事医学科学院、世界卫生组织专家组成的调查组，原卫生部、科技部组成的调查组，中国疾病预防控制中心组织的专家组。最终认定是一名实验室人员因操作不规范导致其他人员感染。《病原微生物实验室生物安全管理条例》规定，出现实验室感染事件时，实验室负责人应派专人陪同就诊，并向医疗机构如实告知。在此感染事件中，中国疾病预防控制中心病毒预防控制所管理不规范，相关责任人也应依法承担行政法律责任。该病毒所对宋某的病情未予告知，导致 7 人确诊，1 名疑似病人死亡，应对感染者承担损害赔偿责任。

　　实验室病毒感染事件并非孤例。2003 年 9 月，新加坡国立大学一名研究生因实验程序不当导致 SARS 冠状病毒与西尼罗病毒交叉感染，被感染上 SARS 病毒。2003 年 12 月，我国台湾地区某预防医学研究所詹某因处理实验室运输舱外泄废弃物过程中操作疏忽感染 SARS 病毒。由此可见，实验室并非完全安全，应对可能被感染者的权利给予更全面的法律保护。

143 疫情之后，我国法律对新冠病毒等重大传染性病毒的研究范围有何禁止性规定？

【专家解读】

根据《人间传染的病原微生物名录》《人间传染的病原微生物菌（毒）

种保藏机构管理办法》和《病原微生物实验室生物安全管理条例》第 21 条
的规定，SARS 冠状病毒危害程度属于第二类，新冠病毒与之类似，应同属
于第二类。对新冠病毒的研究必须遵循报告制度，一是获得与之相关的研究
项目必须告知省级以上卫生行政部门；二是实验活动和实验结果必须向省级
以上卫生行政部门报告。研究必须在三级以上实验室进行，并建立实验档案
制度，保存不少于 20 年，实验结束后病毒毒株必须销毁或者送还保藏机构
保管。

对重大传染性病毒的研究具有两面性，一方面可能造福人类，通过研制
疫苗防治重大传染疾病的侵袭；另一方面则可能损害人类。我国对包括
SARS 冠状病毒在内的第一类、第二类病毒研究有一定限制。一是对我国未
出现的病毒和已经宣布消灭的重大传染性病毒的研究必须经过国家卫生行政
主管部门或兽医主管部门批准。二是对重大传染性合成病毒研究进行严格控
制。DNA 合成和基因编辑技术的发展已经很容易在实验室人工合成病原。
如加拿大学者人工合成了类似天花的马痘病毒，美国纽约大学实验室宣称已
经人工合成了可引起小儿麻痹症的脊髓灰质炎病毒。我国对实验室人工合成
传染病病原应根据病原级别实施分类严格审批和报告制度，凡是可能引发一
级、二级的高致病性重大传染性疾病流行的人工合成病毒，世界上未曾出
现、我国未曾出现的人工合成病毒的实验，应严格由国家卫生行政主管部门
批准，对跨国国际合作严格审查，对实验结果必须报审批机关备案。三是不
利用重大传染病病毒进行生物化学武器研究。作为《禁止生物武器公约》
的缔约国、WHO 和 OIE 成员国，不得生产储存并协助他国获取生物武器。
新冠病毒在我国以前并不存在，我国已将新冠肺炎纳入乙类传染病，并采取
甲类传染病的预防、控制措施，与之同属于乙类传染病的炭疽、布鲁氏菌均
是重要的生化武器病原。我国应不断加强国内立法，实现对重大传染性疾病
病原的规范与控制。

【参考文献与拓展阅读】

1. 全国人大环资委法案室：《中华人民共和国野生动物保护法解读》，中国法制出版社 2016 年版。

2. 安静：《中国西部民族自治地方野生动植物保护法制研究》，西南交通大学出版社 2016 年版。

3. 高铭暄、马克昌主编：《刑法学》，北京大学出版社 2016 年版。

4. 袁志明主编：《法国生物安全法律法规选编》，科学出版社 2015 年版。

5. 田兴军主编：《生物多样性及其保护生物学》，化学工业出版社 2005 年版。

6. 钭晓东、刘晓、黄泽晓："主体地位与栖息地：野生动物法律保护问题研究"，载《宁波大学学报（人文科学版）》2017 年第 5 期。

7. 赵启祖："《生物安全法》对传染性疾病防控的重要意义"，载《北京航空航天大学学报（社会科学版）》2019 年第 5 期。

附　录

一、法律

《中华人民共和国合同法》（节选）

（1999 年 3 月 15 日发布）

......

第九十四条 有下列情形之一的，当事人可以解除合同：

（一）因不可抗力致使不能实现合同目的；

（二）在履行期限届满之前，当事人一方明确表示或者以自己的行为表明不履行主要债务；

（三）当事人一方迟延履行主要债务，经催告后在合理期限内仍未履行；

（四）当事人一方迟延履行债务或者有其他违约行为致使不能实现合同目的；

（五）法律规定的其他情形。

......

第一百一十七条 因不可抗力不能履行合同的，根据不可抗力的影响，部分或者全部免除责任，但法律另有规定的除外。当事人迟延履行后发生不可抗力的，不能免除责任。

本法所称不可抗力，是指不能预见、不能避免并不能克服的客观情况。

第一百一十八条 当事人一方因不可抗力不能履行合同的，应当及时通知对方，以减轻可能给对方造成的损失，并应当在合理期限内提供证明。

......

第一百八十六条 赠与人在赠与财产的权利转移之前可以撤销赠与。

具有救灾、扶贫等社会公益、道德义务性质的赠与合同或者经过公证的赠与合同，不适用前款规定。

第一百八十七条 赠与的财产依法需要办理登记等手续的，应当办理有关手续。

第一百八十八条 具有救灾、扶贫等社会公益、道德义务性质的赠与合同或者经过公证的赠与合同，赠与人不交付赠与的财产的，受赠人可以要求交付。

......

《中华人民共和国劳动法》（节选）

（2018 年 12 月 29 日修正）

......

第四十一条 用人单位由于生产经营需要，经与工会和劳动者协商后可以延长工作时间，一般每日不得超过一小时；因特殊原因需要延长工作时间的，在保障劳动者身体健康的条件下延长工作时间每日不得超过三小时，但是每月不得超过三十六小时。

第四十二条 有下列情形之一的，延长工作时间不受本法第四十一条规定的限制：

（一）发生自然灾害、事故或者因其他原因，威胁劳动者生命健康和财产安全，需要紧急处理的；

（二）生产设备、交通运输线路、公共设施发生故障，影响生产和公众利益，必须及时抢修的；

（三）法律、行政法规规定的其他情形。

......

《中华人民共和国劳动合同法》（节选）

（2012 年 12 月 28 日修正）

......

第四十条 有下列情形之一的，用人单位提前三十日以书面形式通知劳动者本人或者额外支付劳动者一个月工资后，可以解除劳动合同：

（一）劳动者患病或者非因工负伤，在规定的医疗期满后不能从事原工作，也不能从事由用人单位另行安排的工作的；

（二）劳动者不能胜任工作，经过培训或者调整工作岗位，仍不能胜任工作的；

（三）劳动合同订立时所依据的客观情况发生重大变化，致使劳动合同无法履行，经用人单位与劳动者协商，未能就变更劳动合同内容达成协议的。

第四十一条　有下列情形之一，需要裁减人员二十人以上或者裁减不足二十人但占企业职工总数百分之十以上的，用人单位提前三十日向工会或者全体职工说明情况，听取工会或者职工的意见后，裁减人员方案经向劳动行政部门报告，可以裁减人员：

（一）依照企业破产法规定进行重整的；

（二）生产经营发生严重困难的；

（三）企业转产、重大技术革新或者经营方式调整，经变更劳动合同后，仍需裁减人员的；

（四）其他因劳动合同订立时所依据的客观经济情况发生重大变化，致使劳动合同无法履行的。

裁减人员时，应当优先留用下列人员：

（一）与本单位订立较长期限的固定期限劳动合同的；

（二）与本单位订立无固定期限劳动合同的；

（三）家庭无其他就业人员，有需要扶养的老人或者未成年人的。

用人单位依照本条第一款规定裁减人员，在六个月内重新招用人员的，应当通知被裁减的人员，并在同等条件下优先招用被裁减的人员。

……

《中华人民共和国慈善法》（节选）

（2016 年 3 月 16 日发布）

……

第二条　自然人、法人和其他组织开展慈善活动以及与慈善有关的活动，适用本法。其他法律有特别规定的，依照其规定。

第三条　本法所称慈善活动，是指自然人、法人和其他组织以捐赠财产或者提供服务等方式，自愿开展的下列公益活动：

（一）扶贫、济困；

（二）扶老、救孤、恤病、助残、优抚；

（三）救助自然灾害、事故灾难和公共卫生事件等突发事件造成的损害；

（四）促进教育、科学、文化、卫生、体育等事业的发展；

（五）防治污染和其他公害，保护和改善生态环境；

（六）符合本法规定的其他公益活动。

第四条 开展慈善活动，应当遵循合法、自愿、诚信、非营利的原则，不得违背社会公德，不得危害国家安全、损害社会公共利益和他人合法权益。

......

第三十条 发生重大自然灾害、事故灾难和公共卫生事件等突发事件，需要迅速开展救助时，有关人民政府应当建立协调机制，提供需求信息，及时有序引导开展募捐和救助活动。

......

第三十四条 本法所称慈善捐赠，是指自然人、法人和其他组织基于慈善目的，自愿、无偿赠与财产的活动。

第三十五条 捐赠人可以通过慈善组织捐赠，也可以直接向受益人捐赠。

第三十六条 捐赠人捐赠的财产应当是其有权处分的合法财产。捐赠财产包括货币、实物、房屋、有价证券、股权、知识产权等有形和无形财产。

捐赠人捐赠的实物应当具有使用价值，符合安全、卫生、环保等标准。

捐赠人捐赠本企业产品的，应当依法承担产品质量责任和义务。

第三十七条 自然人、法人和其他组织开展演出、比赛、销售、拍卖等经营性活动，承诺将全部或者部分所得用于慈善目的的，应当在举办活动前与慈善组织或者其他接受捐赠的人签订捐赠协议，活动结束后按照捐赠协议履行捐赠义务，并将捐赠情况向社会公开。

第三十八条 慈善组织接受捐赠，应当向捐赠人开具由财政部门统一监（印）制的捐赠票据。捐赠票据应当载明捐赠人、捐赠财产的种类及数量、慈善组织名称和经办人姓名、票据日期等。捐赠人匿名或者放弃接受捐赠票据的，慈善组织应当做好相关记录。

第三十九条　慈善组织接受捐赠，捐赠人要求签订书面捐赠协议的，慈善组织应当与捐赠人签订书面捐赠协议。

书面捐赠协议包括捐赠人和慈善组织名称，捐赠财产的种类、数量、质量、用途、交付时间等内容。

第四十条　捐赠人与慈善组织约定捐赠财产的用途和受益人时，不得指定捐赠人的利害关系人作为受益人。

任何组织和个人不得利用慈善捐赠违反法律规定宣传烟草制品，不得利用慈善捐赠以任何方式宣传法律禁止宣传的产品和事项。

第四十一条　捐赠人应当按照捐赠协议履行捐赠义务。捐赠人违反捐赠协议逾期未交付捐赠财产，有下列情形之一的，慈善组织或者其他接受捐赠的人可以要求交付；捐赠人拒不交付的，慈善组织和其他接受捐赠的人可以依法向人民法院申请支付令或者提起诉讼：

（一）捐赠人通过广播、电视、报刊、互联网等媒体公开承诺捐赠的；

（二）捐赠财产用于本法第三条第一项至第三项规定的慈善活动，并签订书面捐赠协议的。

捐赠人公开承诺捐赠或者签订书面捐赠协议后经济状况显著恶化，严重影响其生产经营或者家庭生活的，经向公开承诺捐赠地或者书面捐赠协议签订地的民政部门报告并向社会公开说明情况后，可以不再履行捐赠义务。

第四十二条　捐赠人有权查询、复制其捐赠财产管理使用的有关资料，慈善组织应当及时主动向捐赠人反馈有关情况。

慈善组织违反捐赠协议约定的用途，滥用捐赠财产的，捐赠人有权要求其改正；拒不改正的，捐赠人可以向民政部门投诉、举报或者向人民法院提起诉讼。

第四十三条　国有企业实施慈善捐赠应当遵守有关国有资产管理的规定，履行批准和备案程序。

……

第六十一条　本法所称慈善服务，是指慈善组织和其他组织以及个人基于慈善目的，向社会或者他人提供的志愿无偿服务以及其他非营利服务。

慈善组织开展慈善服务，可以自己提供或者招募志愿者提供，也可以委托有服务专长的其他组织提供。

第六十二条 开展慈善服务，应当尊重受益人、志愿者的人格尊严，不得侵害受益人、志愿者的隐私。

第六十三条 开展医疗康复、教育培训等慈善服务，需要专门技能的，应当执行国家或者行业组织制定的标准和规程。

慈善组织招募志愿者参与慈善服务，需要专门技能的，应当对志愿者开展相关培训。

第六十四条 慈善组织招募志愿者参与慈善服务，应当公示与慈善服务有关的全部信息，告知服务过程中可能发生的风险。

慈善组织根据需要可以与志愿者签订协议，明确双方权利义务，约定服务的内容、方式和时间等。

第六十五条 慈善组织应当对志愿者实名登记，记录志愿者的服务时间、内容、评价等信息。根据志愿者的要求，慈善组织应当无偿、如实出具志愿服务记录证明。

第六十六条 慈善组织安排志愿者参与慈善服务，应当与志愿者的年龄、文化程度、技能和身体状况相适应。

第六十七条 志愿者接受慈善组织安排参与慈善服务的，应当服从管理，接受必要的培训。

第六十八条 慈善组织应当为志愿者参与慈善服务提供必要条件，保障志愿者的合法权益。

慈善组织安排志愿者参与可能发生人身危险的慈善服务前，应当为志愿者购买相应的人身意外伤害保险。

......

第九十八条 慈善组织有下列情形之一的，由民政部门责令限期改正；逾期不改正的，吊销登记证书并予以公告：

（一）未按照慈善宗旨开展活动的；

（二）私分、挪用、截留或者侵占慈善财产的；

（三）接受附加违反法律法规或者违背社会公德条件的捐赠，或者对受益人附加违反法律法规或者违背社会公德的条件的。

第九十九条　慈善组织有下列情形之一的，由民政部门予以警告、责令限期改正；逾期不改正的，责令限期停止活动并进行整改：

（一）违反本法第十四条规定造成慈善财产损失的；

（二）将不得用于投资的财产用于投资的；

（三）擅自改变捐赠财产用途的；

（四）开展慈善活动的年度支出或者管理费用的标准违反本法第六十条规定的；

（五）未依法履行信息公开义务的；

（六）未依法报送年度工作报告、财务会计报告或者报备募捐方案的；

（七）泄露捐赠人、志愿者、受益人个人隐私以及捐赠人、慈善信托的委托人不同意公开的姓名、名称、住所、通讯方式等信息的。

慈善组织违反本法规定泄露国家秘密、商业秘密的，依照有关法律的规定予以处罚。

慈善组织有前两款规定的情形，经依法处理后一年内再出现前款规定的情形，或者有其他情节严重情形的，由民政部门吊销登记证书并予以公告。

第一百条　慈善组织有本法第九十八条、第九十九条规定的情形，有违法所得的，由民政部门予以没收；对直接负责的主管人员和其他直接责任人员处二万元以上二十万元以下罚款。

……

第一百零七条　自然人、法人或者其他组织假借慈善名义或者假冒慈善组织骗取财产的，由公安机关依法查处。

第一百零八条　县级以上人民政府民政部门和其他有关部门及其工作人员有下列情形之一的，由上级机关或者监察机关责令改正；依法应当给予处分的，由任免机关或者监察机关对直接负责的主管人员和其他直接责任人员给予处分：

（一）未依法履行信息公开义务的；

（二）摊派或者变相摊派捐赠任务，强行指定志愿者、慈善组织提供服务的；

（三）未依法履行监督管理职责的；

（四）违法实施行政强制措施和行政处罚的；

（五）私分、挪用、截留或者侵占慈善财产的；

（六）其他滥用职权、玩忽职守、徇私舞弊的行为。

……

《中华人民共和国公益事业捐赠法》

（1999 年 6 月 28 日发布）

第一章　总　则

第一条　为了鼓励捐赠，规范捐赠和受赠行为，保护捐赠人、受赠人和受益人的合法权益，促进公益事业的发展，制定本法。

第二条　自然人、法人或者其他组织自愿无偿向依法成立的公益性社会团体和公益性非营利的事业单位捐赠财产，用于公益事业的，适用本法。

第三条　本法所称公益事业是指非营利的下列事项：

（一）救助灾害、救济贫困、扶助残疾人等困难的社会群体和个人的活动；

（二）教育、科学、文化、卫生、体育事业；

（三）环境保护、社会公共设施建设；

（四）促进社会发展和进步的其他社会公共和福利事业。

第四条　捐赠应当是自愿和无偿的，禁止强行摊派或者变相摊派，不得以捐赠为名从事营利活动。

第五条　捐赠财产的使用应当尊重捐赠人的意愿，符合公益目的，不得将捐赠财产挪作他用。

第六条　捐赠应当遵守法律、法规，不得违背社会公德，不得损害公共利益和其他公民的合法权益。

第七条　公益性社会团体受赠的财产及其增值为社会公共财产，受国家法律保护，任何单位和个人不得侵占、挪用和损毁。

第八条　国家鼓励公益事业的发展，对公益性社会团体和公益性非营利的事业单位给予扶持和优待。

国家鼓励自然人、法人或者其他组织对公益事业进行捐赠。

对公益事业捐赠有突出贡献的自然人、法人或者其他组织，由人民政府或者有关部门予以表彰。对捐赠人进行公开表彰，应当事先征求捐赠人的意见。

第二章　捐赠和受赠

第九条　自然人、法人或者其他组织可以选择符合其捐赠意愿的公益性社会团体和公益性非营利的事业单位进行捐赠。捐赠的财产应当是其有权处分的合法财产。

第十条　公益性社会团体和公益性非营利的事业单位可以依照本法接受捐赠。

本法所称公益性社会团体是指依法成立的，以发展公益事业为宗旨的基金会、慈善组织等社会团体。

本法所称公益性非营利的事业单位是指依法成立的，从事公益事业的不以营利为目的的教育机构、科学研究机构、医疗卫生机构、社会公共文化机构、社会公共体育机构和社会福利机构等。

第十一条　在发生自然灾害时或者境外捐赠人要求县级以上人民政府及其部门作为受赠人时，县级以上人民政府及其部门可以接受捐赠，并依照本法的有关规定对捐赠财产进行管理。

县级以上人民政府及其部门可以将受赠财产转交公益性社会团体或者公益性非营利的事业单位；也可以按照捐赠人的意愿分发或者兴办公益事业，但是不得以本机关为受益对象。

第十二条　捐赠人可以与受赠人就捐赠财产的种类、质量、数量和用途等内容订立捐赠协议。捐赠人有权决定捐赠的数量、用途和方式。

捐赠人应当依法履行捐赠协议，按照捐赠协议约定的期限和方式将捐赠财产转移给受赠人。

第十三条　捐赠人捐赠财产兴建公益事业工程项目，应当与受赠人订立捐赠协议，对工程项目的资金、建设、管理和使用作出约定。

捐赠的公益事业工程项目由受赠单位按照国家有关规定办理项目审批手续，并组织施工或者由受赠人和捐赠人共同组织施工。工程质量应当符合国家质量标准。

　　捐赠的公益事业工程项目竣工后，受赠单位应当将工程建设、建设资金的使用和工程质量验收情况向捐赠人通报。

　　第十四条　捐赠人对于捐赠的公益事业工程项目可以留名纪念；捐赠人单独捐赠的工程项目或者主要由捐赠人出资兴建的工程项目，可以由捐赠人提出工程项目的名称，报县级以上人民政府批准。

　　第十五条　境外捐赠人捐赠的财产，由受赠人按照国家有关规定办理入境手续；捐赠实行许可证管理的物品，由受赠人按照国家有关规定办理许可证申领手续，海关凭许可证验放、监管。

　　华侨向境内捐赠的，县级以上人民政府侨务部门可以协助办理有关入境手续，为捐赠人实施捐赠项目提供帮助。

第三章　捐赠财产的使用和管理

　　第十六条　受赠人接受捐赠后，应当向捐赠人出具合法、有效的收据，将受赠财产登记造册，妥善保管。

　　第十七条　公益性社会团体应当将受赠财产用于资助符合其宗旨的活动和事业。对于接受的救助灾害的捐赠财产，应当及时用于救助活动。基金会每年用于资助公益事业的资金数额，不得低于国家规定的比例。

　　公益性社会团体应当严格遵守国家的有关规定，按照合法、安全、有效的原则，积极实现捐赠财产的保值增值。

　　公益性非营利的事业单位应当将受赠财产用于发展本单位的公益事业，不得挪作他用。

　　对于不易储存、运输和超过实际需要的受赠财产，受赠人可以变卖，所取得的全部收入，应当用于捐赠目的。

　　第十八条　受赠人与捐赠人订立了捐赠协议的，应当按照协议约定的用途使用捐赠财产，不得擅自改变捐赠财产的用途。如果确需改变用途的，应当征得捐赠人的同意。

　　第十九条　受赠人应当依照国家有关规定，建立健全财务会计制度和受赠财产的使用制度，加强对受赠财产的管理。

第二十条　受赠人每年度应当向政府有关部门报告受赠财产的使用、管理情况，接受监督。必要时，政府有关部门可以对其财务进行审计。

海关对减免关税的捐赠物品依法实施监督和管理。

县级以上人民政府侨务部门可以参与对华侨向境内捐赠财产使用与管理的监督。

第二十一条　捐赠人有权向受赠人查询捐赠财产的使用、管理情况，并提出意见和建议。对于捐赠人的查询，受赠人应当如实答复。

第二十二条　受赠人应当公开接受捐赠的情况和受赠财产的使用、管理情况，接受社会监督。

第二十三条　公益性社会团体应当厉行节约，降低管理成本，工作人员的工资和办公费用从利息等收入中按照国家规定的标准开支。

第四章　优惠措施

第二十四条　公司和其他企业依照本法的规定捐赠财产用于公益事业，依照法律、行政法规的规定享受企业所得税方面的优惠。

第二十五条　自然人和个体工商户依照本法的规定捐赠财产用于公益事业，依照法律、行政法规的规定享受个人所得税方面的优惠。

第二十六条　境外向公益性社会团体和公益性非营利的事业单位捐赠的用于公益事业的物资，依照法律、行政法规的规定减征或者免征进口关税和进口环节的增值税。

第二十七条　对于捐赠的工程项目，当地人民政府应当给予支持和优惠。

第五章　法律责任

第二十八条　受赠人未征得捐赠人的许可，擅自改变捐赠财产的性质、用途的，由县级以上人民政府有关部门责令改正，给予警告。拒不改正的，经征求捐赠人的意见，由县级以上人民政府将捐赠财产交由与其宗旨相同或者相似的公益性社会团体或者公益性非营利的事业单位管理。

第二十九条　挪用、侵占或者贪污捐赠款物的，由县级以上人民政府有关部门责令退还所用、所得款物，并处以罚款；对直接责任人员，由所在单位依照有关规定予以处理；构成犯罪的，依法追究刑事责任。

依照前款追回、追缴的捐赠款物，应当用于原捐赠目的和用途。

第三十条　在捐赠活动中，有下列行为之一的，依照法律、法规的有关规定予以处罚；构成犯罪的，依法追究刑事责任：

（一）逃汇、骗购外汇的；

（二）偷税、逃税的；

（三）进行走私活动的；

（四）未经海关许可并且未补缴应缴税额，擅自将减税、免税进口的捐赠物资在境内销售、转让或者移作他用的。

第三十一条　受赠单位的工作人员，滥用职权，玩忽职守，徇私舞弊，致使捐赠财产造成重大损失的，由所在单位依照有关规定予以处理；构成犯罪的，依法追究刑事责任。

第六章　附　则

第三十二条　本法自 1999 年 9 月 1 日起施行。

《中华人民共和国企业所得税法》（节选）
（2018 年 12 月 29 日修正）

......

第九条　企业发生的公益性捐赠支出，在年度利润总额 12% 以内的部分，准予在计算应纳税所得额时扣除；超过年度利润总额 12% 的部分，准予结转以后三年内在计算应纳税所得额时扣除。

......

《中华人民共和国消费者权益保护法》（节选）
（2013 年 10 月 25 日修正）

......

第十八条　经营者应当保证其提供的商品或者服务符合保障人身、财产安全的要求。对可能危及人身、财产安全的商品和服务，应当向消费者作出真实的说明和明确的警示，并说明和标明正确使用商品或者接受服务的方法以及防止危害发生的方法。

宾馆、商场、餐馆、银行、机场、车站、港口、影剧院等经营场所的经营者，应当对消费者尽到安全保障义务。

……

第二十条　经营者向消费者提供有关商品或者服务的质量、性能、用途、有效期限等信息，应当真实、全面，不得作虚假或者引人误解的宣传。

经营者对消费者就其提供的商品或者服务的质量和使用方法等问题提出的询问，应当作出真实、明确的答复。

经营者提供商品或者服务应当明码标价。

……

第四十条　消费者在购买、使用商品时，其合法权益受到损害的，可以向销售者要求赔偿。销售者赔偿后，属于生产者的责任或者属于向销售者提供商品的其他销售者的责任的，销售者有权向生产者或者其他销售者追偿。

消费者或者其他受害人因商品缺陷造成人身、财产损害的，可以向销售者要求赔偿，也可以向生产者要求赔偿。属于生产者责任的，销售者赔偿后，有权向生产者追偿。属于销售者责任的，生产者赔偿后，有权向销售者追偿。

消费者在接受服务时，其合法权益受到损害的，可以向服务者要求赔偿。

……

第四十八条　经营者提供商品或者服务有下列情形之一的，除本法另有规定外，应当依照其他有关法律、法规的规定，承担民事责任：

（一）商品或者服务存在缺陷的；

（二）不具备商品应当具备的使用性能而出售时未作说明的；

（三）不符合在商品或者其包装上注明采用的商品标准的；

（四）不符合商品说明、实物样品等方式表明的质量状况的；

（五）生产国家明令淘汰的商品或者销售失效、变质的商品的；

（六）销售的商品数量不足的；

（七）服务的内容和费用违反约定的；

（八）对消费者提出的修理、重作、更换、退货、补足商品数量、退还货款和服务费用或者赔偿损失的要求，故意拖延或者无理拒绝的；

（九）法律、法规规定的其他损害消费者权益的情形。

经营者对消费者未尽到安全保障义务，造成消费者损害的，应当承担侵权责任。

……

第五十五条 经营者提供商品或者服务有欺诈行为的，应当按照消费者的要求增加赔偿其受到的损失，增加赔偿的金额为消费者购买商品的价款或者接受服务的费用的三倍；增加赔偿的金额不足五百元的，为五百元。法律另有规定的，依照其规定。

经营者明知商品或者服务存在缺陷，仍然向消费者提供，造成消费者或者其他受害人死亡或者健康严重损害的，受害人有权要求经营者依照本法第四十九条、第五十一条等法律规定赔偿损失，并有权要求所受损失二倍以下的惩罚性赔偿。

第五十六条 经营者有下列情形之一，除承担相应的民事责任外，其他有关法律、法规对处罚机关和处罚方式有规定的，依照法律、法规的规定执行；法律、法规未作规定的，由工商行政管理部门或者其他有关行政部门责令改正，可以根据情节单处或者并处警告、没收违法所得、处以违法所得一倍以上十倍以下的罚款，没有违法所得的，处以五十万元以下的罚款；情节严重的，责令停业整顿、吊销营业执照：

（一）提供的商品或者服务不符合保障人身、财产安全要求的；

（二）在商品中掺杂、掺假，以假充真，以次充好，或者以不合格商品冒充合格商品的；

（三）生产国家明令淘汰的商品或者销售失效、变质的商品的；

（四）伪造商品的产地，伪造或者冒用他人的厂名、厂址，篡改生产日期，伪造或者冒用认证标志等质量标志的；

（五）销售的商品应当检验、检疫而未检验、检疫或者伪造检验、检疫结果的；

（六）对商品或者服务作虚假或者引人误解的宣传的；

（七）拒绝或者拖延有关行政部门责令对缺陷商品或者服务采取停止销售、警示、召回、无害化处理、销毁、停止生产或者服务等措施的；

（八）对消费者提出的修理、重作、更换、退货、补足商品数量、退还货款和服务费用或者赔偿损失的要求，故意拖延或者无理拒绝的；

（九）侵害消费者人格尊严、侵犯消费者人身自由或者侵害消费者个人信息依法得到保护的权利的；

（十）法律、法规规定的对损害消费者权益应当予以处罚的其他情形。

经营者有前款规定情形的，除依照法律、法规规定予以处罚外，处罚机关应当记入信用档案，向社会公布。

……

《中华人民共和国价格法》（节选）

（1997 年 12 月 29 日发布）

……

第十二条　经营者进行价格活动，应当遵守法律、法规，执行依法制定的政府指导价、政府定价和法定的价格干预措施、紧急措施。

第十三条　经营者销售、收购商品和提供服务，应当按照政府价格主管部门的规定明码标价，注明商品的品名、产地、规格、等级、计价单位、价格或者服务的项目、收费标准等有关情况。

经营者不得在标价之外加价出售商品，不得收取任何未予标明的费用。

第十四条　经营者不得有下列不正当价格行为：

（一）相互串通，操纵市场价格，损害其他经营者或者消费者的合法权益；

（二）在依法降价处理鲜活商品、季节性商品、积压商品等商品外，为了排挤竞争对手或者独占市场，以低于成本的价格倾销，扰乱正常的生产经营秩序，损害国家利益或者其他经营者的合法权益；

（三）捏造、散布涨价信息，哄抬价格，推动商品价格过高上涨的；

（四）利用虚假的或者使人误解的价格手段，诱骗消费者或者其他经营者与其进行交易；

（五）提供相同商品或者服务，对具有同等交易条件的其他经营者实行价格歧视；

（六）采取抬高等级或者压低等级等手段收购、销售商品或者提供服务，变相提高或者压低价格；

（七）违反法律、法规的规定牟取暴利；

（八）法律、行政法规禁止的其他不正当价格行为。

......

第三十九条 经营者不执行政府指导价、政府定价以及法定的价格干预措施、紧急措施的，责令改正，没收违法所得，可以并处违法所得五倍以下的罚款；没有违法所得的，可以处以罚款；情节严重的，责令停业整顿。

第四十条 经营者有本法第十四条所列行为之一的，责令改正，没收违法所得，可以并处违法所得五倍以下的罚款；没有违法所得的，予以警告，可以并处罚款；情节严重的，责令停业整顿，或者由工商行政管理机关吊销营业执照。有关法律对本法第十四条所列行为的处罚及处罚机关另有规定的，可以依照有关法律的规定执行。

有本法第十四条第（一）项、第（二）项所列行为，属于是全国性的，由国务院价格主管部门认定；属于是省及省以下区域性的，由省、自治区、直辖市人民政府价格主管部门认定。

第四十一条 经营者因价格违法行为致使消费者或者其他经营者多付价款的，应当退还多付部分；造成损害的，应当依法承担赔偿责任。

第四十二条 经营者违反明码标价规定的，责令改正，没收违法所得，可以并处五千元以下的罚款。

第四十三条 经营者被责令暂停相关营业而不停止的，或者转移、隐匿、销毁依法登记保存的财物的，处相关营业所得或者转移、隐匿、销毁的财物价值一倍以上三倍以下的罚款。

第四十四条 拒绝按照规定提供监督检查所需资料或者提供虚假资料的，责令改正，予以警告；逾期不改正的，可以处以罚款。

第四十五条 地方各级人民政府或者各级人民政府有关部门违反本法规

定，超越定价权限和范围擅自制定、调整价格或者不执行法定的价格干预措施、紧急措施的，责令改正，并可以通报批评；对直接负责的主管人员和其他直接责任人员，依法给予行政处分。

第四十六条　价格工作人员泄露国家秘密、商业秘密以及滥用职权、徇私舞弊、玩忽职守、索贿受贿，构成犯罪的，依法追究刑事责任；尚不构成犯罪的，依法给予处分。

……

《中华人民共和国民事诉讼法》（节选）
（2017 年 6 月 27 日修正）

……

第八十二条　期间包括法定期间和人民法院指定的期间。

期间以时、日、月、年计算。期间开始的时和日，不计算在期间内。

期间届满的最后一日是节假日的，以节假日后的第一日为期间届满的日期。

期间不包括在途时间，诉讼文书在期满前交邮的，不算过期。

第八十三条　当事人因不可抗拒的事由或者其他正当理由耽误期限的，在障碍消除后的十日内，可以申请顺延期限，是否准许，由人民法院决定。

……

第一百四十六条　有下列情形之一的，可以延期开庭审理：（一）必须到庭的当事人和其他诉讼参与人有正当理由没有到庭的；（二）当事人临时提出回避申请的；（三）需要通知新的证人到庭，调取新的证据，重新鉴定、勘验，或者需要补充调查的；（四）其他应当延期的情形。

……

第一百五十条　有下列情形之一的，中止诉讼：（一）一方当事人死亡，需要等待继承人表明是否参加诉讼的；（二）一方当事人丧失诉讼行为能力，尚未确定法定代理人的；（三）作为一方当事人的法人或者其他组织终止，尚未确定权利义务承受人的；（四）一方当事人因不可抗拒的事由，不能参加诉讼的；（五）本案必须以另一案的审理结果为依据，而另一案尚未审结的；（六）其他应当中止诉讼的情形。

……

《中华人民共和国刑法》（节选）

（2017 年 11 月 4 日修正）

......

第一百一十四条 放火、决水、爆炸以及投放毒害性、放射性、传染病病原体等物质或者以其他危险方法危害公共安全，尚未造成严重后果的，处三年以上十年以下有期徒刑。

第一百一十五条 放火、决水、爆炸以及投放毒害性、放射性、传染病病原体等物质或者以其他危险方法致人重伤、死亡或者使公私财产遭受重大损失的，处十年以上有期徒刑、无期徒刑或者死刑。

过失犯前款罪的，处三年以上七年以下有期徒刑；情节较轻的，处三年以下有期徒刑或者拘役。

......

第一百四十五条 生产不符合保障人体健康的国家标准、行业标准的医疗器械、医用卫生材料，或者销售明知是不符合保障人体健康的国家标准、行业标准的医疗器械、医用卫生材料，足以严重危害人体健康的，处三年以下有期徒刑或者拘役，并处销售金额百分之五十以上二倍以下罚金；对人体健康造成严重危害的，处三年以上十年以下有期徒刑，并处销售金额百分之五十以上二倍以下罚金；后果特别严重的，处十年以上有期徒刑或者无期徒刑，并处销售金额百分之五十以上二倍以下罚金或者没收财产。

......

第二百七十三条 挪用用于救灾、抢险、防汛、优抚、扶贫、移民、救济款物，情节严重，致使国家和人民群众利益遭受重大损害的，对直接责任人员，处三年以下有期徒刑或者拘役；情节特别严重的，处三年以上七年以下有期徒刑。

......

第二百七十七条 以暴力、威胁方法阻碍国家机关工作人员依法执行职务的，处三年以下有期徒刑、拘役、管制或者罚金。

......

在自然灾害和突发事件中，以暴力、威胁方法阻碍红十字会工作人员依法履行职责的，依照第一款的规定处罚。

……

第二百九十一条之一　投放虚假的爆炸性、毒害性、放射性、传染病病原体等物质，或者编造爆炸威胁、生化威胁、放射威胁等恐怖信息，或者明知是编造的恐怖信息而故意传播，严重扰乱社会秩序的，处五年以下有期徒刑、拘役或者管制；造成严重后果的，处五年以上有期徒刑。

编造虚假的险情、疫情、灾情、警情，在信息网络或者其他媒体上传播，或者明知是上述虚假信息，故意在信息网络或者其他媒体上传播，严重扰乱社会秩序的，处三年以下有期徒刑、拘役或者管制；造成严重后果的，处三年以上七年以下有期徒刑。

……

第三百三十条　违反传染病防治法的规定，有下列情形之一，引起甲类传染病传播或者有传播严重危险的，处三年以下有期徒刑或者拘役；后果特别严重的，处三年以上七年以下有期徒刑：（一）供水单位供应的饮用水不符合国家规定的卫生标准的；（二）拒绝按照卫生防疫机构提出的卫生要求，对传染病病原体污染的污水、污物、粪便进行消毒处理的；（三）准许或者纵容传染病病人、病原携带者和疑似传染病病人从事国务院卫生行政部门规定禁止从事的易使该传染病扩散的工作的；（四）拒绝执行卫生防疫机构依照传染病防治法提出的预防、控制措施的。

单位犯前款罪的，对单位判处罚金，并对其直接负责的主管人员和其他直接责任人员，依照前款的规定处罚。

甲类传染病的范围，依照《中华人民共和国传染病防治法》和国务院有关规定确定。

……

第三百三十二条　违反国境卫生检疫规定，引起检疫传染病传播或者有传播严重危险的，处三年以下有期徒刑或者拘役，并处或者单处罚金。单位犯前款罪的，对单位判处罚金，并对其直接负责的主管人员和其他直接责任人员，依照前款的规定处罚。

......

第三百三十七条　违反有关动植物防疫、检疫的国家规定，引起重大动植物疫情的，或者有引起重大动植物疫情危险，情节严重的，处三年以下有期徒刑或者拘役，并处或者单处罚金。单位犯前款罪的，对单位判处罚金，并对其直接负责的主管人员和其他直接责任人员，依照前款的规定处罚。

第三百三十八条　违反国家规定，排放、倾倒或者处置有放射性的废物、含传染病病原体的废物、有毒物质或者其他有害物质，严重污染环境的，处三年以下有期徒刑或者拘役，并处或者单处罚金；后果特别严重的，处三年以上七年以下有期徒刑，并处罚金。

......

第四百零九条　从事传染病防治的政府卫生行政部门的工作人员严重不负责任，导致传染病传播或者流行，情节严重的，处三年以下有期徒刑或者拘役。

......

第四百一十三条　动植物检疫机关的检疫人员徇私舞弊，伪造检疫结果的，处五年以下有期徒刑或者拘役；造成严重后果的，处五年以上十年以下有期徒刑。

前款所列人员严重不负责任，对应当检疫的检疫物不检疫，或者延误检疫出证、错误出证，致使国家利益遭受重大损失的，处三年以下有期徒刑或者拘役。

......

《中华人民共和国国境卫生检疫法》

（2018 年 4 月 27 日修正）

第一章　总　则

第一条　为了防止传染病由国外传入或者由国内传出，实施国境卫生检疫，保护人体健康，制定本法。

第二条　在中华人民共和国国际通航的港口、机场以及陆地边境和国界江河的口岸（以下简称国境口岸），设立国境卫生检疫机关，依照本法规定实施传染病检疫、监测和卫生监督。

第三条　本法规定的传染病是指检疫传染病和监测传染病。

检疫传染病，是指鼠疫、霍乱、黄热病以及国务院确定和公布的其他传染病。

监测传染病，由国务院卫生行政部门确定和公布。

第四条　入境、出境的人员、交通工具、运输设备以及可能传播检疫传染病的行李、货物、邮包等物品，都应当接受检疫，经国境卫生检疫机关许可，方准入境或者出境。具体办法由本法实施细则规定。

第五条　国境卫生检疫机关发现检疫传染病或者疑似检疫传染病时，除采取必要措施外，必须立即通知当地卫生行政部门，同时用最快的方法报告国务院卫生行政部门，最迟不得超过二十四小时。邮电部门对疫情报告应当优先传送。

中华人民共和国与外国之间的传染病疫情通报，由国务院卫生行政部门会同有关部门办理。

第六条　在国外或者国内有检疫传染病大流行的时候，国务院可以下令封锁有关的国境或者采取其他紧急措施。

第二章　检　疫

第七条　入境的交通工具和人员，必须在最先到达的国境口岸的指定地点接受检疫。除引航员外，未经国境卫生检疫机关许可，任何人不准上下交通工具，不准装卸行李、货物、邮包等物品。具体办法由本法实施细则规定。

第八条　出境的交通工具和人员，必须在最后离开的国境口岸接受检疫。

第九条　来自国外的船舶、航空器因故停泊、降落在中国境内非口岸地点的时候，船舶、航空器的负责人应当立即向就近的国境卫生检疫机关或者当地卫生行政部门报告。除紧急情况外，未经国境卫生检疫机关或者当地卫生行政部门许可，任何人不准上下船舶、航空器，不准装卸行李、货物、邮包等物品。

第十条 在国境口岸发现检疫传染病、疑似检疫传染病，或者有人非因意外伤害而死亡并死因不明的，国境口岸有关单位和交通工具的负责人，应当立即向国境卫生检疫机关报告，并申请临时检疫。

第十一条 国境卫生检疫机关依据检疫医师提供的检疫结果，对未染有检疫传染病或者已实施卫生处理的交通工具，签发入境检疫证或者出境检疫证。

第十二条 国境卫生检疫机关对检疫传染病染疫人必须立即将其隔离，隔离期限根据医学检查结果确定；对检疫传染病染疫嫌疑人应当将其留验，留验期限根据该传染病的潜伏期确定。

因患检疫传染病而死亡的尸体，必须就近火化。

第十三条 接受入境检疫的交通工具有下列情形之一的，应当实施消毒、除鼠、除虫或者其他卫生处理：

（一）来自检疫传染病疫区的；

（二）被检疫传染病污染的；

（三）发现有与人类健康有关的啮齿动物或者病媒昆虫的。

如果外国交通工具的负责人拒绝接受卫生处理，除有特殊情况外，准许该交通工具在国境卫生检疫机关的监督下，立即离开中华人民共和国国境。

第十四条 国境卫生检疫机关对来自疫区的、被检疫传染病污染的或者可能成为检疫传染病传播媒介的行李、货物、邮包等物品，应当进行卫生检查，实施消毒、除鼠、除虫或者其他卫生处理。

入境、出境的尸体、骸骨的托运人或者其代理人，必须向国境卫生检疫机关申报，经卫生检查合格后，方准运进或者运出。

第三章 传染病监测

第十五条 国境卫生检疫机关对入境、出境的人员实施传染病监测，并且采取必要的预防、控制措施。

第十六条 国境卫生检疫机关有权要求入境、出境的人员填写健康申明卡，出示某种传染病的预防接种证书、健康证明或者其他有关证件。

第十七条　对患有监测传染病的人、来自国外监测传染病流行区的人或者与监测传染病人密切接触的人，国境卫生检疫机关应当区别情况，发给就诊方便卡，实施留验或者采取其他预防、控制措施，并及时通知当地卫生行政部门。各地医疗单位对持有就诊方便卡的人员，应当优先诊治。

第四章　卫生监督

第十八条　国境卫生检疫机关根据国家规定的卫生标准，对国境口岸的卫生状况和停留在国境口岸的入境、出境的交通工具的卫生状况实施卫生监督：

（一）监督和指导有关人员对啮齿动物、病媒昆虫的防除；

（二）检查和检验食品、饮用水及其储存、供应、运输设施；

（三）监督从事食品、饮用水供应从业人员的健康状况，检查其健康证明书；

（四）监督和检查垃圾、废物、污水、粪便、压舱水的处理。

第十九条　国境卫生检疫机关设立国境口岸卫生监督员，执行国境卫生检疫机关交给的任务。

国境口岸卫生监督员在执行任务时，有权对国境口岸和入境、出境的交通工具进行卫生监督和技术指导，对卫生状况不良和可能引起传染病传播的因素提出改进意见，协同有关部门采取必要的措施，进行卫生处理。

第五章　法律责任

第二十条　对违反本法规定，有下列行为之一的单位或者个人，国境卫生检疫机关可以根据情节轻重，给予警告或者罚款：

（一）逃避检疫，向国境卫生检疫机关隐瞒真实情况的；

（二）入境的人员未经国境卫生检疫机关许可，擅自上下交通工具，或者装卸行李、货物、邮包等物品，不听劝阻的。

罚款全部上缴国库。

第二十一条　当事人对国境卫生检疫机关给予的罚款决定不服的，可以在接到通知之日起十五日内，向当地人民法院起诉。逾期不起诉又不履行的，国境卫生检疫机关可以申请人民法院强制执行。

第二十二条 违反本法规定，引起检疫传染病传播或者有引起检疫传染病传播严重危险的，依照刑法有关规定追究刑事责任。

第二十三条 国境卫生检疫机关工作人员，应当秉公执法，忠于职守，对入境、出境的交通工具和人员，及时进行检疫；违法失职的，给予行政处分，情节严重构成犯罪的，依法追究刑事责任。

第六章 附 则

第二十四条 中华人民共和国缔结或者参加的有关卫生检疫的国际条约同本法有不同规定的，适用该国际条约的规定。但是，中华人民共和国声明保留的条款除外。

第二十五条 中华人民共和国边防机关与邻国边防机关之间在边境地区的往来，居住在两国边境接壤地区的居民在边境指定地区的临时往来，双方的交通工具和人员的入境、出境检疫，依照双方协议办理，没有协议的，依照中国政府的有关规定办理。

第二十六条 国境卫生检疫机关实施卫生检疫，按照国家规定收取费用。

第二十七条 本法自1987年5月1日起施行。1957年12月23日公布的《中华人民共和国国境卫生检疫条例》同时废止。

《中华人民共和国突发事件应对法》（节选）
（2007年8月30日发布）

......

第三条 本法所称突发事件，是指突然发生，造成或者可能造成严重社会危害，需要采取应急处置措施予以应对的自然灾害、事故灾难、公共卫生事件和社会安全事件。

按照社会危害程度、影响范围等因素，自然灾害、事故灾难、公共卫生事件分为特别重大、重大、较大和一般四级。法律、行政法规或者国务院另有规定的，从其规定。

突发事件的分级标准由国务院或者国务院确定的部门制定。

……

第十条　有关人民政府及其部门作出的应对突发事件的决定、命令，应当及时公布。

第十一条　有关人民政府及其部门采取的应对突发事件的措施，应当与突发事件可能造成的社会危害的性质、程度和范围相适应；有多种措施可供选择的，应当选择有利于最大程度地保护公民、法人和其他组织权益的措施。

公民、法人和其他组织有义务参与突发事件应对工作。

第十二条　有关人民政府及其部门为应对突发事件，可以征用单位和个人的财产。被征用的财产在使用完毕或者突发事件应急处置工作结束后，应当及时返还。财产被征用或者征用后毁损、灭失的，应当给予补偿。

……

第二十条　县级人民政府应当对本行政区域内容易引发自然灾害、事故灾难和公共卫生事件的危险源、危险区域进行调查、登记、风险评估，定期进行检查、监控，并责令有关单位采取安全防范措施。

省级和设区的市级人民政府应当对本行政区域内容易引发特别重大、重大突发事件的危险源、危险区域进行调查、登记、风险评估，组织进行检查、监控，并责令有关单位采取安全防范措施。

县级以上地方各级人民政府按照本法规定登记的危险源、危险区域，应当按照国家规定及时向社会公布。

……

第四十一条　国家建立健全突发事件监测制度。

县级以上人民政府及其有关部门应当根据自然灾害、事故灾难和公共卫生事件的种类和特点，建立健全基础信息数据库，完善监测网络，划分监测区域，确定监测点，明确监测项目，提供必要的设备、设施，配备专职或者兼职人员，对可能发生的突发事件进行监测。

第四十二条　国家建立健全突发事件预警制度。

可以预警的自然灾害、事故灾难和公共卫生事件的预警级别，按照突发事件发生的紧急程度、发展势态和可能造成的危害程度分为一级、二级、三级和四级，分别用红色、橙色、黄色和蓝色标示，一级为最高级别。

预警级别的划分标准由国务院或者国务院确定的部门制定。

第四十三条 可以预警的自然灾害、事故灾难或者公共卫生事件即将发生或者发生的可能性增大时，县级以上地方各级人民政府应当根据有关法律、行政法规和国务院规定的权限和程序，发布相应级别的警报，决定并宣布有关地区进入预警期，同时向上一级人民政府报告，必要时可以越级上报，并向当地驻军和可能受到危害的毗邻或者相关地区的人民政府通报。

……

第四十九条 自然灾害、事故灾难或者公共卫生事件发生后，履行统一领导职责的人民政府可以采取下列一项或者多项应急处置措施：

（一）组织营救和救治受害人员，疏散、撤离并妥善安置受到威胁的人员以及采取其他救助措施；

（二）迅速控制危险源，标明危险区域，封锁危险场所，划定警戒区，实行交通管制以及其他控制措施；

（三）立即抢修被损坏的交通、通信、供水、排水、供电、供气、供热等公共设施，向受到危害的人员提供避难场所和生活必需品，实施医疗救护和卫生防疫以及其他保障措施；

（四）禁止或者限制使用有关设备、设施，关闭或者限制使用有关场所，中止人员密集的活动或者可能导致危害扩大的生产经营活动以及采取其他保护措施；

（五）启用本级人民政府设置的财政预备费和储备的应急救援物资，必要时调用其他急需物资、设备、设施、工具；

（六）组织公民参加应急救援和处置工作，要求具有特定专长的人员提供服务；

（七）保障食品、饮用水、燃料等基本生活必需品的供应；

（八）依法从严惩处囤积居奇、哄抬物价、制假售假等扰乱市场秩序的行为，稳定市场价格，维护市场秩序；

（九）依法从严惩处哄抢财物、干扰破坏应急处置工作等扰乱社会秩序的行为，维护社会治安；

（十）采取防止发生次生、衍生事件的必要措施。

……

《中华人民共和国基市医疗卫生与健康促进法》（节选）

（2019 年 12 月 28 日发布）

……

第十九条　国家建立健全突发事件卫生应急体系，制定和完善应急预案，组织开展突发事件的医疗救治、卫生学调查处置和心理援助等卫生应急工作，有效控制和消除危害。

第二十条　国家建立传染病防控制度，制定传染病防治规划并组织实施，加强传染病监测预警，坚持预防为主、防治结合，联防联控、群防群控、源头防控、综合治理，阻断传播途径，保护易感人群，降低传染病的危害。

任何组织和个人应当接受、配合医疗卫生机构为预防、控制、消除传染病危害依法采取的调查、检验、采集样本、隔离治疗、医学观察等措施。

……

第三十五条　基层医疗卫生机构主要提供预防、保健、健康教育、疾病管理，为居民建立健康档案，常见病、多发病的诊疗以及部分疾病的康复、护理，接收医院转诊患者，向医院转诊超出自身服务能力的患者等基本医疗卫生服务。

医院主要提供疾病诊治，特别是急危重症和疑难病症的诊疗，突发事件医疗处置和救援以及健康教育等医疗卫生服务，并开展医学教育、医疗卫生人员培训、医学科学研究和对基层医疗卫生机构的业务指导等工作。

专业公共卫生机构主要提供传染病、慢性非传染性疾病、职业病、地方病等疾病预防控制和健康教育、妇幼保健、精神卫生、院前急救、采供血、食品安全风险监测评估、出生缺陷防治等公共卫生服务。

……

第五十条　发生自然灾害、事故灾难、公共卫生事件和社会安全事件等严重威胁人民群众生命健康的突发事件时，医疗卫生机构、医疗卫生人员应当服从政府部门的调遣，参与卫生应急处置和医疗救治。对致病、致残、死亡的参与人员，按照规定给予工伤或者抚恤、烈士褒扬等相关待遇。

......

第六十三条　国家建立中央与地方两级医药储备，用于保障重大灾情、疫情及其他突发事件等应急需要。

......

《中华人民共和国传染病防治法》（节选）
（2013 年 6 月 29 日修正）

......

第七条　各级疾病预防控制机构承担传染病监测、预测、流行病学调查、疫情报告以及其他预防、控制工作。

医疗机构承担与医疗救治有关的传染病防治工作和责任区域内的传染病预防工作。城市社区和农村基层医疗机构在疾病预防控制机构的指导下，承担城市社区、农村基层相应的传染病防治工作。

第八条　国家发展现代医学和中医药等传统医学，支持和鼓励开展传染病防治的科学研究，提高传染病防治的科学技术水平。

国家支持和鼓励开展传染病防治的国际合作。

......

第十条　国家开展预防传染病的健康教育。新闻媒体应当无偿开展传染病防治和公共卫生教育的公益宣传。

各级各类学校应当对学生进行健康知识和传染病预防知识的教育。

医学院校应当加强预防医学教育和科学研究，对在校学生以及其他与传染病防治相关人员进行预防医学教育和培训，为传染病防治工作提供技术支持。

疾病预防控制机构、医疗机构应当定期对其工作人员进行传染病防治知识、技能的培训。

......

第二十一条　医疗机构必须严格执行国务院卫生行政部门规定的管理制度、操作规范，防止传染病的医源性感染和医院感染。

　　医疗机构应当确定专门的部门或者人员，承担传染病疫情报告、本单位的传染病预防、控制以及责任区域内的传染病预防工作；承担医疗活动中与医院感染有关的危险因素监测、安全防护、消毒、隔离和医疗废物处置工作。

　　疾病预防控制机构应当指定专门人员负责对医疗机构内传染病预防工作进行指导、考核，开展流行病学调查。

　　第二十二条　疾病预防控制机构、医疗机构的实验室和从事病原微生物实验的单位，应当符合国家规定的条件和技术标准，建立严格的监督管理制度，对传染病病原体样本按照规定的措施实行严格监督管理，严防传染病病原体的实验室感染和病原微生物的扩散。

　　第二十三条　采供血机构、生物制品生产单位必须严格执行国家有关规定，保证血液、血液制品的质量。禁止非法采集血液或者组织他人出卖血液。

　　疾病预防控制机构、医疗机构使用血液和血液制品，必须遵守国家有关规定，防止因输入血液、使用血液制品引起经血液传播疾病的发生。

　　……

　　第三十九条　医疗机构发现甲类传染病时，应当及时采取下列措施：

　　（一）对病人、病原携带者，予以隔离治疗，隔离期限根据医学检查结果确定；

　　（二）对疑似病人，确诊前在指定场所单独隔离治疗；

　　（三）对医疗机构内的病人、病原携带者、疑似病人的密切接触者，在指定场所进行医学观察和采取其他必要的预防措施。

　　拒绝隔离治疗或者隔离期未满擅自脱离隔离治疗的，可以由公安机关协助医疗机构采取强制隔离治疗措施。

　　医疗机构发现乙类或者丙类传染病病人，应当根据病情采取必要的治疗和控制传播措施。

　　医疗机构对本单位内被传染病病原体污染的场所、物品以及医疗废物，必须依照法律、法规的规定实施消毒和无害化处置。

　　……

第五十条　县级以上人民政府应当加强和完善传染病医疗救治服务网络的建设，指定具备传染病救治条件和能力的医疗机构承担传染病救治任务，或者根据传染病救治需要设置传染病医院。

第五十一条　医疗机构的基本标准、建筑设计和服务流程，应当符合预防传染病医院感染的要求。

医疗机构应当按照规定对使用的医疗器械进行消毒；对按照规定一次使用的医疗器具，应当在使用后予以销毁。

医疗机构应当按照国务院卫生行政部门规定的传染病诊断标准和治疗要求，采取相应措施，提高传染病医疗救治能力。

第五十二条　医疗机构应当对传染病病人或者疑似传染病病人提供医疗救护、现场救援和接诊治疗，书写病历记录以及其他有关资料，并妥善保管。

医疗机构应当实行传染病预检、分诊制度；对传染病病人、疑似传染病病人，应当引导至相对隔离的分诊点进行初诊。医疗机构不具备相应救治能力的，应当将患者及其病历记录复印件一并转至具备相应救治能力的医疗机构。具体办法由国务院卫生行政部门规定。

……

《中华人民共和国野生动物保护法》（节选）

（2018 年 10 月 26 日修正）

……

第二章　野生动物及其栖息地保护

第十条　国家对野生动物实行分类分级保护。

国家对珍贵、濒危的野生动物实行重点保护。国家重点保护的野生动物分为一级保护野生动物和二级保护野生动物。国家重点保护野生动物名录，由国务院野生动物保护主管部门组织科学评估后制定，并每五年根据评估情况确定对名录进行调整。国家重点保护野生动物名录报国务院批准公布。

地方重点保护野生动物，是指国家重点保护野生动物以外，由省、自治区、直辖市重点保护的野生动物。地方重点保护野生动物名录，由省、自治区、直辖市人民政府组织科学评估后制定、调整并公布。

有重要生态、科学、社会价值的陆生野生动物名录，由国务院野生动物保护主管部门组织科学评估后制定、调整并公布。

第十一条　县级以上人民政府野生动物保护主管部门，应当定期组织或者委托有关科学研究机构对野生动物及其栖息地状况进行调查、监测和评估，建立健全野生动物及其栖息地档案。

对野生动物及其栖息地状况的调查、监测和评估应当包括下列内容：

（一）野生动物野外分布区域、种群数量及结构；

（二）野生动物栖息地的面积、生态状况；

（三）野生动物及其栖息地的主要威胁因素；

（四）野生动物人工繁育情况等其他需要调查、监测和评估的内容。

第十二条　国务院野生动物保护主管部门应当会同国务院有关部门，根据野生动物及其栖息地状况的调查、监测和评估结果，确定并发布野生动物重要栖息地名录。

省级以上人民政府依法划定相关自然保护区域，保护野生动物及其重要栖息地，保护、恢复和改善野生动物生存环境。对不具备划定相关自然保护区域条件的，县级以上人民政府可以采取划定禁猎（渔）区、规定禁猎（渔）期等其他形式予以保护。

禁止或者限制在相关自然保护区域内引入外来物种、营造单一纯林、过量施洒农药等人为干扰、威胁野生动物生息繁衍的行为。

相关自然保护区域，依照有关法律法规的规定划定和管理。

第十三条　县级以上人民政府及其有关部门在编制有关开发利用规划时，应当充分考虑野生动物及其栖息地保护的需要，分析、预测和评估规划实施可能对野生动物及其栖息地保护产生的整体影响，避免或者减少规划实施可能造成的不利后果。

禁止在相关自然保护区域建设法律法规规定不得建设的项目。机场、铁路、公路、水利水电、围堰、围填海等建设项目的选址选线，应当避让相关自然保护区域、野生动物迁徙洄游通道；无法避让的，应当采取修建野生动物通道、过鱼设施等措施，消除或者减少对野生动物的不利影响。

建设项目可能对相关自然保护区域、野生动物迁徙洄游通道产生影响的，环境影响评价文件的审批部门在审批环境影响评价文件时，涉及国家重点保护野生动物的，应当征求国务院野生动物保护主管部门意见；涉及地方重点保护野生动物的，应当征求省、自治区、直辖市人民政府野生动物保护主管部门意见。

第十四条　各级野生动物保护主管部门应当监视、监测环境对野生动物的影响。由于环境影响对野生动物造成危害时，野生动物保护主管部门应当会同有关部门进行调查处理。

第十五条　国家或者地方重点保护野生动物受到自然灾害、重大环境污染事故等突发事件威胁时，当地人民政府应当及时采取应急救助措施。

县级以上人民政府野生动物保护主管部门应当按照国家有关规定组织开展野生动物收容救护工作。

禁止以野生动物收容救护为名买卖野生动物及其制品。

第十六条　县级以上人民政府野生动物保护主管部门、兽医主管部门，应当按照职责分工对野生动物疫源疫病进行监测，组织开展预测、预报等工作，并按照规定制定野生动物疫情应急预案，报同级人民政府批准或者备案。

县级以上人民政府野生动物保护主管部门、兽医主管部门、卫生主管部门，应当按照职责分工负责与人畜共患传染病有关的动物传染病的防治管理工作。

第十七条　国家加强对野生动物遗传资源的保护，对濒危野生动物实施抢救性保护。

国务院野生动物保护主管部门应当会同国务院有关部门制定有关野生动物遗传资源保护和利用规划，建立国家野生动物遗传资源基因库，对原产我国的珍贵、濒危野生动物遗传资源实行重点保护。

第十八条　有关地方人民政府应当采取措施，预防、控制野生动物可能造成的危害，保障人畜安全和农业、林业生产。

第十九条　因保护本法规定保护的野生动物，造成人员伤亡、农作物或者其他财产损失的，由当地人民政府给予补偿。具体办法由省、自治区、直辖市人民政府制定。有关地方人民政府可以推动保险机构开展野生动物致害赔偿保险业务。

有关地方人民政府采取预防、控制国家重点保护野生动物造成危害的措施以及实行补偿所需经费，由中央财政按照国家有关规定予以补助。

第三章　野生动物管理

第二十条　在相关自然保护区域和禁猎（渔）区、禁猎（渔）期内，禁止猎捕以及其他妨碍野生动物生息繁衍的活动，但法律法规另有规定的除外。

野生动物迁徙洄游期间，在前款规定区域外的迁徙洄游通道内，禁止猎捕并严格限制其他妨碍野生动物生息繁衍的活动。迁徙洄游通道的范围以及妨碍野生动物生息繁衍活动的内容，由县级以上人民政府或者其野生动物保护主管部门规定并公布。

第二十一条　禁止猎捕、杀害国家重点保护野生动物。

因科学研究、种群调控、疫源疫病监测或者其他特殊情况，需要猎捕国家一级保护野生动物的，应当向国务院野生动物保护主管部门申请特许猎捕证；需要猎捕国家二级保护野生动物的，应当向省、自治区、直辖市人民政府野生动物保护主管部门申请特许猎捕证。

第二十二条　猎捕非国家重点保护野生动物的，应当依法取得县级以上地方人民政府野生动物保护主管部门核发的狩猎证，并且服从猎捕量限额管理。

第二十三条　猎捕者应当按照特许猎捕证、狩猎证规定的种类、数量、地点、工具、方法和期限进行猎捕。

持枪猎捕的，应当依法取得公安机关核发的持枪证。

第二十四条　禁止使用毒药、爆炸物、电击或者电子诱捕装置以及猎套、猎夹、地枪、排铳等工具进行猎捕，禁止使用夜间照明行猎、歼灭性围猎、捣毁巢穴、火攻、烟熏、网捕等方法进行猎捕，但因科学研究确需网捕、电子诱捕的除外。

前款规定以外的禁止使用的猎捕工具和方法，由县级以上地方人民政府规定并公布。

第二十五条 国家支持有关科学研究机构因物种保护目的人工繁育国家重点保护野生动物。

前款规定以外的人工繁育国家重点保护野生动物实行许可制度。人工繁育国家重点保护野生动物的，应当经省、自治区、直辖市人民政府野生动物保护主管部门批准，取得人工繁育许可证，但国务院对批准机关另有规定的除外。

人工繁育国家重点保护野生动物应当使用人工繁育子代种源，建立物种系谱、繁育档案和个体数据。因物种保护目的确需采用野外种源的，适用本法第二十一条和第二十三条的规定。

本法所称人工繁育子代，是指人工控制条件下繁殖出生的子代个体且其亲本也在人工控制条件下出生。

第二十六条 人工繁育国家重点保护野生动物应当有利于物种保护及其科学研究，不得破坏野外种群资源，并根据野生动物习性确保其具有必要的活动空间和生息繁衍、卫生健康条件，具备与其繁育目的、种类、发展规模相适应的场所、设施、技术，符合有关技术标准和防疫要求，不得虐待野生动物。

省级以上人民政府野生动物保护主管部门可以根据保护国家重点保护野生动物的需要，组织开展国家重点保护野生动物放归野外环境工作。

第二十七条 禁止出售、购买、利用国家重点保护野生动物及其制品。

因科学研究、人工繁育、公众展示展演、文物保护或者其他特殊情况，需要出售、购买、利用国家重点保护野生动物及其制品的，应当经省、自治区、直辖市人民政府野生动物保护主管部门批准，并按照规定取得和使用专用标识，保证可追溯，但国务院对批准机关另有规定的除外。

实行国家重点保护野生动物及其制品专用标识的范围和管理办法，由国务院野生动物保护主管部门规定。

出售、利用非国家重点保护野生动物的，应当提供狩猎、进出口等合法来源证明。

出售本条第二款、第四款规定的野生动物的，还应当依法附有检疫证明。

第二十八条　对人工繁育技术成熟稳定的国家重点保护野生动物，经科学论证，纳入国务院野生动物保护主管部门制定的人工繁育国家重点保护野生动物名录。对列入名录的野生动物及其制品，可以凭人工繁育许可证，按照省、自治区、直辖市人民政府野生动物保护主管部门核验的年度生产数量直接取得专用标识，凭专用标识出售和利用，保证可追溯。

对本法第十条规定的国家重点保护野生动物名录进行调整时，根据有关野外种群保护情况，可以对前款规定的有关人工繁育技术成熟稳定野生动物的人工种群，不再列入国家重点保护野生动物名录，实行与野外种群不同的管理措施，但应当依照本法第二十五条第二款和本条第一款的规定取得人工繁育许可证和专用标识。

第二十九条　利用野生动物及其制品的，应当以人工繁育种群为主，有利于野外种群养护，符合生态文明建设的要求，尊重社会公德，遵守法律法规和国家有关规定。

野生动物及其制品作为药品经营和利用的，还应当遵守有关药品管理的法律法规。

第三十条　禁止生产、经营使用国家重点保护野生动物及其制品制作的食品，或者使用没有合法来源证明的非国家重点保护野生动物及其制品制作的食品。

禁止为食用非法购买国家重点保护的野生动物及其制品。

第三十一条　禁止为出售、购买、利用野生动物或者禁止使用的猎捕工具发布广告。禁止为违法出售、购买、利用野生动物制品发布广告。

第三十二条　禁止网络交易平台、商品交易市场等交易场所，为违法出售、购买、利用野生动物及其制品或者禁止使用的猎捕工具提供交易服务。

第三十三条　运输、携带、寄递国家重点保护野生动物及其制品、本法第二十八条第二款规定的野生动物及其制品出县境的，应当持有或者附有本法第二十一条、第二十五条、第二十七条或者第二十八条规定的许可证、批准文件的副本或者专用标识，以及检疫证明。

运输非国家重点保护野生动物出县境的，应当持有狩猎、进出口等合法来源证明，以及检疫证明。

第三十四条　县级以上人民政府野生动物保护主管部门应当对科学研究、人工繁育、公众展示展演等利用野生动物及其制品的活动进行监督管理。

县级以上人民政府其他有关部门，应当按照职责分工对野生动物及其制品出售、购买、利用、运输、寄递等活动进行监督检查。

第三十五条　中华人民共和国缔结或者参加的国际公约禁止或者限制贸易的野生动物或者其制品名录，由国家濒危物种进出口管理机构制定、调整并公布。

进出口列入前款名录的野生动物或者其制品的，出口国家重点保护野生动物或者其制品的，应当经国务院野生动物保护主管部门或者国务院批准，并取得国家濒危物种进出口管理机构核发的允许进出口证明书。海关依法实施进出境检疫，凭允许进出口证明书、检疫证明按照规定办理通关手续。

涉及科学技术保密的野生动物物种的出口，按照国务院有关规定办理。

列入本条第一款名录的野生动物，经国务院野生动物保护主管部门核准，在本法适用范围内可以按照国家重点保护的野生动物管理。

第三十六条　国家组织开展野生动物保护及相关执法活动的国际合作与交流；建立防范、打击野生动物及其制品的走私和非法贸易的部门协调机制，开展防范、打击走私和非法贸易行动。

第三十七条　从境外引进野生动物物种的，应当经国务院野生动物保护主管部门批准。从境外引进列入本法第三十五条第一款名录的野生动物，还应当依法取得允许进出口证明书。海关依法实施进境检疫，凭进口批准文件或者允许进出口证明书以及检疫证明按照规定办理通关手续。

从境外引进野生动物物种的，应当采取安全可靠的防范措施，防止其进入野外环境，避免对生态系统造成危害。确需将其放归野外的，按照国家有关规定执行。

第三十八条　任何组织和个人将野生动物放生至野外环境，应当选择适合放生地野外生存的当地物种，不得干扰当地居民的正常生活、生产，避免对生态系统造成危害。随意放生野生动物，造成他人人身、财产损害或者危害生态系统的，依法承担法律责任。

第三十九条　禁止伪造、变造、买卖、转让、租借特许猎捕证、狩猎证、人工繁育许可证及专用标识，出售、购买、利用国家重点保护野生动物及其制品的批准文件，或者允许进出口证明书、进出口等批准文件。

前款规定的有关许可证书、专用标识、批准文件的发放情况，应当依法公开。

第四十条　外国人在我国对国家重点保护野生动物进行野外考察或者在野外拍摄电影、录像，应当经省、自治区、直辖市人民政府野生动物保护主管部门或者其授权的单位批准，并遵守有关法律法规规定。

第四十一条　地方重点保护野生动物和其他非国家重点保护野生动物的管理办法，由省、自治区、直辖市人民代表大会或者其常务委员会制定。

……

二、法规规章

《中华人民共和国劳动合同法实施条例》（节选）
（2008 年 9 月 18 日发布）

......

第十九条 有下列情形之一的，依照劳动合同法规定的条件、程序，用人单位可以与劳动者解除固定期限劳动合同、无固定期限劳动合同或者以完成一定工作任务为期限的劳动合同：

......

（十）劳动合同订立时所依据的客观情况发生重大变化，致使劳动合同无法履行，经用人单位与劳动者协商，未能就变更劳动合同内容达成协议的；

......

（十四）其他因劳动合同订立时所依据的客观经济情况发生重大变化，致使劳动合同无法履行的。

......

《中华人民共和国企业所得税法实施条例》（节选）
（2019 年 4 月 23 日修正）

......

第五十一条 企业所得税法第九条所称公益性捐赠，是指企业通过公益性社会组织或者县级以上人民政府及其部门，用于符合法律规定的慈善活动、公益事业的捐赠。

第五十二条 本条例第五十一条所称公益性社会组织，是指同时符合下列条件的慈善组织以及其他社会组织：

（一）依法登记，具有法人资格；

（二）以发展公益事业为宗旨，且不以营利为目的；

（三）全部资产及其增值为该法人所有；

（四）收益和营运结余主要用于符合该法人设立目的的事业；

（五）终止后的剩余财产不归属任何个人或者营利组织；

（六）不经营与其设立目的无关的业务；

（七）有健全的财务会计制度；

（八）捐赠者不以任何形式参与该法人财产的分配；

（九）国务院财政、税务主管部门会同国务院民政部门等登记管理部门规定的其他条件。

第五十三条　企业当年发生以及以前年度结转的公益性捐赠支出，不超过年度利润总额 12% 的部分，准予扣除。

年度利润总额，是指企业依照国家统一会计制度的规定计算的年度会计利润。

……

《价格违法行为行政处罚规定》（节选）

（2010 年 12 月 4 日修正）

……

第五条　经营者违反价格法第十四条的规定，相互串通，操纵市场价格，造成商品价格较大幅度上涨的，责令改正，没收违法所得，并处违法所得 5 倍以下的罚款；没有违法所得的，处 10 万元以上 100 万元以下的罚款，情节较重的处 100 万元以上 500 万元以下的罚款；情节严重的，责令停业整顿，或者由工商行政管理机关吊销营业执照。

除前款规定情形外，经营者相互串通，操纵市场价格，损害其他经营者或者消费者合法权益的，依照本规定第四条的规定处罚。

行业协会或者其他单位组织经营者相互串通，操纵市场价格的，对经营者依照前两款的规定处罚；对行业协会或者其他单位，可以处 50 万元以下的罚款，情节严重的，由登记管理机关依法撤销登记、吊销执照。

第六条　经营者违反价格法第十四条的规定，有下列推动商品价格过快、过高上涨行为之一的，责令改正，没收违法所得，并处违法所得5倍以下的罚款；没有违法所得的，处5万元以上50万元以下的罚款，情节较重的处50万元以上300万元以下的罚款；情节严重的，责令停业整顿，或者由工商行政管理机关吊销营业执照：

（一）捏造、散布涨价信息，扰乱市场价格秩序的；

（二）除生产自用外，超出正常的存储数量或者存储周期，大量囤积市场供应紧张、价格发生异常波动的商品，经价格主管部门告诫仍继续囤积的；

（三）利用其他手段哄抬价格，推动商品价格过快、过高上涨的。

行业协会或者为商品交易提供服务的单位有前款规定的违法行为的，可以处50万元以下的罚款；情节严重的，由登记管理机关依法撤销登记、吊销执照。

前两款规定以外的其他单位散布虚假涨价信息，扰乱市场价格秩序，依法应当由其他主管机关查处的，价格主管部门可以提出依法处罚的建议，有关主管机关应当依法处罚。

……

第八条 经营者违反价格法第十四条的规定，采取抬高等级或者压低等级等手段销售、收购商品或者提供服务，变相提高或者压低价格的，责令改正，没收违法所得，并处违法所得5倍以下的罚款；没有违法所得的，处2万元以上20万元以下的罚款；情节严重的，责令停业整顿，或者由工商行政管理机关吊销营业执照。

……

第十二条 经营者违反法律、法规的规定牟取暴利的，责令改正，没收违法所得，可以并处违法所得5倍以下的罚款；情节严重的，责令停业整顿，或者由工商行政管理机关吊销营业执照。

第十三条 经营者违反明码标价规定，有下列行为之一的，责令改正，没收违法所得，可以并处5000元以下的罚款：

（一）不标明价格的；

（二）不按照规定的内容和方式明码标价的；

（三）在标价之外加价出售商品或者收取未标明的费用的；

（四）违反明码标价规定的其他行为。

……

《突发公共卫生事件应急条例》（节选）
（2011 年 1 月 8 日修正）

……

第三章　报告与信息发布

第十九条　国家建立突发事件应急报告制度。

国务院卫生行政主管部门制定突发事件应急报告规范，建立重大、紧急疫情信息报告系统。

有下列情形之一的，省、自治区、直辖市人民政府应当在接到报告 1 小时内，向国务院卫生行政主管部门报告：

（一）发生或者可能发生传染病暴发、流行的；

（二）发生或者发现不明原因的群体性疾病的；

（三）发生传染病菌种、毒种丢失的；

（四）发生或者可能发生重大食物和职业中毒事件的。

国务院卫生行政主管部门对可能造成重大社会影响的突发事件，应当立即向国务院报告。

第二十条　突发事件监测机构、医疗卫生机构和有关单位发现有本条例第十九条规定情形之一的，应当在 2 小时内向所在地县级人民政府卫生行政主管部门报告；接到报告的卫生行政主管部门应当在 2 小时内向本级人民政府报告，并同时向上级人民政府卫生行政主管部门和国务院卫生行政主管部门报告。

县级人民政府应当在接到报告后 2 小时内向设区的市级人民政府或者上一级人民政府报告；设区的市级人民政府应当在接到报告后 2 小时内向省、自治区、直辖市人民政府报告。

第二十一条　任何单位和个人对突发事件，不得隐瞒、缓报、谎报或者授意他人隐瞒、缓报、谎报。

第二十二条　接到报告的地方人民政府、卫生行政主管部门依照本条例规定报告的同时，应当立即组织力量对报告事项调查核实、确证，采取必要的控制措施，并及时报告调查情况。

第二十三条　国务院卫生行政主管部门应当根据发生突发事件的情况，及时向国务院有关部门和各省、自治区、直辖市人民政府卫生行政主管部门以及军队有关部门通报。

突发事件发生地的省、自治区、直辖市人民政府卫生行政主管部门，应当及时向毗邻省、自治区、直辖市人民政府卫生行政主管部门通报。

接到通报的省、自治区、直辖市人民政府卫生行政主管部门，必要时应当及时通知本行政区域内的医疗卫生机构。

县级以上地方人民政府有关部门，已经发生或者发现可能引起突发事件的情形时，应当及时向同级人民政府卫生行政主管部门通报。

第二十四条　国家建立突发事件举报制度，公布统一的突发事件报告、举报电话。

任何单位和个人有权向人民政府及其有关部门报告突发事件隐患，有权向上级人民政府及其有关部门举报地方人民政府及其有关部门不履行突发事件应急处理职责，或者不按照规定履行职责的情况。接到报告、举报的有关人民政府及其有关部门，应当立即组织对突发事件隐患、不履行或者不按照规定履行突发事件应急处理职责的情况进行调查处理。

对举报突发事件有功的单位和个人，县级以上各级人民政府及其有关部门应当予以奖励。

第二十五条　国家建立突发事件的信息发布制度。

国务院卫生行政主管部门负责向社会发布突发事件的信息。必要时，可以授权省、自治区、直辖市人民政府卫生行政主管部门向社会发布本行政区域内突发事件的信息。

信息发布应当及时、准确、全面。

第四章　应急处理

第二十六条　突发事件发生后，卫生行政主管部门应当组织专家对突发事件进行综合评估，初步判断突发事件的类型，提出是否启动突发事件应急预案的建议。

第二十七条　在全国范围内或者跨省、自治区、直辖市范围内启动全国突发事件应急预案，由国务院卫生行政主管部门报国务院批准后实施。省、自治区、直辖市启动突发事件应急预案，由省、自治区、直辖市人民政府决定，并向国务院报告。

第二十八条　全国突发事件应急处理指挥部对突发事件应急处理工作进行督察和指导，地方各级人民政府及其有关部门应当予以配合。

省、自治区、直辖市突发事件应急处理指挥部对本行政区域内突发事件应急处理工作进行督察和指导。

第二十九条　省级以上人民政府卫生行政主管部门或者其他有关部门指定的突发事件应急处理专业技术机构，负责突发事件的技术调查、确证、处置、控制和评价工作。

第三十条　国务院卫生行政主管部门对新发现的突发传染病，根据危害程度、流行强度，依照《中华人民共和国传染病防治法》的规定及时宣布为法定传染病；宣布为甲类传染病的，由国务院决定。

第三十一条　应急预案启动前，县级以上各级人民政府有关部门应当根据突发事件的实际情况，做好应急处理准备，采取必要的应急措施。

应急预案启动后，突发事件发生地的人民政府有关部门，应当根据预案规定的职责要求，服从突发事件应急处理指挥部的统一指挥，立即到达规定岗位，采取有关的控制措施。

医疗卫生机构、监测机构和科学研究机构，应当服从突发事件应急处理指挥部的统一指挥，相互配合、协作，集中力量开展相关的科学研究工作。

第三十二条　突发事件发生后，国务院有关部门和县级以上地方人民政府及其有关部门，应当保证突发事件应急处理所需的医疗救护设备、救治药品、医疗器械等物资的生产、供应；铁路、交通、民用航空行政主管部门应当保证及时运送。

第三十三条　根据突发事件应急处理的需要，突发事件应急处理指挥部有权紧急调集人员、储备的物资、交通工具以及相关设施、设备；必要时，对人员进行疏散或者隔离，并可以依法对传染病疫区实行封锁。

第三十四条 突发事件应急处理指挥部根据突发事件应急处理的需要，可以对食物和水源采取控制措施。

县级以上地方人民政府卫生行政主管部门应当对突发事件现场等采取控制措施，宣传突发事件防治知识，及时对易受感染的人群和其他易受损害的人群采取应急接种、预防性投药、群体防护等措施。

第三十五条 参加突发事件应急处理的工作人员，应当按照预案的规定，采取卫生防护措施，并在专业人员的指导下进行工作。

第三十六条 国务院卫生行政主管部门或者其他有关部门指定的专业技术机构，有权进入突发事件现场进行调查、采样、技术分析和检验，对地方突发事件的应急处理工作进行技术指导，有关单位和个人应当予以配合；任何单位和个人不得以任何理由予以拒绝。

第三十七条 对新发现的突发传染病、不明原因的群体性疾病、重大食物和职业中毒事件，国务院卫生行政主管部门应当尽快组织力量制定相关的技术标准、规范和控制措施。

第三十八条 交通工具上发现根据国务院卫生行政主管部门的规定需要采取应急控制措施的传染病病人、疑似传染病病人，其负责人应当以最快的方式通知前方停靠点，并向交通工具的营运单位报告。交通工具的前方停靠点和营运单位应当立即向交通工具营运单位行政主管部门和县级以上地方人民政府卫生行政主管部门报告。卫生行政主管部门接到报告后，应当立即组织有关人员采取相应的医学处置措施。

交通工具上的传染病病人密切接触者，由交通工具停靠点的县级以上各级人民政府卫生行政主管部门或者铁路、交通、民用航空行政主管部门，根据各自的职责，依照传染病防治法律、行政法规的规定，采取控制措施。

涉及国境口岸和入出境的人员、交通工具、货物、集装箱、行李、邮包等需要采取传染病应急控制措施的，依照国境卫生检疫法律、行政法规的规定办理。

第三十九条 医疗卫生机构应当对因突发事件致病的人员提供医疗救护和现场救援，对就诊病人必须接诊治疗，并书写详细、完整的病历记录；对需要转送的病人，应当按照规定将病人及其病历记录的复印件转送至接诊的或者指定的医疗机构。

医疗卫生机构内应当采取卫生防护措施，防止交叉感染和污染。

医疗卫生机构应当对传染病病人密切接触者采取医学观察措施，传染病病人密切接触者应当予以配合。

医疗机构收治传染病病人、疑似传染病病人，应当依法报告所在地的疾病预防控制机构。接到报告的疾病预防控制机构应当立即对可能受到危害的人员进行调查，根据需要采取必要的控制措施。

第四十条　传染病暴发、流行时，街道、乡镇以及居民委员会、村民委员会应当组织力量，团结协作，群防群治，协助卫生行政主管部门和其他有关部门、医疗卫生机构做好疫情信息的收集和报告、人员的分散隔离、公共卫生措施的落实工作，向居民、村民宣传传染病防治的相关知识。

第四十一条　对传染病暴发、流行区域内流动人口，突发事件发生地的县级以上地方人民政府应当做好预防工作，落实有关卫生控制措施；对传染病病人和疑似传染病病人，应当采取就地隔离、就地观察、就地治疗的措施。对需要治疗和转诊的，应当依照本条例第三十九条第一款的规定执行。

第四十二条　有关部门、医疗卫生机构应当对传染病做到早发现、早报告、早隔离、早治疗，切断传播途径，防止扩散。

第四十三条　县级以上各级人民政府应当提供必要资金，保障因突发事件致病、致残的人员得到及时、有效的救治。具体办法由国务院财政部门、卫生行政主管部门和劳动保障行政主管部门制定。

第四十四条　在突发事件中需要接受隔离治疗、医学观察措施的病人、疑似病人和传染病病人密切接触者在卫生行政主管部门或者有关机构采取医学措施时应当予以配合；拒绝配合的，由公安机关依法协助强制执行。

……

《重大动物疫情应急条例》（节选）

（2017 年 10 月 7 日修正）

......

第二条 本条例所称重大动物疫情，是指高致病性禽流感等发病率或者死亡率高的动物疫病突然发生，迅速传播，给养殖业生产安全造成严重威胁、危害，以及可能对公众身体健康与生命安全造成危害的情形，包括特别重大动物疫情。

第三条 重大动物疫情应急工作应当坚持加强领导、密切配合，依靠科学、依法防治，群防群控、果断处置的方针，及时发现，快速反应，严格处理，减少损失。

第四条 重大动物疫情应急工作按照属地管理的原则，实行政府统一领导、部门分工负责，逐级建立责任制。县级以上人民政府兽医主管部门具体负责组织重大动物疫情的监测、调查、控制、扑灭等应急工作。县级以上人民政府林业主管部门、兽医主管部门按照职责分工，加强对陆生野生动物疫源疫病的监测。县级以上人民政府其他有关部门在各自的职责范围内，做好重大动物疫情的应急工作。

第五条 出入境检验检疫机关应当及时收集境外重大动物疫情信息，加强进出境动物及其产品的检验检疫工作，防止动物疫病传入和传出。兽医主管部门要及时向出入境检验检疫机关通报国内重大动物疫情。

......

第九条 国务院兽医主管部门应当制定全国重大动物疫情应急预案，报国务院批准，并按照不同动物疫病病种及其流行特点和危害程度，分别制定实施方案，报国务院备案。县级以上地方人民政府根据本地区的实际情况，制定本行政区域的重大动物疫情应急预案，报上一级人民政府兽医主管部门备案。县级以上地方人民政府兽医主管部门，应当按照不同动物疫病病种及其流行特点和危害程度，分别制定实施方案。重大动物疫情应急预案及其实施方案应当根据疫情的发展变化和实施情况，及时修改、完善。

第十条 重大动物疫情应急预案主要包括下列内容：（一）应急指挥部的职责、组成以及成员单位的分工；（二）重大动物疫情的监测、信息收集、报告和通报；（三）动物疫病的确认、重大动物疫情的分级和相应的应急处理工作方案；（四）重大动物疫情疫源的追踪和流行病学调查分析；（五）预防、控制、扑灭重大动物疫情所需资金的来源、物资和技术的储备与调度；（六）重大动物疫情应急处理设施和专业队伍建设。

第十一条 国务院有关部门和县级以上地方人民政府及其有关部门，应当根据重大动物疫情应急预案的要求，确保应急处理所需的疫苗、药品、设施设备和防护用品等物资的储备。

第十二条 县级以上人民政府应当建立和完善重大动物疫情监测网络和预防控制体系，加强动物防疫基础设施和乡镇动物防疫组织建设，并保证其正常运行，提高对重大动物疫情的应急处理能力。

第十三条 县级以上地方人民政府根据重大动物疫情应急需要，可以成立应急预备队，在重大动物疫情应急指挥部的指挥下，具体承担疫情的控制和扑灭任务。应急预备队由当地兽医行政管理人员、动物防疫工作人员、有关专家、执业兽医等组成；必要时，可以组织动员社会上有一定专业知识的人员参加。公安机关、中国人民武装警察部队应当依法协助其执行任务。应急预备队应当定期进行技术培训和应急演练。

第十四条 县级以上人民政府及其兽医主管部门应当加强对重大动物疫情应急知识和重大动物疫病科普知识的宣传，增强全社会的重大动物疫情防范意识。

第十五条 动物防疫监督机构负责重大动物疫情的监测，饲养、经营动物和生产、经营动物产品的单位和个人应当配合，不得拒绝和阻碍。

第十六条 从事动物隔离、疫情监测、疫病研究与诊疗、检验检疫以及动物饲养、屠宰加工、运输、经营等活动的有关单位和个人，发现动物出现群体发病或者死亡的，应当立即向所在地的县（市）动物防疫监督机构报告。

第十七条 县（市）动物防疫监督机构接到报告后，应当立即赶赴现场调查核实。初步认为属于重大动物疫情的，应当在 2 小时内将情况逐级报省、自治区、直辖市动物防疫监督机构，并同时报所在地人民政府兽医主管部门；兽医主管部门应当及时通报同级卫生主管部门。省、自治区、直辖市动物防疫监督机构应当在接到报告后 1 小时内，向省、自治区、直辖市人民政府兽医主管部门和国务院兽医主管部门所属的动物防疫监督机构报告。省、自治区、直辖市人民政府兽医主管部门应当在接到报告后 1 小时内报本级人民政府和国务院兽医主管部门。重大动物疫情发生后，省、自治区、直辖市人民政府和国务院兽医主管部门应当在 4 小时内向国务院报告。

第十八条　重大动物疫情报告包括下列内容：（一）疫情发生的时间、地点；（二）染疫、疑似染疫动物种类和数量、同群动物数量、免疫情况、死亡数量、临床症状、病理变化、诊断情况；（三）流行病学和疫源追踪情况；（四）已采取的控制措施；（五）疫情报告的单位、负责人、报告人及联系方式。

第十九条　重大动物疫情由省、自治区、直辖市人民政府兽医主管部门认定；必要时，由国务院兽医主管部门认定。

第二十条　重大动物疫情由国务院兽医主管部门按照国家规定的程序，及时准确公布；其他任何单位和个人不得公布重大动物疫情。

第二十一条　重大动物疫病应当由动物防疫监督机构采集病料。其他单位和个人采集病料的，应当具备以下条件：（一）重大动物疫病病料采集目的、病原微生物的用途应当符合国务院兽医主管部门的规定；（二）具有与采集病料相适应的动物病原微生物实验室条件；（三）具有与采集病料所需要的生物安全防护水平相适应的设备，以及防止病原感染和扩散的有效措施。从事重大动物疫病病原分离的，应当遵守国家有关生物安全管理规定，防止病原扩散。

第二十二条　国务院兽医主管部门应当及时向国务院有关部门和军队有关部门以及各省、自治区、直辖市人民政府兽医主管部门通报重大动物疫情的发生和处理情况。

第二十三条　发生重大动物疫情可能感染人群时，卫生主管部门应当对疫区内易受感染的人群进行监测，并采取相应的预防、控制措施。卫生主管部门和兽医主管部门应当及时相互通报情况。

第二十四条　有关单位和个人对重大动物疫情不得瞒报、谎报、迟报，不得授意他人瞒报、谎报、迟报，不得阻碍他人报告。

第二十五条　在重大动物疫情报告期间，有关动物防疫监督机构应当立即采取临时隔离控制措施；必要时，当地县级以上地方人民政府可以作出封锁决定并采取扑杀、销毁等措施。有关单位和个人应当执行。

第二十六条　重大动物疫情发生后，国务院和有关地方人民政府设立的重大动物疫情应急指挥部统一领导、指挥重大动物疫情应急工作。

第二十七条　重大动物疫情发生后，县级以上地方人民政府兽医主管部门应当立即划定疫点、疫区和受威胁区，调查疫源，向本级人民政府提出启动重大动物疫情应急指挥系统、应急预案和对疫区实行封锁的建议，有关人民政府应当立即作出决定。疫点、疫区和受威胁区的范围应当按照不同动物疫病病种及其流行特点和危害程度划定，具体划定标准由国务院兽医主管部门制定。

第二十八条　国家对重大动物疫情应急处理实行分级管理，按照应急预案确定的疫情等级，由有关人民政府采取相应的应急控制措施。

第二十九条　对疫点应当采取下列措施：（一）扑杀并销毁染疫动物和易感染的动物及其产品；（二）对病死的动物、动物排泄物、被污染饲料、垫料、污水进行无害化处理；（三）对被污染的物品、用具、动物圈舍、场地进行严格消毒。

第三十条　对疫区应当采取下列措施：（一）在疫区周围设置警示标志，在出入疫区的交通路口设置临时动物检疫消毒站，对出入的人员和车辆进行消毒；（二）扑杀并销毁染疫和疑似染疫动物及其同群动物，销毁染疫和疑似染疫的动物产品，对其他易感染的动物实行圈养或者在指定地点放养，役用动物限制在疫区内使役；（三）对易感染的动物进行监测，并按照国务院兽医主管部门的规定实施紧急免疫接种，必要时对易感染的动物进行扑杀；（四）关闭动物及动物产品交易市场，禁止动物进出疫区和动物产品运出疫区；（五）对动物圈舍、动物排泄物、垫料、污水和其他可能受污染的物品、场地，进行消毒或者无害化处理。

第三十一条　对受威胁区应当采取下列措施：（一）对易感染的动物进行监测；（二）对易感染的动物根据需要实施紧急免疫接种。

第三十二条　重大动物疫情应急处理中设置临时动物检疫消毒站以及采

取隔离、扑杀、销毁、消毒、紧急免疫接种等控制、扑灭措施的，由有关重大动物疫情应急指挥部决定，有关单位和个人必须服从；拒不服从的，由公安机关协助执行。

第三十三条 国家对疫区、受威胁区内易感染的动物免费实施紧急免疫接种；对因采取扑杀、销毁等措施给当事人造成的已经证实的损失，给予合理补偿。紧急免疫接种和补偿所需费用，由中央财政和地方财政分担。

第三十四条 重大动物疫情应急指挥部根据应急处理需要，有权紧急调集人员、物资、运输工具以及相关设施、设备。单位和个人的物资、运输工具以及相关设施、设备被征集使用的，有关人民政府应当及时归还并给予合理补偿。

第三十五条 重大动物疫情发生后，县级以上人民政府兽医主管部门应当及时提出疫点、疫区、受威胁区的处理方案，加强疫情监测、流行病学调查、疫源追踪工作，对染疫和疑似染疫动物及其同群动物和其他易感染动物的扑杀、销毁进行技术指导，并组织实施检验检疫、消毒、无害化处理和紧急免疫接种。

第三十六条 重大动物疫情应急处理中，县级以上人民政府有关部门应当在各自的职责范围内，做好重大动物疫情应急所需的物资紧急调度和运输、应急经费安排、疫区群众救济、人的疫病防治、肉食品供应、动物及其产品市场监管、出入境检验检疫和社会治安维护等工作。中国人民解放军、中国人民武装警察部队应当支持配合驻地人民政府做好重大动物疫情的应急工作。

第三十七条 重大动物疫情应急处理中，乡镇人民政府、村民委员会、居民委员会应当组织力量，向村民、居民宣传动物疫病防治的相关知识，协助做好疫情信息的收集、报告和各项应急处理措施的落实工作。

第三十八条 重大动物疫情发生地的人民政府和毗邻地区的人民政府应当通力合作，相互配合，做好重大动物疫情的控制、扑灭工作。

第三十九条 有关人民政府及其有关部门对参加重大动物疫情应急处理的人员，应当采取必要的卫生防护和技术指导等措施。

第四十条 自疫区内最后一头（只）发病动物及其同群动物处理完毕起，经过一个潜伏期以上的监测，未出现新的病例的，彻底消毒后，经上一级动物防疫监督机构验收合格，由原发布封锁令的人民政府宣布解除封锁，撤销疫区；由原批准机关撤销在该疫区设立的临时动物检疫消毒站。

第四十一条 县级以上人民政府应当将重大动物疫情确认、疫区封锁、扑杀及其补偿、消毒、无害化处理、疫源追踪、疫情监测以及应急物资储备等应急经费列入本级财政预算。

......

《病原微生物实验室生物安全管理条例》（节选）

（2018 年 3 月 19 日修正）

......

第二条 对中华人民共和国境内的实验室及其从事实验活动的生物安全管理，适用本条例。本条例所称病原微生物，是指能够使人或者动物致病的微生物。本条例所称实验活动，是指实验室从事与病原微生物菌（毒）种、样本有关的研究、教学、检测、诊断等活动。

......

第七条 国家根据病原微生物的传染性、感染后对个体或者群体的危害程度，将病原微生物分为四类：第一类病原微生物，是指能够引起人类或者动物非常严重疾病的微生物，以及我国尚未发现或者已经宣布消灭的微生物。第二类病原微生物，是指能够引起人类或者动物严重疾病，比较容易直接或者间接在人与人、动物与人、动物与动物间传播的微生物。第三类病原微生物，是指能够引起人类或者动物疾病，但一般情况下对人、动物或者环境不构成严重危害，传播风险有限，实验室感染后很少引起严重疾病，并且具备有效治疗和预防措施的微生物。第四类病原微生物，是指在通常情况下不会引起人类或者动物疾病的微生物。

第一类、第二类病原微生物统称为高致病性病原微生物。

......

第二十八条 对我国尚未发现或者已经宣布消灭的病原微生物，任何单位和个人未经批准不得从事相关实验活动。为了预防、控制传染病，需要从事前款所指病原微生物相关实验活动的，应当经国务院卫生主管部门或者兽医主管部门批准，并在批准部门指定的专业实验室中进行。

......

第四十二条 实验室的设立单位应当指定专门的机构或者人员承担实验室感染控制工作，定期检查实验室的生物安全防护、病原微生物菌（毒）种和样本保存与使用、安全操作、实验室排放的废水和废气以及其他废物处置等规章制度的实施情况。负责实验室感染控制工作的机构或者人员应当具有与该实验室中的病原微生物有关的传染病防治知识，并定期调查、了解实验室工作人员的健康状况。

第四十三条 实验室工作人员出现与本实验室从事的高致病性病原微生物相关实验活动有关的感染临床症状或者体征时，实验室负责人应当向负责实验室感染控制工作的机构或者人员报告，同时派专人陪同及时就诊；实验室工作人员应当将近期所接触的病原微生物的种类和危险程度如实告知诊治医疗机构。接诊的医疗机构应当及时救治；不具备相应救治条件的，应当依照规定将感染的实验室工作人员转诊至具备相应传染病救治条件的医疗机构；具备相应传染病救治条件的医疗机构应当接诊治疗，不得拒绝救治。

第四十四条 实验室发生高致病性病原微生物泄漏时，实验室工作人员应当立即采取控制措施，防止高致病性病原微生物扩散，并同时向负责实验室感染控制工作的机构或者人员报告。

第四十五条 负责实验室感染控制工作的机构或者人员接到本条例第四十三条、第四十四条规定的报告后，应当立即启动实验室感染应急处置预案，并组织人员对该实验室生物安全状况等情况进行调查；确认发生实验室感染或者高致病性病原微生物泄漏的，应当依照本条例第十七条的规定进行报告，并同时采取控制措施，对有关人员进行医学观察或者隔离治疗，封闭实验室，防止扩散。

第四十六条 卫生主管部门或者兽医主管部门接到关于实验室发生工作人员感染事故或者病原微生物泄漏事件的报告，或者发现实验室从事病原微生物相关实验活动造成实验室感染事故的，应当立即组织疾病预防控制机构、动物防疫监督机构和医疗机构以及其他有关机构依法采取下列预防、控制措施：（一）封闭被病原微生物污染的实验室或者可能造成病原微生物扩散的场所；（二）开展流行病学调查；（三）对病人进行隔离治疗，对相关人员进行医学检查；（四）对密切接触者进行医学观察；（五）进行现场消毒；（六）对染疫或者疑似染疫的动物采取隔离、扑杀等措施；（七）其他需要采取的预防、控制措施。

第四十七条　医疗机构或者兽医医疗机构及其执行职务的医务人员发现由于实验室感染而引起的与高致病性病原微生物相关的传染病病人、疑似传染病病人或者患有疫病、疑似患有疫病的动物，诊治的医疗机构或者兽医医疗机构应当在 2 小时内报告所在地的县级人民政府卫生主管部门或者兽医主管部门；接到报告的卫生主管部门或者兽医主管部门应当在 2 小时内通报实验室所在地的县级人民政府卫生主管部门或者兽医主管部门。接到通报的卫生主管部门或者兽医主管部门应当依照本条例第四十六条的规定采取预防、控制措施。

第四十八条　发生病原微生物扩散，有可能造成传染病暴发、流行时，县级以上人民政府卫生主管部门或者兽医主管部门应当依照有关法律、行政法规的规定以及实验室感染应急处置预案进行处理。

　　……

三、司法解释

《最高人民法院、最高人民检察院关于办理妨害预防、控制突发传染病疫情等灾害的刑事案件具体应用法律若干问题的解释》

（2003 年 5 月 14 日发布）

为依法惩治妨害预防、控制突发传染病疫情等灾害的犯罪活动，保障预防、控制突发传染病疫情等灾害工作的顺利进行，切实维护人民群众的身体健康和生命安全，根据《中华人民共和国刑法》等有关法律规定，现就办理相关刑事案件具体应用法律的若干问题解释如下：

第一条 故意传播突发传染病病原体，危害公共安全的，依照刑法第一百一十四条、第一百一十五条第一款的规定，按照以危险方法危害公共安全罪定罪处罚。

患有突发传染病或者疑似突发传染病而拒绝接受检疫、强制隔离或者治疗，过失造成传染病传播，情节严重，危害公共安全的，依照刑法第一百一十五条第二款的规定，按照过失以危险方法危害公共安全罪定罪处罚。

第二条 在预防、控制突发传染病疫情等灾害期间，生产、销售伪劣的防治、防护产品、物资，或者生产、销售用于防治传染病的假药、劣药，构成犯罪的，分别依照刑法第一百四十条、第一百四十一条、第一百四十二条的规定，以生产、销售伪劣产品罪，生产、销售假药罪或者生产、销售劣药罪定罪，依法从重处罚。

第三条 在预防、控制突发传染病疫情等灾害期间，生产用于防治传染病的不符合保障人体健康的国家标准、行业标准的医疗器械、医用卫生材料，或者销售明知是用于防治传染病的不符合保障人体健康的国家标准、行业标准的医疗器械、医用卫生材料，不具有防护、救治功能，足以严重危害人体健康的，依照刑法第一百四十五条的规定，以生产、销售不符合标准的医用器材罪定罪，依法从重处罚。

医疗机构或者个人，知道或者应当知道系前款规定的不符合保障人体健康的国家标准、行业标准的医疗器械、医用卫生材料而购买并有偿使用的，以销售不符合标准的医用器材罪定罪，依法从重处罚。

第四条　国有公司、企业、事业单位的工作人员，在预防、控制突发传染病疫情等灾害的工作中，由于严重不负责任或者滥用职权，造成国有公司、企业破产或者严重损失，致使国家利益遭受重大损失的，依照刑法第一百六十八条的规定，以国有公司、企业、事业单位人员失职罪或者国有公司、企业、事业单位人员滥用职权罪定罪处罚。

第五条　广告主、广告经营者、广告发布者违反国家规定，假借预防、控制突发传染病疫情等灾害的名义，利用广告对所推销的商品或者服务作虚假宣传，致使多人上当受骗，违法所得数额较大或者有其他严重情节的，依照刑法第二百二十二条的规定，以虚假广告罪定罪处罚。

第六条　违反国家在预防、控制突发传染病疫情等灾害期间有关市场经营、价格管理等规定，哄抬物价、牟取暴利，严重扰乱市场秩序，违法所得数额较大或者有其他严重情节的，依照刑法第二百二十五条第（四）项的规定，以非法经营罪定罪，依法从重处罚。

第七条　在预防、控制突发传染病疫情等灾害期间，假借研制、生产或者销售用于预防、控制突发传染病疫情等灾害用品的名义，诈骗公私财物数额较大的，依照刑法有关诈骗罪的规定定罪，依法从重处罚。

第八条　以暴力、威胁方法阻碍国家机关工作人员、红十字会工作人员依法履行为防治突发传染病疫情等灾害而采取的防疫、检疫、强制隔离、隔离治疗等预防、控制措施的，依照刑法第二百七十七条第一款、第三款的规定，以妨害公务罪定罪处罚。

第九条　在预防、控制突发传染病疫情等灾害期间，聚众"打砸抢"，致人伤残、死亡的，依照刑法第二百八十九条、第二百三十四条、第二百三十二条的规定，以故意伤害罪或者故意杀人罪定罪，依法从重处罚。对毁坏或者抢走公私财物的首要分子，依照刑法第二百八十九条、第二百六十三条的规定，以抢劫罪定罪，依法从重处罚。

第十条　编造与突发传染病疫情等灾害有关的恐怖信息，或者明知是编造的此类恐怖信息而故意传播，严重扰乱社会秩序的，依照刑法第二百九十一条之一的规定，以编造、故意传播虚假恐怖信息罪定罪处罚。

利用突发传染病疫情等灾害，制造、传播谣言，煽动分裂国家、破坏国家统一，或者煽动颠覆国家政权、推翻社会主义制度的，依照刑法第一百零三条第二款、第一百零五条第二款的规定，以煽动分裂国家罪或者煽动颠覆国家政权罪定罪处罚。

第十一条　在预防、控制突发传染病疫情等灾害期间，强拿硬要或者任意损毁、占用公私财物情节严重，或者在公共场所起哄闹事，造成公共场所秩序严重混乱的，依照刑法第二百九十三条的规定，以寻衅滋事罪定罪，依法从重处罚。

第十二条　未取得医师执业资格非法行医，具有造成突发传染病病人、病原携带者、疑似突发传染病病人贻误诊治或者造成交叉感染等严重情节的，依照刑法第三百三十六条第一款的规定，以非法行医罪定罪，依法从重处罚。

第十三条　违反传染病防治法等国家有关规定，向土地、水体、大气排放、倾倒或者处置含传染病病原体的废物、有毒物质或者其他危险废物，造成突发传染病传播等重大环境污染事故，致使公私财产遭受重大损失或者人身伤亡的严重后果的，依照刑法第三百三十八条的规定，以重大环境污染事故罪定罪处罚。

第十四条　贪污、侵占用于预防、控制突发传染病疫情等灾害的款物或者挪用归个人使用，构成犯罪的，分别依照刑法第三百八十二条、第三百八十三条、第二百七十一条、第三百八十四条、第二百七十二条的规定，以贪污罪、侵占罪、挪用公款罪、挪用资金罪定罪，依法从重处罚。

挪用用于预防、控制突发传染病疫情等灾害的救灾、优抚、救济等款物，构成犯罪的，对直接责任人员，依照刑法第二百七十三条的规定，以挪用特定款物罪定罪处罚。

第十五条　在预防、控制突发传染病疫情等灾害的工作中，负有组织、协调、指挥、灾害调查、控制、医疗救治、信息传递、交通运输、物资保障等职责的国家机关工作人员，滥用职权或者玩忽职守，致使公共财产、国家和人民利益遭受重大损失的，依照刑法第三百九十七条的规定，以滥用职权罪或者玩忽职守罪定罪处罚。

第十六条　在预防、控制突发传染病疫情等灾害期间，从事传染病防治的政府卫生行政部门的工作人员，或者在受政府卫生行政部门委托代表政府卫生行政部门行使职权的组织中从事公务的人员，或者虽未列入政府卫生行政部门人员编制但在政府卫生行政部门从事公务的人员，在代表政府卫生行政部门行使职权时，严重不负责任，导致传染病传播或者流行，情节严重的，依照刑法第四百零九条的规定，以传染病防治失职罪定罪处罚。

在国家对突发传染病疫情等灾害采取预防、控制措施后，具有下列情形之一的，属于刑法第四百零九条规定的"情节严重"：

（一）对发生突发传染病疫情等灾害的地区或者突发传染病病人、病原携带者、疑似突发传染病病人，未按照预防、控制突发传染病疫情等灾害工作规范的要求做好防疫、检疫、隔离、防护、救治等工作，或者采取的预防、控制措施不当，造成传染范围扩大或者疫情、灾情加重的；

（二）隐瞒、缓报、谎报或者授意、指使、强令他人隐瞒、缓报、谎报疫情、灾情，造成传染范围扩大或者疫情、灾情加重的；

（三）拒不执行突发传染病疫情等灾害应急处理指挥机构的决定、命令，造成传染范围扩大或者疫情、灾情加重的；

（四）具有其他严重情节的。

第十七条　人民法院、人民检察院办理有关妨害预防、控制突发传染病疫情等灾害的刑事案件，对于有自首、立功等悔罪表现的，依法从轻、减轻、免除处罚或者依法作出不起诉决定。

第十八条　本解释所称"突发传染病疫情等灾害"，是指突然发生，造成或者可能造成社会公众健康严重损害的重大传染病疫情、群体性不明原因疾病以及其他严重影响公众健康的灾害。

《最高人民法院、最高人民检察院、公安部、司法部 关于依法惩治妨害新型冠状病毒感染肺炎疫情 防控违法犯罪的意见》（节选）

（2020 年 2 月 6 日发布）

......

二、准确适用法律，依法严惩妨害疫情防控的各类违法犯罪

（一）依法严惩抗拒疫情防控措施犯罪。故意传播新型冠状病毒感染肺炎病原体，具有下列情形之一，危害公共安全的，依照刑法第一百一十四条、第一百一十五条第一款的规定，以以危险方法危害公共安全罪定罪处罚：

1. 已经确诊的新型冠状病毒感染肺炎病人、病原携带者，拒绝隔离治疗或者隔离期未满擅自脱离隔离治疗，并进入公共场所或者公共交通工具的；

2. 新型冠状病毒感染肺炎疑似病人拒绝隔离治疗或者隔离期未满擅自脱离隔离治疗，并进入公共场所或者公共交通工具，造成新型冠状病毒传播的。

其他拒绝执行卫生防疫机构依照传染病防治法提出的防控措施，引起新型冠状病毒传播或者有传播严重危险的，依照刑法第三百三十条的规定，以妨害传染病防治罪定罪处罚。

以暴力、威胁方法阻碍国家机关工作人员（含在依照法律、法规规定行使国家有关疫情防控行政管理职权的组织中从事公务的人员，在受国家机关委托代表国家机关行使疫情防控职权的组织中从事公务的人员，虽未列入国家机关人员编制但在国家机关中从事疫情防控公务的人员）依法履行为防控疫情而采取的防疫、检疫、强制隔离、隔离治疗等措施的，依照刑法第二百七十七条第一款、第三款的规定，以妨害公务罪定罪处罚。暴力袭击正在依法执行职务的人民警察的，以妨害公务罪定罪，从重处罚。

（二）依法严惩暴力伤医犯罪。在疫情防控期间，故意伤害医务人员造成轻伤以上的严重后果，或者对医务人员实施撕扯防护装备、吐口水等行为，致使医务人员感染新型冠状病毒的，依照刑法第二百三十四条的规定，

以故意伤害罪定罪处罚。

随意殴打医务人员，情节恶劣的，依照刑法第二百九十三条的规定，以寻衅滋事罪定罪处罚。

采取暴力或者其他方法公然侮辱、恐吓医务人员，符合刑法第二百四十六条、第二百九十三条规定的，以侮辱罪或者寻衅滋事罪定罪处罚。

以不准离开工作场所等方式非法限制医务人员人身自由，符合刑法第二百三十八条规定的，以非法拘禁罪定罪处罚。

（三）依法严惩制假售假犯罪。在疫情防控期间，生产、销售伪劣的防治、防护产品、物资，或者生产、销售用于防治新型冠状病毒感染肺炎的假药、劣药，符合刑法第一百四十条、第一百四十一条、第一百四十二条规定的，以生产、销售伪劣产品罪，生产、销售假药罪或者生产、销售劣药罪定罪处罚。

在疫情防控期间，生产不符合保障人体健康的国家标准、行业标准的医用口罩、护目镜、防护服等医用器材，或者销售明知是不符合标准的医用器材，足以严重危害人体健康的，依照刑法第一百四十五条的规定，以生产、销售不符合标准的医用器材罪定罪处罚。

（四）依法严惩哄抬物价犯罪。在疫情防控期间，违反国家有关市场经营、价格管理等规定，囤积居奇，哄抬疫情防控急需的口罩、护目镜、防护服、消毒液等防护用品、药品或者其他涉及民生的物品价格，牟取暴利，违法所得数额较大或者有其他严重情节，严重扰乱市场秩序的，依照刑法第二百二十五条第四项的规定，以非法经营罪定罪处罚。

（五）依法严惩诈骗、聚众哄抢犯罪。在疫情防控期间，假借研制、生产或者销售用于疫情防控的物品的名义骗取公私财物，或者捏造事实骗取公众捐赠款物，数额较大的，依照刑法第二百六十六条的规定，以诈骗罪定罪处罚。

在疫情防控期间，违反国家规定，假借疫情防控的名义，利用广告对所推销的商品或者服务作虚假宣传，致使多人上当受骗，违法所得数额较大或者有其他严重情节的，依照刑法第二百二十二条的规定，以虚假广告罪定罪处罚。

在疫情防控期间，聚众哄抢公私财物特别是疫情防控和保障物资，数额较大或者有其他严重情节的，对首要分子和积极参加者，依照刑法第二百六十八条的规定，以聚众哄抢罪定罪处罚。

（六）依法严惩造谣传谣犯罪。编造虚假的疫情信息，在信息网络或者其他媒体上传播，或者明知是虚假疫情信息，故意在信息网络或者其他媒体上传播，严重扰乱社会秩序的，依照刑法第二百九十一条之一第二款的规定，以编造、故意传播虚假信息罪定罪处罚。

编造虚假信息，或者明知是编造的虚假信息，在信息网络上散布，或者组织、指使人员在信息网络上散布，起哄闹事，造成公共秩序严重混乱的，依照刑法第二百九十三条第一款第四项的规定，以寻衅滋事罪定罪处罚。

利用新型冠状病毒感染肺炎疫情，制造、传播谣言，煽动分裂国家、破坏国家统一，或者煽动颠覆国家政权、推翻社会主义制度的，依照刑法第一百零三条第二款、第一百零五条第二款的规定，以煽动分裂国家罪或者煽动颠覆国家政权罪定罪处罚。

网络服务提供者不履行法律、行政法规规定的信息网络安全管理义务，经监管部门责令采取改正措施而拒不改正，致使虚假疫情信息或者其他违法信息大量传播的，依照刑法第二百八十六条之一的规定，以拒不履行信息网络安全管理义务罪定罪处罚。

对虚假疫情信息案件，要依法、精准、恰当处置。对恶意编造虚假疫情信息，制造社会恐慌，挑动社会情绪，扰乱公共秩序，特别是恶意攻击党和政府，借机煽动颠覆国家政权、推翻社会主义制度的，要依法严惩。对于因轻信而传播虚假信息，危害不大的，不以犯罪论处。

（七）依法严惩疫情防控失职渎职、贪污挪用犯罪。在疫情防控工作中，负有组织、协调、指挥、灾害调查、控制、医疗救治、信息传递、交通运输、物资保障等职责的国家机关工作人员，滥用职权或者玩忽职守，致使公共财产、国家和人民利益遭受重大损失的，依照刑法第三百九十七条的规定，以滥用职权罪或者玩忽职守罪定罪处罚。

卫生行政部门的工作人员严重不负责任，不履行或者不认真履行防治监管职责，导致新型冠状病毒感染肺炎传播或者流行，情节严重的，依照刑法

第四百零九条的规定，以传染病防治失职罪定罪处罚。

从事实验、保藏、携带、运输传染病菌种、毒种的人员，违反国务院卫生行政部门的有关规定，造成新型冠状病毒毒种扩散，后果严重的，依照刑法第三百三十一条的规定，以传染病毒种扩散罪定罪处罚。

国家工作人员，受委托管理国有财产的人员，公司、企业或者其他单位的人员，利用职务便利，侵吞、截留或者以其他手段非法占有用于防控新型冠状病毒感染肺炎的款物，或者挪用上述款物归个人使用，符合刑法第三百八十二条、第三百八十三条、第二百七十一条、第三百八十四条、第二百七十二条规定的，以贪污罪、职务侵占罪、挪用公款罪、挪用资金罪定罪处罚。挪用用于防控新型冠状病毒感染肺炎的救灾、优抚、救济等款物，符合刑法第二百七十三条规定的，对直接责任人员，以挪用特定款物罪定罪处罚。

（八）依法严惩破坏交通设施犯罪。在疫情防控期间，破坏轨道、桥梁、隧道、公路、机场、航道、灯塔、标志或者进行其他破坏活动，足以使火车、汽车、电车、船只、航空器发生倾覆、毁坏危险的，依照刑法第一百一十七条、第一百一十九条第一款的规定，以破坏交通设施罪定罪处罚。

办理破坏交通设施案件，要区分具体情况，依法审慎处理。对于为了防止疫情蔓延，未经批准擅自封路阻碍交通，未造成严重后果的，一般不以犯罪论处，由主管部门予以纠正。

（九）依法严惩破坏野生动物资源犯罪。非法猎捕、杀害国家重点保护的珍贵、濒危野生动物的，或者非法收购、运输、出售国家重点保护的珍贵、濒危野生动物及其制品的，依照刑法第三百四十一条第一款的规定，以非法猎捕、杀害珍贵、濒危野生动物罪或者非法收购、运输、出售珍贵、濒危野生动物、珍贵、濒危野生动物制品罪定罪处罚。

违反狩猎法规，在禁猎区、禁猎期或者使用禁用的工具、方法进行狩猎，破坏野生动物资源，情节严重的，依照刑法第三百四十一条第二款的规定，以非法狩猎罪定罪处罚。

违反国家规定，非法经营非国家重点保护野生动物及其制品（包括开办交易场所、进行网络销售、加工食品出售等），扰乱市场秩序，情节严重的，依照刑法第二百二十五条第四项的规定，以非法经营罪定罪处罚。

知道或者应当知道是国家重点保护的珍贵、濒危野生动物及其制品，为食用或者其他目的而非法购买，符合刑法第三百四十一条第一款规定的，以非法收购珍贵、濒危野生动物、珍贵、濒危野生动物制品罪定罪处罚。

知道或者应当知道是非法狩猎的野生动物而购买，符合刑法第三百一十二条规定的，以掩饰、隐瞒犯罪所得罪定罪处罚。

（十）依法严惩妨害疫情防控的违法行为。实施上述（一）至（九）规定的行为，不构成犯罪的，由公安机关根据治安管理处罚法有关虚构事实扰乱公共秩序、扰乱单位秩序、公共场所秩序、寻衅滋事，拒不执行紧急状态下的决定、命令，阻碍执行职务，冲闯警戒带、警戒区，殴打他人，故意伤害，侮辱他人，诈骗，在铁路沿线非法挖掘坑穴、采石取沙，盗窃、损毁路面公共设施，损毁铁路设施设备，故意损毁财物、哄抢公私财物等规定，予以治安管理处罚，或者由有关部门予以其他行政处罚。

对于在疫情防控期间实施有关违法犯罪的，要作为从重情节予以考量，依法体现从严的政策要求，有力惩治震慑违法犯罪，维护法律权威，维护社会秩序，维护人民群众生命安全和身体健康。

……

《全国人民代表大会常务委员会关于全面禁止非法野生动物交易、革除滥食野生动物陋习、切实保障人民群众生命健康安全的决定》

（2020 年 2 月 24 日发布）

为了全面禁止和惩治非法野生动物交易行为，革除滥食野生动物的陋习，维护生物安全和生态安全，有效防范重大公共卫生风险，切实保障人民群众生命健康安全，加强生态文明建设，促进人与自然和谐共生，全国人民代表大会常务委员会作出如下决定：

一、凡《中华人民共和国野生动物保护法》和其他有关法律禁止猎捕、交易、运输、食用野生动物的，必须严格禁止。

对违反前款规定的行为，在现行法律规定基础上加重处罚。

二、全面禁止食用国家保护的"有重要生态、科学、社会价值的陆生野生动物"以及其他陆生野生动物，包括人工繁育、人工饲养的陆生野生动物。

全面禁止以食用为目的猎捕、交易、运输在野外环境自然生长繁殖的陆生野生动物。

对违反前两款规定的行为，参照适用现行法律有关规定处罚。

三、列入畜禽遗传资源目录的动物，属于家畜家禽，适用《中华人民共和国畜牧法》的规定。

国务院畜牧兽医行政主管部门依法制定并公布畜禽遗传资源目录。

四、因科研、药用、展示等特殊情况，需要对野生动物进行非食用性利用的，应当按照国家有关规定实行严格审批和检疫检验。

国务院及其有关主管部门应当及时制定、完善野生动物非食用性利用的审批和检疫检验等规定，并严格执行。

五、各级人民政府和人民团体、社会组织、学校、新闻媒体等社会各方面，都应当积极开展生态环境保护和公共卫生安全的宣传教育和引导，全社会成员要自觉增强生态保护和公共卫生安全意识，移风易俗，革除滥食野生动物陋习，养成科学健康文明的生活方式。

六、各级人民政府及其有关部门应当健全执法管理体制，明确执法责任主体，落实执法管理责任，加强协调配合，加大监督检查和责任追究力度，严格查处违反本决定和有关法律法规的行为；对违法经营场所和违法经营者，依法予以取缔或者查封、关闭。

七、国务院及其有关部门和省、自治区、直辖市应当依据本决定和有关法律，制定、调整相关名录和配套规定。

国务院和地方人民政府应当采取必要措施，为本决定的实施提供相应保障。有关地方人民政府应当支持、指导、帮助受影响的农户调整、转变生产经营活动，根据实际情况给予一定补偿。

八、本决定自公布之日起施行。

《最高人民法院、最高人民检察院、公安部、司法部、海关总署关于进一步加强国境卫生检疫工作 依法惩治妨害国境卫生检疫违法犯罪的意见》

(2020 年 3 月 16 日发布)

为进一步加强国境卫生检疫工作，依法惩治妨害国境卫生检疫违法犯罪行为，维护公共卫生安全，保障人民群众生命安全和身体健康，根据有关法律、司法解释的规定，制定本意见。

一、充分认识国境卫生检疫对于维护公共卫生安全的重要意义

国境卫生检疫对防止传染病传入传出国境，保障人民群众生命安全和身体健康，维护公共卫生安全和社会安定有序发挥着重要作用。党中央、国务院高度重视国境卫生检疫工作，特别是新冠肺炎疫情发生以来，习近平总书记对强化公共卫生法治保障、改革完善疾病预防控制体系、健全防治结合、联防联控、群防群治工作机制作出一系列重要指示批示。各级人民法院、人民检察院、公安机关、司法行政机关、海关要切实提高政治站位，把思想和行动统一到习近平总书记重要指示批示精神上来，坚决贯彻落实党中央决策部署，增强"四个意识"、坚定"四个自信"、做到"两个维护"；从贯彻落实总体国家安全观、推动构建人类命运共同体的高度，始终将人民群众的生命安全和身体健康放在第一位，切实提升国境卫生检疫行政执法和司法办案水平。特别是面对当前新冠肺炎疫情在境外呈现扩散态势、通过口岸向境内蔓延扩散风险加剧的严峻形势，要依法及时、从严惩治妨害国境卫生检疫的各类违法犯罪行为，切实筑牢国境卫生检疫防线，坚决遏制疫情通过口岸传播扩散，为维护公共卫生安全提供有力的法治保障。

二、依法惩治妨害国境卫生检疫的违法犯罪行为

为加强国境卫生检疫工作，防止传染病传入传出国境，保护人民群众健康安全，刑法、国境卫生检疫法对妨害国境卫生检疫违法犯罪行为及其处罚作出规定。人民法院、人民检察院、公安机关、海关在办理妨害国境卫生检疫案件时，应当准确理解和严格适用刑法、国境卫生检疫法等有关规定，依法惩治相关违法犯罪行为。

（一）进一步加强国境卫生检疫行政执法。海关要在各口岸加强国境卫生检疫工作宣传，引导出入境人员以及接受检疫监管的单位和人员严格遵守国境卫生检疫法等法律法规的规定，配合和接受海关国境卫生检疫。同时，要加大国境卫生检疫行政执法力度，对于违反国境卫生检疫法及其实施细则，尚不构成犯罪的行为，依法给予行政处罚。

（二）依法惩治妨害国境卫生检疫犯罪。根据刑法第三百三十二条规定，违反国境卫生检疫规定，实施下列行为之一的，属于妨害国境卫生检疫行为：

1. 检疫传染病染疫人或者染疫嫌疑人拒绝执行海关依照国境卫生检疫法等法律法规提出的健康申报、体温监测、医学巡查、流行病学调查、医学排查、采样等卫生检疫措施，或者隔离、留验、就地诊验、转诊等卫生处理措施的；

2. 检疫传染病染疫人或者染疫嫌疑人采取不如实填报健康申明卡等方式隐瞒疫情，或者伪造、涂改检疫单、证等方式伪造情节的；

3. 知道或者应当知道实施审批管理的微生物、人体组织、生物制品、血液及其制品等特殊物品可能造成检疫传染病传播，未经审批仍逃避检疫，携运、寄递出入境的；

4. 出入境交通工具上发现有检疫传染病染疫人或者染疫嫌疑人，交通工具负责人拒绝接受卫生检疫或者拒不接受卫生处理的；

5. 来自检疫传染病流行国家、地区的出入境交通工具上出现非意外伤害死亡且死因不明的人员，交通工具负责人故意隐瞒情况的；

6. 其他拒绝执行海关依照国境卫生检疫法等法律法规提出的检疫措施的。

实施上述行为，引起鼠疫、霍乱、黄热病以及新冠肺炎等国务院确定和公布的其他检疫传染病传播或者有传播严重危险的，依照刑法第三百三十二条的规定，以妨害国境卫生检疫罪定罪处罚。

对于单位实施妨害国境卫生检疫行为，引起鼠疫、霍乱、黄热病以及新冠肺炎等国务院确定和公布的其他检疫传染病传播或者有传播严重危险的，应当对单位判处罚金，并对其直接负责的主管人员和其他直接责任人员定罪处罚。

三、健全完善工作机制，保障依法科学有序防控

（一）做好行刑衔接。海关要严把口岸疫情防控第一关，严厉追究违反国境卫生检疫规定的行政法律责任，完善执法办案流程，坚持严格执法和依法办案。做好行政执法和刑事司法的衔接，对符合国境卫生检疫监管领域刑事案件立案追诉标准的案件，要依照有关规定，及时办理移送公安机关的相关手续，不得以行政处罚代替刑事处罚。

（二）加快案件侦办。公安机关对于妨害国境卫生检疫犯罪案件，要依法及时立案查处，全面收集固定证据。对新冠肺炎疫情防控期间发生的妨害国境卫生检疫犯罪，要快侦快破，并及时予以曝光，形成强大震慑。

（三）强化检察职能。人民检察院要加强对妨害国境卫生检疫犯罪案件的立案监督，发现应当立案而不立案的，应当要求公安机关说明理由，认为理由不成立的，应当依法通知公安机关立案。对于妨害国境卫生检疫犯罪案件，人民检察院可以对案件性质、收集证据和适用法律等向公安机关提出意见建议。对于符合逮捕、起诉条件的涉嫌妨害国境卫生检疫罪的犯罪嫌疑人，应当及时批准逮捕、提起公诉。发挥检察建议的作用，促进疫情防控体系化治理。

（四）加强沟通协调。人民法院、人民检察院、公安机关、司法行政机关、海关要加强沟通协调，畅通联系渠道，建立常态化合作机制。既要严格履行法定职责，各司其职，各负其责，又要相互配合，相互协作，实现资源共享和优势互补，形成依法惩治妨害国境卫生检疫违法犯罪的合力。对社会影响大、舆论关注度高的重大案件，要按照依法处置、舆论引导、社会面管控"三同步"要求，及时澄清事实真相，做好舆论引导和舆情应对工作。

（五）坚持过罚相当。进一步规范国境卫生检疫执法活动，切实做到严格规范公正文明执法。注重把握宽严相济政策：对于行政违法行为，要根据违法行为的危害程度和悔过态度，综合确定处罚种类和幅度。对于涉嫌犯罪的，要重点打击情节恶劣、后果严重的犯罪行为；对于情节轻微且真诚悔改的，依法予以从宽处理。

（六）维护公平正义。人民法院、人民检察院、公安机关要依法保障犯

罪嫌疑人、被告人的各项诉讼权利特别是辩护权，切实维护当事人合法权益，维护法律正确实施。司法行政机关要加强对律师辩护代理工作的指导监督，促进律师依法依规执业。人民法院、人民检察院、公安机关、司法行政机关、海关要认真落实"谁执法谁普法"责任制，选取典型案例，开展以案释法，加大警示教育，震慑不法分子，释放正能量，为疫情防控营造良好的法治和社会环境。